折射集
prisma

照亮存在之遮蔽

哲学与流行文化丛书
丛书主编 [美]威廉·欧文(William Irwin)
顾问 张一兵

《蜘蛛侠》与哲学

追问的蛛网

SPIDER-MAN
AND PHILOSOPHY

Jonathan J. Sanford
[美]乔纳森·J. 桑福德 主编

王思涵 译

The Web of Inquiry

南京大学出版社

献给我的玛丽·简、丽贝卡,
献给所有攀墙者,伊萨克、约瑟夫、
本杰明、伊利亚、乔纳森、玛丽和大卫

目　录

致　谢 001
导　言 001

第一部分　蜘蛛侠的精彩人生? 005
　1. 彼得·帕克过着善的人生吗? 007
　2. 赎罪的代价?:彼得·帕克与无穷无尽的债 025
　3. "我叫彼得·帕克":揭开正义与善的神秘面纱 041

第二部分　背锅侠 059
　4. "能力越大,责任越大":蜘蛛侠、基督教伦理与罪恶问题 061
　5. 能力越大,责任就越大吗?:蜘蛛侠与助人为乐者 076
　6. "能力越大,过失越多":蜘蛛侠需要为本叔叔的死负多大责任? 092

第三部分　蜘蛛感应与自我 107
　7. 为什么我的蜘蛛感应响了? 109

8. 红还是黑：知觉、同一性与自我 125
9. 更强的力量：英雄主义、邪恶与身体变异 138

第四部分　我们这些蜘蛛：科技与人性的、太人性的 149
10. 超人类主义：或，制造蜘蛛侠是正确的吗？ 151
11. 极度克隆：关于克隆人类，克隆传说能告诉我们什么？ 167

第五部分　你友好的邻居蜘蛛侠 183
12. 正义还是爱情：蜘蛛侠可以在维护正义的同时和玛丽·简谈恋爱吗？ 185
13. 爱、友谊与成为蜘蛛侠 196
14. 蜘蛛侠纠结的责任网络：和朋友作对，以及堕落的同伴 210

第六部分　会说话的神奇蜘蛛：笑话、故事与我们的选择 223
15. 妙语连珠：蜘蛛侠笑话中的道德观 225
16. 《再多一天》背后的争论 240
17. 蜘蛛侠与讲好故事的重要性 254

作者简介：复仇者集合 268

索　引 275

致　谢

特别感谢"哲学与流行文化系列"的主编威廉·欧文让我负责这个项目，并且在过程中提供了宝贵的支持。还要感谢威利出版社的康斯坦丝·桑蒂斯特万为每一步提供的帮助，感谢理查德·德洛伦索让这本书臻于完美并顺利出版。我特别感谢所有贡献了杰出创造才能的撰稿人，他们花费了大量的时间和精力。最后，我想要感谢我的朋友和同事们，当得知我在编这本书时，他们努力在调侃我和鼓励我之间找到了精妙的平衡。没错，我没开玩笑。

导 言

你听过这个笑话吗？木匠、蜘蛛侠(Spider-Man)、哲学家同时走进了一家酒吧。酒保问道："您是不是想来点什么(What'll it be)？""螺丝刀。"木匠叹了口气说道。"玛丽·简(Mary Jane)。"蜘蛛侠强颜欢笑。"你刚刚谈到了'是'(being)？"哲学家严肃地问道。

不，你肯定没听过。因为这是我刚编的——而且这笑话有点冷。你恐怕得先了解几个哲学家才能找到笑点。你看，我们哲学家喜欢把事情严肃化，而且有的时候过于严肃了。比如蜘蛛侠。"一本关于蜘蛛侠和哲学的书？真的假的？不，等等。你是认真的？"没错，认真的。

为什么不呢？蜘蛛侠不就是爬爬墙、荡来荡去，还穿一身鲜艳的贴身战衣。为什么不能分析分析他？

但严肃来讲，我很确定我不是 X 世代(Generation X)中唯一一个坐在电视机前看《电力公司》(*The Electric Company*)只为了追我最爱的超级英雄动画的小孩，或者唯一一个等不及要在电影院看蜘蛛侠的成年人。事实上，蜘蛛侠的年纪可能比你我都要大。自从斯坦·李(Stan Lee)和漫威(Marvel)1962 年在《神奇幻梦》♯15

(Amazing Fantasy #15)中首次介绍蜘蛛侠后,我们就离不开他了。他出现在一部又一部神奇又引人入胜的蜘蛛侠漫画和动画中,还有简短的电视连续剧以及改编电影里,甚至出现在百老汇。这么多年,蜘蛛侠似乎获得了两种额外的超能力:无处不在,以及青春永驻。

蜘蛛侠为何会无处不在?我不知道有没有人回答过这个问题。无疑,我们对成长故事的痴迷激发了很大一部分吸引力——并且彼得·帕克的成长肯定和我们有许多相似之处,尽管也十分不同。彼得有点书呆子,努力想和同龄人打成一片,并且已经在人生中经历过痛苦的心碎。换句话说,他是典型的失败者,谁不对失败者抱有温情呢?就像我们很多人一样,彼得学会了用未经察觉的能力同生命中的恶势力作斗争。

但是,蜘蛛侠对我们的吸引还有更深层次的原因。彼得会自我反思。他是一个追寻者。他想要认识世界,并且找到自己在世界中的位置。他有强烈的道德指向,但有时,他又会在顺从道德指引时挣扎不已。但到最后,他总会成功。他这些方面和我们一样,但多出了我们梦中才会拥有的能力。

尽管蜘蛛侠以各种方式吸引我们,以各种方式显示出自己的哲学气质,但这并不是一本关于蜘蛛侠或者他为什么让人着迷的书。这本书是关于蜘蛛侠启发的各种问题,以及这名虚构人物对重要问题的各种回答;这是一本哲学书。假如我可以相信柏拉图(Plato)(公元前428—前348),那么哲学就是对真理狂热的激情、对智慧的爱、对基本问题的答案的追寻,以及一种生活方式。本书的章节作者们都是哲学家,他们都是某类问题的教师,多数是大学教授。在为最爱的攀墙者写作时,我们会抓几个学生缠进我们的蛛网里。我们可真卑鄙,不是吗?

思考蜘蛛侠引发了各种各样的哲学问题。什么样才叫过着善的人生?我们对家庭、朋友、邻居有何亏欠?我们独特的才能会带来责任吗?如何知道我认为自己知道什么?在人生中几经变化,我还是同样的我吗?增强能力的尝试有没有伦理界限?友谊应该在人生中扮演怎样的角色?我可以或应该和谁成为朋友?我的生活应该有多少公开性?我应该多严肃地对待人生?最后,人生究竟有没有意义?

本书讨论的问题不止于此。假如你曾接触过一两次哲学,你就会注意到本书不会有很多严格的形而上学式问题——它不会去给不同类别的存在分类,也不是要考虑绝对的第一因和原则,也不是要沉思如何才能区分真实世界和错觉。这不是因为作者们对这些问题不感兴趣——绝不是这样。假如你要为形而上学分析的不足找替罪羊,那就去怪蜘蛛侠吧。他所触碰的哲学神经更为当前、显而易见——它要我们思考,古往今来著名的哲学家苏格拉底(Socrates)在很久以前提出的问题:你要如何生活?

严肃点!玩得开心!好好享受!假如你不一会儿发现自己深陷在追问的蛛网里,那就尽管怪我们吧。

第一部分

蜘蛛侠的精彩人生?

1
彼得·帕克过着善的人生吗?

尼尔·缪塞

蜘蛛侠是个极客(geek)①。别误会——我这样称呼他是出于喜爱。我自己也很极客:白天是电脑程序员,晚上是秘密哲学家。我只是想说,如果蝙蝠侠(Batman)不是超级英雄,他会和超模一起在游艇上度日;超人(Superman)会成为律师;神奇女侠(Wonder Woman)会去肯尼亚。(看得出来吗? 其实我更像个 D. C.②粉丝)彼得·帕克会在大学实验室工作,或者去设计网页,或者去高中教教科学课。

---

① 极客(geek)是美国俚语,原意指怪胎。后指一部分聪明、对特定领域(通常是计算机领域)抱有极大热情但不善社交的年轻人。有时被用作贬义。——译者注
② D. C. 指美国 DC 漫画公司(Detective Comics),拥有超人、蝙蝠侠、神奇女侠等超级英雄的版权。蜘蛛侠的版权问题则较复杂。漫威公司(Marvel Comics)于2009 年将蜘蛛侠出售给了索尼影视(Sony)。因此,托比·马奎尔(Tobey Maguire)主演的"蜘蛛侠"系列(2002、2004、2007)及安德鲁·加菲尔德(Andrew Garfield)主演的"超凡蜘蛛侠"(The Amazing Spider-Man)系列(2012、2014)属于索尼。2015 年,索尼影视和漫威公司宣布合作,因此"美国队长"(Captain America)系列(2016)、"复仇者联盟"(The Avengers)系列(2018、2019)、汤姆·赫兰德(Tom Holland)主演的"蜘蛛侠"系列(2017、2019)中,蜘蛛侠的制作权由漫威来执行。——译者注

我们之所以喜爱蜘蛛侠，是因为他就像我们一样，只不过多出了特殊能力。彼得·帕克有各种各样的麻烦：他是个孤儿，被年迈保守的叔叔婶婶①养大，在许多故事线中都出身贫穷，而且一直不富裕。即便是找到了爱情，也显得笨手笨脚的。他糊涂，所以他有趣。甚至是自己的超能力，也让他深受其苦——出于保护的目的，他不得不向所爱之人说谎，而这让他难以同他们亲密。其他超级英雄也有各自的秘密，但出于某些原因，彼得总是比他们更容易感受到事情带来的后果。

那么问题来了，你愿意成为蜘蛛侠吗？彼得·帕克过着善的人生吗？不过，什么又是善的人生？这似乎是个再简单不过的问题。而有些回答好像过于简单了：假如我在玩电子游戏《模拟人生》（The Sims），我知道好的人生需要配色和谐的家具、成功的派对、事业晋升，还得做好个人清洁。另外，还有一些听起来不错（或至少复杂些）的回答，但很难让人铭记在心：当我在这周的脱口秀上看见一名作者推销他的新书《幸福的秘诀》，我会不禁回想，他们上周在同一个秀里介绍的秘诀又如何了呢？

如果哲学对什么东西有益，那就是所谓的终极问题（the Great Question），即人生意义的问题。在米利都的泰勒斯（Thales of Miletus）（约公元前 624 年出生）第一次对水大肆鼓吹后——泰勒斯认定水是一切事物的本源，他似乎意指所有事物要么实质上就是水，要么至少是由水演变来的——许许多多的哲学家后继而来。在这篇

---

① 实际上，他们应该是彼得的伯伯和伯母，"叔叔婶婶"为错译。但鉴于这种译法已经十分流行，在本书中我们将予以保留。——译者注

文章里，我只会谈及五位哲学家：一个罗马奴隶，一个乞讨的托钵会修士，一个小说家，一个精神病医生，还有一个学者。其中有两人是无神论者，另外三人是不同宗教的信徒。有三人经受过牢狱之灾，两人曾被人折磨。有两个人过集中营。其中一人为了保护无辜的人，只能用假名生活。而对于另一位哲学家，我们甚至不知道他的真实姓名。在这五人中，有一个人从未写过书，有人的著作则超过了45本。有三人都曾出现在漫画书里。这些哲学家中的每一位都为我们提供了完整却又完全不同的方式去理解我们自己、我们的人生，以及如何在幸福人生中，为痛苦、快乐、他人、道德和上帝寻找位置。

保罗·库尔茨：关照他人与快乐的人生

我将从当代哲学家保罗·库尔茨（Paul Kurtz）谈起，一部分是因为他住在纽约州（New York）的布法罗（Buffalo），和我挨得很近，但也是因为我猜测他对终极问题的回答会和你们的最接近。你们可能从来没听说过他，但他创作或编辑了超过45本书，还有800多篇已刊文章。他普及了"世俗人道主义"（secular humanism）的概念，用来描述这样一种生活方式：它关注快乐的、富于创造力的生活，而拒绝任何宗教主张以及一种理性的结果论基础的伦理学。

库尔茨告诉我们，善的人生有两个要义：首先，善的人生是幸福的人生。什么是幸福？在历史上，哲学家们不是将幸福描述成快乐（享乐主义者），就是描述成自我实现（self-actualization）（幸福论者）。库尔茨认为要构成善的人生，这两方面都是必要的。

如果一个人要达到一种幸福的状态,他需要有许多卓越之处。我将仅仅列出它们,而不展开叙述了:自主选择和自由的能力、创造力、聪颖、自律、自尊、动力、善意、可观的前途、健康、享受快乐的能力,还要能审美①。

这适用于蜘蛛侠吗?彼得无疑对自己的使命十分坚定。我们知道他很聪明,实际上在漫画里,他的蛛网喷射器(web shooter)是自己发明的。总的来说他很潇洒,但有时我们也会看见蜘蛛侠失控。在《蜘蛛侠3》(Spider-Man 3)里和玛丽·简(Mary Jane)分手后,他在爵士酒吧里十分别扭地引她尴尬。他是很年轻,而且,那时他正受到来自另一个星球的邪恶蜘蛛服的影响,所以我们可以原谅他。

可是他享受快乐吗?他父母双亡。因为他的过失,他的叔叔死了。他的婶婶贫穷、孤单,并且总是处于危险之中。在漫画里,彼得意外错杀了自己的初恋格温·斯黛西(Gwen Stacy)。当他营救从高处掉下的格温时,他把网收得太紧了。库尔茨将"性的多样性"(multiplicities of sexuality)视作"构成幸福的必要部分"②,而彼得似乎对此并不享受。他看起来一直很穷。他是个优秀的科学家,但未能得到相称的声誉。J. 乔纳斯(J. Jonas)利用报纸引导民众反对蜘蛛侠,所以彼得甚至不能享受公众的赞誉。我向你们承认,蜘蛛侠的一部分本质就是他过着显而易见的痛苦人生。

---

① Paul Kurtz, *Living without Religion*: *Eupraxophy* (Amherst, NY: Prometheus Books, 1994), 41.

② Paul Kurtz, *Embracing the Power of Humanism* (Lanham, MD: Rowman & Littlefield, 2000), 6.

在库尔茨眼中，幸福很重要，但我们没法单凭自己就过上真正善的人生。库尔茨坚称我们每个人都需要自己有一套关于正直、信任、仁慈、公正的道德原则。我们还要"为他人怀抱爱与友谊，就像为自己那样"①。最后，我们需要"将人类大家庭的每一个成员都视作拥有平等的尊严和价值"②。彼得·帕克不仅冒着危险拯救无辜的人，他还是一个好朋友、好侄子，而且是个好男友。"友善"这种形容可不是白来的。

谈论库尔茨的哲学就必须谈及宗教。库尔茨坚定地相信，上帝是一个缺乏足够证据的假设③。那彼得信仰上帝吗？很难说。上帝和宗教并不是蜘蛛侠故事的中心，但有些人认为彼得有可能是一个温和的新教徒④。

我想库尔茨已经对彼得·帕克的人生作出判断了。在积极的方面上，彼得觉察到了自己超凡的天赋，并且对他人展现出了善意。在消极的方面上，他艰难的人生和对单一伴侣制的迷恋剥夺了他一部分最棒的人生。库尔茨或许会说彼得是快乐的，他确实"在工作和事业上很积极"，但库尔茨同时也相信人生应该是有趣的，而有趣听起来离彼得就有些远了⑤。

---

① Paul Kurtz, *Embracing the Power of Humanism* (Lanham, MD: Rowman & Littlefield, 2000), 6.

② Paul Kurtz, "Toward a New Enlightenment: A Response to the Postmodernist Critique of Humanism," *Free Inquiry* 13 (1992–1993): 33–37.

③ Kurtz, *Living without Religion*, 33.

④ 参见 www.adherents.com/lit/comics/Spider-Man.html。

⑤ Paul Kurtz, "Where Is the Good Life? Making the Humanist Choice," *Free Inquiry* 18 (1998): 23–24.

安·兰德：人生与正义

尽管保罗·库尔茨和安·兰德（Ayn Rand）(1908—1982)都是无神论者，他们对终极问题给出的答案却大相径庭。库尔茨想让你明白，人可以在没有宗教的情况下做到利他；兰德却希望你停止利他。库尔茨希望你"深切地理解他人的需求"①，兰德则让你"学会将他人寻求帮助的**要求**当作一种吃人的行为"②。

游戏《生化奇兵》(*Bioshock*)能帮助你理解她，这部游戏启发了她的创作。或许你还看过1999年这部改编自她人生的电影《兰德的激情》(*The Passion of Ayn Rand*)。她还是漫画《战斗哲学家2》(*Action Philosophers* #2)(2005)的主角。据说，《神奇蜘蛛侠》(*The Amazing Spider-Man*)的原作者史蒂夫·迪特科（Steve Ditko）就是她客观主义哲学的"狂热信徒"③。

艾丽莎·日诺夫耶夫娜·罗森鲍姆（Alisa Zinov'yevna Rosenbaum）1905年出生于俄罗斯的圣彼得堡（St. Petersburg），她的家庭在1917年的共产主义革命中饱经风霜。拿到历史学学位后，

---

① Paul Kurtz, Vern L. Bullough, and Timothy J. Madigan, *Toward a New Enlightenment: The Philosophy of Paul Kurtz* (New Brunswick, NJ: Transaction Books, 1994), 21.
② Ayn Rand, *Atlas Shrugged* (New York: Random House, 1957), 1059.
③ Andrew Hultkrans, "Steve Ditko's Hands," in Sean Howe, ed., Give Our Regards to the Atomsmashers! (New York: Pantheon Books, 2004), 209 - 223.

她搬去好莱坞做了一名编剧。因为担忧远在俄国的家人，她在开始写作反苏故事时改名为安·兰德。1957年的小说《阿特拉斯耸耸肩》(Atlas Shrugged)让她名声大噪。它讲述了制片人、艺术家、企业家们在未来世界纷纷罢工的故事。（我刚查了查亚马逊，这本书依然是政治哲学畅销榜的第一名。）

兰德说，如果世界没有生命，也就不会有选择和替代。当生命诞生，最根本的选择也诞生了：存在，还是不存在。物质不会消亡，但生命则非如此。一个生命体可以存续，也可以终结，而终结就意味着死亡。生命创造了生命体生而要去实现的**价值**。事物的**善恶**取决于其是否帮助生命体的存续。幸福能帮助人实现自身的价值，而"痛苦则代言了死亡"①。

人类拥有独特的**理性**(rationality)能力。正如非理性的动物会利用它们所拥有的一切能力去生存，人类独特的理性本性决定了一种理性的生存道路。如果个体缺乏自我保存的**本能**，也就不会存在"自动指导生存的准则"②。低级动物除了为自己的利益行事外别无选择；但人必须通过思考选择他的行动。"人的生存要求怎样的价值？"她问道。"那是**道德科学**(the science of ethics)需要回答的问题。"③兰德将**交易**(trade)作为自己的伦理行为模型。在交易中，每个人都必须"以价值易价值"④。交易的反面是武力、暴力，或者偷窃，这些是不道德的，因为它们要求通过牺牲一个理性行为者的利益

---

① Rand, *Atlas Shrugged*, 940.
② Ibid., 939.
③ Rand, *The Virtue of Selfishness*, 24.
④ Rand, *Atlas Shrugged*, 410.

来换取另一个的利益①。

恐怕兰德不会对蜘蛛侠有什么好评价。想想吧：彼得·帕克有超人类的力量，是个科学天才，还有攀爬和预知未来的本事。他是怎样运用这些力量的呢？起初，他用这力量做了一名职业摔跤手来赚钱（在漫画中，他的摔跤生涯相当成功）。当他选择对一起抢劫事件作壁上观后，他的叔叔遭到了杀害。这件事促使他献身于拯救一个不待见他的社会。他隐藏身份，生活在混乱之中，这都是为了他叔叔那句关于能力与责任的建议。换句话说，彼得变成了兰德所谓的"为了最大多数人的最大幸福的娼妓"②。

从许多方面来看，蜘蛛侠都是兰德所谓"牺牲道德"（morality of sacrifice）的寓言或神话，兰德认为这有悖于真正的道德③。牺牲道德认为好总是意味着**为他人好**。它提倡任何能够促进他人福利的行为，批判任何出于自身福利考虑的行为。兰德这样总结牺牲道德："如果是**你**的意愿，那就是恶的；如果是他人的意愿，那就是善的；如果你行动的动机是**自己**的福利，那就不要做；如果动机是他人的福利，那就做吧。"④根据兰德的说法，这种自毁式的理论要求我们去**爱**那些我们并不看重的人，告诉我们"因为一个人的美德而爱上他是卑鄙的……因为缺点而爱上他是高贵的。"⑤这种爱就是蜘蛛侠对社会的爱，而这就是为什么兰德不会认为他过着善的生活。

---

① Rand, *The Virtue of Selfishness*, 32.
② Ibid., 1030.
③ Ibid., 959.
④ Rand, *Atlas Shrugged*, 1030.
⑤ Ibid.

爱比克泰德（Epictetus）：
自制、责任与关于世界的知识

安·兰德相信(传统的)美德对幸福有害，但是，也有哲学家相信美德对幸福来说是**充分的**。和生活在假名下的兰德不同，我们甚至不知道这位哲学家的名字。我们仅仅知道他是名罗马的奴隶，所以我们称他为"后天的"(Acquired)(希腊语为 *epiktetos*)。他大约出生于公元 55 年。如果我们介绍的五位哲学家要打一架，我会赌他赢。俄利根(Origen)①侧写出了一个坚韧如钉的人：

> 当爱比克泰德的主人拧他的腿时，他纹丝不动地微笑着说："你这样会拧断我的腿的。"腿真的断了后，他又补充道："我跟你说过了，这样会断的。"

当他还是奴隶时，爱比克泰德参加了斯多葛派(Stoic)哲学家穆索尼乌斯·路福斯(Musonius Rufus)的讲演。他自己也成了一名哲学家，在公元 89 年前获得自由身后，他在罗马教哲学，并活到了近 100 岁②。

爱比克泰德过着奴隶和流亡的生活，但他认为自己的人生是善

---

① 俄利根(Origen)，神学家、哲学家，将哲学与神学进行结合来阐释《圣经》，对基督教思想发展做出了重要贡献，是基督教希腊教父的代表之一。——译者注

② *The Writings of Origen*, trans. Frederick Crombie (University of California: T & T Clark, 1872), 475.

的。他对终极问题的回答很简单:要过上善的人生,你必须(1)掌控自己的欲望;(2)履行自己的义务;还要(3)正确地认识自己和世界。大多数人仅仅关注第三条,却忽视了前面两条。

爱比克泰德会认为,库尔茨和兰德有一个巨大的潜在麻烦:他们将幸福建立在机运之上。但大多数人生都不在我们的掌控之中。他们所描述的快乐可能听起来诱人,但假如你生来就是一个奴隶呢?假如你的父母都去世了,你的叔叔被杀害了呢?在这种情况下,你的人生是不是很糟呢?爱比克泰德将幸福置于不受人生灾难影响的地方:你做选择的权力。我们可以在任何情况下过上快乐的人生,只要我们控制自己的欲望,仅仅依赖那些在我们掌控之中的东西:

> 我必会死去。但我必须悲伤地死去吗?我必在锁链之中。但我必须痛苦吗?我必被流放。但会有任何人阻碍我在途中带着微笑、快乐和满足吗?①

爱比克泰德提出了一些对蜘蛛侠和所有超级英雄来说堪称本质的东西:依恋。什么是蜘蛛侠最大的弱点?他对梅婶婶和玛丽·简的依恋。也许蜘蛛侠可以是不死之身,但他的朋友们不是。他并不拥有完全属于自己的东西;它们都是被暂时地赐予他,并非永恒或不可分割的,而是短暂的。每当彼得救自己所爱之人脱离危险,或从他们的陪伴中获得快乐之时,他应该提醒自己这一点。爱比克泰德向

---

① Epictetus, *Discourses of Epictetus*, trans. George Long (New York: D. Appleton, 1904), 3.

我们提出了这样尖锐的问题:

> 低声这样告诉自己,像亲吻自己的孩子那样:"明天你就会死去。"这会造成什么坏处呢?也要用这种方式告诉你的朋友:"明天我或是你就会离开,我们就此别过吧?"①

爱比克泰德会在斯多葛学派的学校中给蜘蛛侠打及格分吗?彼得是个英雄,也是个学问人,所以他在任务和学习方面可以拿满分。那彼得掌控自己了吗?他不是个懦夫——他没有逃避痛苦或是世俗的危险。但是自制不仅仅是战场上的勇气;它是免于世界的痛苦的自由。在电影中,他花了许多年苦苦追求玛丽·简,将自己的幸福置于不可得之物上。他让自己的人生在使命的召唤和对私人慰藉的需求之间拉扯。他对失去和痛苦毫无准备,所以当它们发生之时,他无法平静下来。蜘蛛侠还远远不能被算入"智者"之列。在关心梅婶婶的同时,他还需要明白,这样痴迷于护她周全会让他无法过上真正善的人生。

维克多·弗兰克:意义与牺牲

或许恰恰相反。或许真诚地关切他人就是善的人生的全部。维克多·弗兰克(Victor Frankl)(1905—1997)的人生和爱比克泰德的一

---

① Epictetus, *Epictetus the Discourses and Manual*, trans. P. E. Matheson (London: Oxford University Press, 2009), 97.

样艰难,而他却得出了相反的结论。弗兰克是一位犹太心理学家,他经历过几次集中营,包括奥斯维辛(Auschwitz)和达豪(Dachau),还有一个不知名的集中营。在奥斯维辛时,他决定用最好的坚持下去的方法,即写一本关于集中营的心理学著作。他活下来了,这本书开启了一个新的心理学流派,主张通过意义(meaning)治疗情绪上的痛苦。

对弗兰克来说,善的人生就是有意义的人生。"意义"首先关乎责任——有一些好的事情我**必须**要做①。在有意义的人生里,我感觉到我自己是不可替代的——没有人能替我承担我独特的责任。如果能代替,那就不是"有意义的人生"了。相反,每个人的人生都有独特的意义亟待发现②。意义塑造、组织了我人生的全部。它是我每天早上从床上爬起来的原因。意义还会改变苦难的本质。弗兰克断言,"世界上没有任何东西……能像生活意义那样如此有效地帮助一个人从最艰难的时刻里生存下来"③。他非常喜欢引用尼采(Friedrich Nietzsche)(1844—1900),尼采写到,"倘若人能认识自己生命的意义,那么他几乎可以承受任何境遇"④。如果受苦和意义相

---

① Viktor Frankl, *Man's Search for Meaning* (New York: Washington Square Press, 1984), 127.
② Ibid., 131.
③ Ibid., 126.
④ Ibid., 原文出自尼采《偶像的黄昏》(*Twilights of the Idols*)中"格言与箭"("Maxims and Arrows")一章。刘小枫在《尼采注疏集:偶像的黄昏》里将这句话直译为"倘若一个人拥有了生命的为何,就几乎能容忍所有的如何",接下去的一句为"人并不追求幸福;只有英国人这么做"。由于这一章节是格言式的,没有上下文可供参考,对这句话的阐释可以说是见仁见智。在这里,根据弗兰克对尼采的理解作出调整,意译为"倘若人能认识自己生命的意义,那么他几乎可以承受任何境遇"。——译者注

关联,和爱相关联,那就变成了牺牲。牺牲并非某种避之不及的东西,而真正是善的生活的基本部分。弗兰克非常清楚,最糟的人生是**无聊**(*boredom*)的人生,它只会导致对短暂快感的强迫性的追求。

要判断蜘蛛侠是否过着善的人生,赞许他的英雄行径是远不足够的——彼得必须扪心自问这背后的动机。尽管很明显他是不可替代的,但他自己或许没有认清这一点。彼得生活中的痛苦是真实的。这痛苦不仅来自童年时代那个贫穷、不受欢迎的孤儿,也来自他现在的行为和生活方式。受到伤害、私人生活都使他痛苦万分。

然而,弗兰克会要求**彼得自己**去判断他是否过着善的人生。弗兰克会让他坐下,然后问道:"那你为什么不自杀呢?"这个相当震慑人心的问题并非意在**鼓励**彼得跳桥自杀,而是推动彼得去找到让他在痛苦中坚持下去的东西。弗兰克说,具有讽刺意味的是,大多数人认为心理学家的工作就是帮人解压。但帮助危机之中的人最好的方式,往往是通过帮助他们关注自己的责任而**增加**他们生活中的压力。他用建筑学来打比方:要想加固一个摇摇欲坠的拱门,你就得**增加**它的重量。弗兰克还会对本叔叔的建议作一点补充:责任越大,就越需认清你自己。

就我们所知,彼得对这个问题的回答可能会接近他和邪恶心理学家旅行者犹大(Dr. Judas Traveller)在《神奇蜘蛛侠》#402(1995)中的遭遇。在不太出名的克隆传说(*Clone Saga*)(1994—1996)时期,旅行者遇见处在人生低谷的蜘蛛侠:梅婶婶死了,他和玛丽·简的孩子有基因缺陷,并且他还被囚禁了起来。旅行者给了彼得一个机会,他可以用无辜生命的牺牲作为代价来换取平静的生活。彼得拒绝了,并且攻击了旅行者。这样看来,彼得宣示了他宁愿过着极端痛苦、自我牺牲的生活,也不愿意背叛他对人类的爱。

托马斯·阿奎那:上帝与美德

到目前为止,有一个超级英雄我们还没怎么提及。你可能从没听说过他,却可以在专卖店里买到关于他的书和画,甚至还能在项链上找到他的头像。和哈里·奥斯本(Harry Osborn)一样,他出生于一个富裕、有权势的家庭。家里人想利用这种影响力帮他找份舒适的工作,但他却想加入一帮衣衫褴褛的人,他们漫游在世界中,为需要的人提供帮助。家里人极其反对他的计划,于是绑架了他,把他关在一座城堡的塔楼里将近两年。后来他妈妈改变了心意,让姊妹们用绳索和篮子将他营救出来。他被称作天使博士(Angelic Doctor)、哑牛(Dumb Ox),但大多数时候,人们只是简单地称呼他为托马斯(Thomas)。

没错,我讲的正是圣托马斯·阿奎那(St. Thomas Aquinas)(1225—1274)。我将他放在最后——悄悄告诉你,他是我的最爱。阿奎那涉猎了古典哲学的大部分主要分支。他相信信仰(faith)和理性(reason)是完全兼容的,他的写作范围十分之广,从天使到经济学均有涉猎。如果你有勇气,去读读中世纪版本的漫画书,但丁(Dante)的《神曲》(*Divine Comedy*)(包括十分暴力的"地狱篇")。《神曲》是一部史诗作品,讲述了一个男人在地狱、炼狱、天堂之间旅行的故事。但丁深受阿奎那的哲学影响,并将其作为这部长诗的背景。

和库尔茨一样，阿奎那认为所有人都渴望幸福，一个完美的善的人生需要满足我们所有的欲望，包括身体的完善①。阿奎那还像库尔茨一样，认为关心他人是我们本质的一部分，并且所有人都有过上道德的生活的能力，无论他们是否接受基督教②。和兰德一样，阿奎那认为真正的道德总会增进施为者的福利，而行动中带来的快乐**增加**了这个行为的道德价值③。他认为，我们爱那些好的、值得的——值得称赞的、卓越的事物④。即便是最好的人也不应该爱别人多过爱自己⑤，兰德也这样认为。阿奎那和爱比克泰德都认为，幸福根本上是一种选择，它不能被其他人的行为所剥夺⑥。最后，和弗兰克一样，阿奎那相信在善的人生中，爱是最根本的动力，爱让我们甚至愿意为了自己的朋友而享受痛苦⑦。

阿奎那会怎么看呢？我没有时间为阿奎那的伦理学做一个哪怕是最粗糙的概述。我们有充足的理由说，对阿奎那来讲，一切都很完美：我们的身体、心灵、世界，尤其是上帝。唯一变糟的方式，就是你缺少了一些本该有的东西（人们通常用盲人、没有刹车的汽车、没有战衣的超级英雄来举例）。我们的所有欲望都指向一些能带来满足的好的事物。我们对幸福的欲望是无止境的，当我们对世界的经验

---

① Thomas Aquinas, *Summa Theologca*, Ia Ⅱae, q. 1, aa. 6–7; and Ia Ⅱae, q. 4, a. 6.
② Ibid., Ia Ⅱae, q. 91, a. 2.
③ Ibid., Ⅱa Ⅱae, q. 27, a. 3; Ⅱa Ⅱae, q. 123, a. 12; Ⅱa Ⅱae, q. 27, a. 8; Ia Ⅱae, q. 59, a. 2.
④ Ibid., Ia Ⅱae, q. 10, a. 1.
⑤ Ibid., Ⅱa Ⅱe, q. 26, a. 4; Ia Ⅱae, q. 29, a. 4.
⑥ Ibid., Ia Ⅱae, q. 3, a. 2; Ia Ⅱae, q. 4, a. 7.
⑦ Ibid., Ia Ⅱae, q. 32, a. 6.

越多,就越知道它不能完全满足我们。阿奎那说,所有人都想要幸福,但他们没有意识到,只有全善的上帝才能让他们拥有完美的幸福①。

读过库尔茨或兰德后,你可能会觉得阿奎那厌世、厌弃人生、厌弃身体,但事实恰恰相反。阿奎那接受了亚里士多德(公元前384—前322)的**美德**(*virtue*)概念。没错,美德是一种好习惯,但远不止如此。美德能改变你——它会让你享受做好事。一个慷慨的人事实上**享受**给予。偶尔做做好事没什么问题,但如果你做多了,你会开始入迷,然后做好事就变得自然而然起来。阿奎那会这样将**道德**和**快乐**联系起来。真正道德的人在做好事时总是充满喜乐,在这种意义上,他能做他想做的任何事情。

就算不认识上帝,人也能爱他人,因为每个人生来正直,生来能感觉到道德的行为是相容的、合宜的、健康的。这是因为自然律(the Natural Law),这样称呼它是因为它来自我们作为理性存在者的自然本质。我们最初是爱己的,但又能与他人产生共鸣,将他人视作**其他自我**(*other selves*),并且同样爱着他们。在神的作为中,我们被赐予了慈善的美德,它让我们能以一种完全无私的方式去爱上帝,去爱作为上帝形象的他人,爱作为上帝造物的我们和我们的身体②。

阿奎那会怎么评价蜘蛛侠的人生呢?挺难想象把阿奎那带去看电影是怎样的场景;但如果我们真带他去了,我想他会对帕克先生有一番正面的评价。他会赞扬彼得道德和智力上的美德:勇气、创造

---

① Thomas Aquinas, *Summa Theologia*, Ia IIae, q. 2, a. 8.
② Ibid., IIa IIae, qq. 23 - 46.

力、判断力、激情、克制。大多数人没有机会为全人类做善事,但彼得有,而且他的善行十分接近最高的美德:慈善①。

超级英雄的人生确实有其快乐之处。阿奎那会说,蜘蛛侠享受拯救世界的理由有三点:第一,**影响**——他对自己拯救的人的爱让他能够享受他们的美好,仿佛那美好是自己的。第二,**结局**——彼得知道(至少希望)自己的努力会有好报,比如感谢和称赞。最后,**原则**——他喜欢使用他的超能力,锻炼他的美德,还有为爱做一些事。

那么彼得的痛苦呢?阿奎那相信,就其本身而言,悲伤或痛苦在道德上并不是恶的(和安·兰德的观点不同)。事实上,还有一些好的痛苦:悔恨,或是因造成了伤害而感到悲伤,这实际上都是很好的。本叔叔的建议充满力量,因为它关乎悲剧性的过失。彼得在敌人罪行上感受到的愤怒和失落确实是痛苦,但是一种好的痛苦。痛苦提升了彼得对危机的感知,并让他渴望避免重蹈覆辙,这是有益的。阿奎那同意痛苦可能会很糟,但他坚称没有任何痛苦,无论是外在的还是内在的,能糟过**不能拒绝恶**带来的恶果②。如果有一个天平,那么彼得已经站在了正义的一方。

下一步是什么?

没有什么比和一个不相信任何事物的哲学家聊天更令人沮丧

---

① Thomas Aquinas, *Summa Theologia*, Ⅱ a Ⅱ ae, q. 31, a. 3.
② Ibid., Ia Ⅱ ae, q. 39.

了。我对人生意义有十分强烈的信仰(我的观点是弗兰克和阿奎那的结合,还混进了一点迪特里希·范·希尔德布兰[①]),但我不打算在本章中讨论谁对终极问题作出了最杰出的回答。回答终极问题有两种方式:学术的方式(读你能读的所有书,然后做决定)和实在的方式(找到一个拥有你所求之物的人,然后询问他是怎么做的)。无论你选择哪条路,关键是得**自己**去追寻答案。

[①] 迪特里希·范·希尔德布兰(Detrich von Hildebrand,1889—1977)是一名德国哲学家与神学家。——译者注

2
赎罪的代价?：彼得·帕克与无穷无尽的债

塔内利·库科宁

彼得·帕克忙坏了！无论他怎么做、怎么努力，彼得都没法在超级英雄的义务和普通人的日常生活之间找到平衡。当梅婶婶卧病在床时，蜘蛛侠应该去追捕那些蒙面歹徒吗？假如一桩只有蜘蛛侠能阻止的犯罪发生了，他是否应该乖乖坐着学习呢？还有，如果要将爱情考虑进来，爱情又该被置于何地呢？彼得是否连约会的权利都没有？更别说和谁厮守了。如果他迈出了向内心妥协的那一步，那么它所带来的义务是否从根本上和蜘蛛侠的生活互相冲突？

更糟的是，彼得从未向那些他注定要辜负的人完整地说明自己的意图。有时他甚至都不能在自己面前为自己的决定辩护。但是，他固执地要维系住人生中这不可能的平衡，而结局注定会让他感受到一种无力。为什么？有两个核心概念：内疚和债。一方面，彼得对本叔叔的死感到内疚，他穿着战衣打击犯罪就是一种赎罪的方式。另一方面，彼得认为自己对梅婶婶有许多亏欠，因此他成了一个好学生、惹人怜爱的侄子，还得焦虑地养家糊口。因为本叔叔的死，彼得永远不能放下他作为蜘蛛侠的职责；因为梅婶婶还活着——尽管她在漫画书里已经活了 50 年——他也不可能完全投身于打击犯罪。相较之下,另一位要替父母报仇的人物,真实身份为蝙蝠侠的布鲁斯·韦恩(Bruce Wayne),已经将韦恩这个身份当作了便捷的伪装。但彼得不是这样,他真正地感到痛苦。正如迈尔斯·沃伦(Miles Warren)①教授好奇的那样,"真想弄清这个男人的动机!究竟是利他主义——还是根深蒂固的精神分裂症?我敢打赌,他对自己来说都是一个谜!"②内疚还是天赋?由你判断,不过先考虑考虑这个。

死亡与债

很奇怪,彼得感到自己有义务为本叔叔的死一次又一次地复仇。考虑蝙蝠侠的类似情况。杀害托马斯·韦恩(Thomas Wayne)和玛莎·韦恩(Martha Wayne)的"帽子男"乔·切尔(Joe Chill)依然逍遥法外,而父母的死并不是布鲁斯·韦恩的责任。所以可以理解——为什么他将自己的愤怒转变成了对所有犯罪分子的宣战。蜘蛛侠**确实**有理由对本叔叔的死抱有负罪感,因为是他让那个将要杀死本叔叔的抢劫犯逃走了;然后,为了弥补,他**确实**几乎立刻就抓住了这个杀人犯。但如果我们在这里处理的是债,这为什么还不足以抵消它?或者,就算抵消不了,那么蜘蛛侠收拾掉的数百个犯罪分子和杀人犯

---

① 迈尔斯·沃伦(Miles Warren)是蜘蛛侠漫画中的反派,即胡狼(Jackal)。——译者注

② "Enter: Dr. Octopus," *Amazing Spider-Man* #53 (1967).

总该算些什么吧?很明显,并非如此。彼得现在的愧疚感和负债感和他初次亮相时一样多。

在哲学史上,这种根深蒂固的债通常和人欠上帝的债联系在一起。其实,这二者的距离超乎想象地近。彼得经常细细思考本叔叔和梅婶婶给予了他多少,他又如何亏欠了他们一切。本和梅让彼得成了他自己,无私地为他提供所需的一切,包括日常的招待和道德指引。面对新生的独立性,彼得初是怎么做的呢?(显然,彼得新兴的力量指代了他青春期的逐渐成熟)彼得极度辜负了他的保护人,没有将他们的道德教诲放在心上。从而彼得剥开了从前那包裹着他的爱的茧。即便他和梅婶婶这样的关系会带来愧疚、秘密和痛苦。对于这一切他会有种"失乐园"的感觉,当然,这完全是他自己造成的。这是彼得最原初的越轨行为,是对原罪一次模糊的体验,使他永远不得触及天堂的范围。

"无限债"的概念在这里很关键。问题在于偿还这种债务是否可能,以及在何种情况下可能。身为中世纪最重要思想家之一的安瑟伦(Anselm of Canterbury)(1103—1109)将自己的整个补赎神学(theology of atonement)建立在这个问题之上。这种学说的内容见于他的著作《天主为何降生成人》(*Why God Became a Human Being*),并可以被总结为如下几点。(1)作为堕落的造物,我们可以将意志转向幸福或正义,但不能同时转向二者:我们首要渴求的,要么是错误地被相信会带来快乐的东西,要么就是一些其实很普遍的东西。(2)由于选择了自身的幸福而非正义,人类和堕落天使在对神的权威犯罪之前,就已经正当地亏欠下了无尽神恩的债。(3)这使我们没有尽头地处在神的债中,只为修正自己的行为来偿还起初欠他的,因此这不会弥补我们的原罪。无论多少善行都不能免除我们的债①。

最后一点在史蒂夫·迪特科绘画并策划的《最终章》("The Final Chapter")中有所阐释②。在这部漫画里,蜘蛛侠鼓起勇气梦想他能有朝一日从责任中解脱出来。在拯救另一个所爱之人的生命时,他给出了理由:"无论有多少胜算——无论代价多大——我都会把血清带给梅婶婶!或许这样一来我就不会再被回忆所纠缠——关于本叔叔的回忆!"在使出了超人的力量后,彼得打破劣势,将珍贵的血清带给了梅婶婶。在下一部《猎杀快感》("The Thrill of the Hunt")中,一切又重蹈覆辙:彼得放弃了贝蒂·布兰特(Betty Brant),因为暧昧总是来去匆匆,但"我一直是——也永远会是蜘蛛侠——只要我活着!"③彼得对正义的渴求胜过了对私人幸福的欲望,帮助梅婶婶并不能驱散本叔叔之死所带来的阴郁。

或许这才是最好的。丹麦哲学家索伦·克尔凯郭尔(Søren Kierkegaard)(1813—1855)在《爱的作为》(*Works of Love*)中解释,在慷慨地帮助他人后说"看,我现在不欠你什么了",是十分冷酷、缺乏爱心的④。安瑟伦和克尔凯郭尔都认为,这种行为毫无用处。爱的债是无法偿还的。

安瑟伦接着论证道,这就是为什么道成肉身(Incarnation)是不

---

① *Why God Became a Human Being*, in Thomas Williams, trans., *Anselm: Basic Writings* (Indianapolis: Hackett, 2007).
② Amazing Spider-Man #33 (1966).
③ Amazing Spider-Man #34 (1966).
④ H. and E. Hong, trans., *Works of Love* (Princeton, NJ: Princeton University Press 1995), 178.

可或缺的。只有上帝才能偿还上帝，真正让我们自由。因为只有上帝才能让血肉之躯做到的比他要求的**更多**，从而在天堂的善中保留一部分出来，凭借它来免了人的债。假如确实如此（假如本叔叔之死象征着基督之死，就像活着的本叔叔象征着天父），那彼得好像还是搞砸了！因为，如果正义是以眼还眼，那么对彼得来说，报偿本叔叔之死的唯一方式就是为更大的利益牺牲他自己。这样一来，他就让本和梅放在他身上的希望破灭了，这在另一种意义上背叛了他们。幸福与正义：这二者究竟能否兼得？

这种困境也反映在基督教哲学神学中。如果我们接受安瑟伦的补赎观，那么基督的自我牺牲似乎只不过是又给我们记了几笔账。而我们所欠的债越来越多！考虑一下：讨债人至少是诚实的，他会告诉你怎样做才能免除债务。并且负债时，你很清楚自己的情况，以及要怎么做才能再次两不相欠。相反，当某人宣称要送你一个免费大礼，并且没有任何附加条件，那么你就该当心了，因为接受一个永远无法回报的礼物意味着永远地欠下了送礼者的债。也就是说，礼物只不过是某种将人卷入交换经济（economy of exchange）的狡猾手段，在这种情况下，宽恕同样也要加倍。根据这些评论，上帝给予我们生命的方式（就像本和梅为彼得付出了一切）将我们置于巨大的责任之中，即便是基督之死——至少根据补赎神学的原则来看——也意味着在向我们征收最高额的税费①。

所以,许多现代思想家认为安瑟伦关于清算债务的理念令人反感,并且和真正无私的神之爱相互矛盾。克尔凯郭尔也提出了这个质疑:

> 通常我们说,被爱的人会因被爱而有所亏欠。所以我们说孩子对父母有爱的亏欠,因为父母先爱了他们,而孩子对父母的爱只不过是对这笔债务的部分偿还或报偿。诚然如此。但这样的说法会让人联想到现实中的记账:债务已经发生,必须分期还清。②

将上帝刻画为一个板着面孔的暴君,要求人们的敬拜和忏悔,难言正确,就像将本叔叔的幽灵看作盘旋在彼得头顶的邪恶力量,希望让他感到内疚一样错误。显然,这并非他和他希望彼得生活的方式③。那还有什么别的解释呢?

---

① 参见 Jacques Derrida, "To Forgive: The Unforgivable and Imprescriptible," in J. Caputo, M. Dooey, and M. Scanlon, eds., *Questioning God* (Bloomington: Indiana University Press, 2001), 21-51。关于赠礼的经济学解释,可见经典著作 Marcel Mauss, *The Gift: Forms and Functions of Exchange in Archaic Societies*, trans. I. Cunnison (London: Cohen and West, 1969);也可参见 Alan Schrift, ed., *The Logic of the Gift* (London: Routledge, 1997)。

② Hong, *Works of Love*, 176.

③ 历史上许多思想家都希望宽恕能真的免除人的债,让人重新开始、重新融入社群。评论家们对安瑟伦的正面评价,在于他的债务清算模型将经济假定推上台面,从而迫使我们质疑不加任何附带条件的礼物是否真的存在。

无限与伦理学

另一种解读蜘蛛侠起源的方式是,将本叔叔的死看作彼得觉醒的契机:应该利用自己的天赋帮助全世界,而不仅仅是帮助自己和所爱之人。毕竟我们知道,逮捕了杀死本叔叔的凶手后,彼得终于明白了为何"在这个世界上,如果能力越大,那么必然地——责任也越大"。但到底有多大呢?**无限责任**怎么样?这样一来,责任变成了帮助所有人,包括彼得人生中的任何过客,无论他们是谁,无论他们对他是什么态度。无论是朋友(梅婶婶、玛丽·简)或敌人(绿魔[the Green Goblin]、J. 乔纳·詹姆森[J. Jonah Jameson]),还是中立者(纽约城的居民),彼得都有责任对他们有求必应。这种责任就是所谓的**回应**(*responsiveness*)。伊曼纽尔·列维纳斯(Emmanuel Levinas)(1906—1995)认为,回应就是我们欠上帝或绝对他者(the absolute Other)的债变形为对所有他者的债:他人的脸对我们作出了要帮助、不要伤害的绝对要求①。(可能就是因为面罩挡住了脸,我们的超级英雄和坏蛋们才好互殴!)

首先,这是一种由道德狭隘主义(ethical parochialism)向道德普遍主义(ethical universalism)的转变(尽管正如我们将看到的那样,这种转变只能应用在个体的范围内——而且他的著作《整体与无限》

---

① 如果要阅读列维纳斯,这本书是很好的开始:*Ethics and Infinity*, trans. R. Cohen (Pittsburgh, PA: Duquesne University Press, 1985)。

[*Totality and Infinity*]显示出,列维纳斯确实忽略了家庭的重要性)。注意在彼得的起源故事里,这名当时还十分薄情的年轻人是如何看待梅婶婶和本叔叔的:"这世上只有他们对我好!我在乎他们的幸福,但其余人的死活与我无关!"①严格来说,这种对待世界的态度并不能算不道德,但也难言胸襟开阔。这不是本想要的,任何伦理学也不会这样要求。伦理学的意义就在于它对人类的每一次萍水相逢作出了要求。

但这样一来,我们就一头闯进了蜘蛛侠无穷无尽的责任麻烦里。如果彼得总是对人们有所亏欠,需要真正做到有求必应,那么他要如何避免甚至解决注定的利益冲突?彼得欠梅一个回应,还有玛丽·简、他的老师、街上的那个男人,甚至还有哭着寻求帮助的 J. 乔纳·詹姆森——他们甚至都不在列维纳斯满怀同情的"寡妇、孤儿、陌生人"之列;换句话说,就是所有没有发言权或无法提出请求的人。无论彼得做了多少,他总是无法满足对他的要求,就像我们所有人在面对可怕的、无限的责任时一样。

一些哲学家认为这完全是对人类命运一个令人不快的写照。格奥尔格·威廉·弗里德里希·黑格尔(Georg Wilhelm Friedrich Hegel)(1770—1831)将我们讨论的这种无限称为**坏无限**(*schlechte Unendlichkeit*),它是持续的缺乏,就像可以无穷延伸的直线,但永远不能完成。在坏无限的对立面,黑格尔提出了真无限(the true

---

① *Amazing Fantasy* #15 (1962).

infinite)，真无限意味着存在的完满，例如安瑟伦所描述的上帝①。这种更高级的无限就像圆圈，在自我内部完成，并且这就是我们所应当争取的那种完满。

这种显示了完整并且真正丰满的真无限有着清晰的谱系，可以追溯到古典时期的柏拉图传统②。伦理学暗示，若为自己于存在之链（the chain of being）中找到适当的位置，我们只需要充分认识自己的本性，其余的就会自然而然了。我们需要拥有内心的罗盘，确信我们能在它所指引的方向及任何情况中慈善且恰当地行事。这样一来，有些人会建议我们去读尼采（1844—1900）那著名的宣告：上帝已死。不同于迫使我们自我牺牲，上帝之死将我们从牺牲、债、血和辛劳里最终解放出来——它让我们自由地去追寻幸福，用我们所认为最合适的方式去运用自己的天赋③。这种要求并不代表非道德的或不道德的行为；相反，它可以被看作预示了高级价值的复苏，这类价值仿效了古老的道德传统，即关照自我。毕竟慷慨只不过意味着灵

---

① 参见 R. F. Brown et al., trans., *Lectures on the Philosophy of Religion* (Berkeley: University of California Press, 1988), 170-189。黑格尔的坏无限（bad infinite）与亚里士多德的潜在无穷大（potential infinite）相互呼应，可参见 *Physics*, book 3, chaps. 4-8。

② 参见 Taneli Kukkonen, "Proclus on Plenitude," *Dionysius* 18 (2000): 103-138。

③ 参见 Thomas J. J. Altizer, "Eternal Recurrence and the Kingdom of God," in David B. Allison, ed., *The New Nietzsche* (New York: Dell, 1977), 232-246。

魂的伟大,那么认识到自己的伟大并得意于此又有什么错呢①?

此外,蜘蛛侠故事中有足够的证据表明彼得会喜欢这种思路。在周年故事《末日来了!》("Doom Service!")中,死去的本叔叔重新现身,他说彼得已经"树立了良好的爱心……以及责任感"②。本补充道,唯一会让他失望的事情就是彼得浪费了自己的天赋。很明显,这里不存在愧疚和责备。如果可以让本代表上帝(为什么不呢?),那么似乎彼得唯一需要做的事情就是学着做自己,相信他敏锐的知觉,然后一切都会好起来的。跟从内心就好!享受蜘蛛侠的力量,尽情喷射蛛丝吧!用好这些天赐的能力!然后,当你看上某个女孩时,勇敢去追!

每个他者都是全然的他者

这种进路的核心观点十分诱人。报答他人的最佳方式就是将收到的礼物物尽其用。尽管如此,这种对道德的理解对那些本应受益于全然自觉的英雄行径的人来说,显得有些太过傲慢和轻狂。仿佛世界只不过是尼采所说的舞台、观众或背景板,专为那些充满生命力的人所准备,而非行为者注意的焦点。

---

① 参见 Aristotle, *Nicomachean Ethics*, book 4, chap. 3; Gilles Deleuze, *Nietzsche and Philosophy*, trans. H. Tomlinson (Minneapolis: University of Minnesota Press, 1983); 批评意见可参见 John Caputo, *Against Ethics* (Bloomington: Indiana University Press, 1993), 43-59。

② *Amazing Spider-Man* #350 (1991).

以施舍为例。如果我们施舍乞丐不是因为她需要帮助（抛开**有义务**施舍的情况），而只是因为施舍能表现我们开阔的胸襟，那么这究竟能否算是在帮助他人？我们难道不是在进行一种唯我论的援助，只为了能夸耀自己有多好？对于那些提倡所谓不受约束的、极端慷慨的施舍的人来说，这是等待着他们的第二个陷阱。如果我们对他人并无真正的义务，并无倾听素不相识之人需求的必要，那么既有的行为准则也就变成了精致版本的顾影自怜和自我陶醉①。提醒一下，这种批评通常来自奥古斯丁（Augustine of Hippo）(354—430)。根据奥古斯丁的批评，所有古希腊美德（virtues）都只是精心包装过的恶，问题在于，它们全都来自一种本质是自我中心主义的观点②。

让我们回到列维纳斯本来的观点，即我们都由于面对了他人的脸而遭到责任的召唤。那么，究竟谁是蜘蛛侠必须回应的那些"寡妇、孤儿、陌生人"？跟随列维纳斯留下的线索，雅克·德里达（Jacques Derrida）(1930—2004)就此提出了一句法语双关，这句话成了评论家们的最爱："每个他者都是全然的他者（tout autre est tout autre）。"也就是说，"上帝是全然的他者，只要某处存在全然的他者，我们就可以找到上帝的踪影。并且因为我们与他人，所有他者都是绝对独一性（absolute singularity）中的无限的他者（infinitely

---

① 还有一个更加复杂的问题，如果给予（giving）如古代道德论所说的那样，来自一个慷慨的本性或心性，那么它也就无法成为一个真正的礼物，因为这里不存在自发性；参见 Jacques Derrida, *Given Time*: 1. *Counterfeit Money*, trans. P. Kamuf (Chicago: The University of Chicago Press, 1992), 161 - 162。

② 我们并不会花时间讨论奥古斯丁的批评是否公平；可参见 Terence H. Irwin, "Splendid Vices: Augustine for and against Pagan Virtues," *Medieval Philosophy and Theology* 8 (1990): 105 - 127。

other)……亚伯拉罕(Abraham)同上帝的关系中可被言说的可被言说为……我和我的邻居或我爱的人之间的关系对我来说是不可及的,就像耶和华一样神秘和超验"①。上帝的脸,或者如果你愿意,也可以说是本叔叔的脸,同样浮现在朋友、邻居、陌生人和敌人身上:每次面对都向我们提出一个关于理解的谜题("这个人在说什么?")以及一次行动的召唤("我要怎么帮助他?")

具有重大意义的《蜘蛛侠已死!》("Spider-Man No More!")简洁明快地阐释了这一点②。在老约翰·罗密塔(Jazzy John Romita)无与伦比的创作里,他安排了一名和蔼的老警察角色。这名警察凑巧被身着便衣的彼得救下,而他恰好和彼得·帕克所敬重的本叔叔十分相像!他用这种方式提醒了彼得所欠全世界的债。用功学习或寻找完美的爱情不能让彼得得到救赎,他的救赎只能在向困难的人们伸出援手中完成。

> 现在,终于——我眼前的一切都再次清晰了!我绝不能放弃我的蜘蛛侠身份!我绝不能拒绝神秘的命运赐予我的力量!无论这责任有多么无法承受——我决不允许由于蜘蛛侠的失职——无辜的生命被伤害——我发誓我决不允许!

我们终于可以得出结论了:正义胜过了幸福,且往往必然如此。

---

① Jacques Derrida, *The Gift of Death*, trans. D. Wills (Chicago: The University of Chicago Press, 1995), 78.
② *Amazing Spider-Man* #50 (1967).

关照自我必须为关照他人而让步,每个他人都是全然的他者。

尽管如此,彼得所宣称的目标显然不可能完成。即使彼得竭尽全力,他也依然会失败,并且会失败得十分惨烈。因此,例如在最近的漫画《破坏者霍根怎么了?》("What Happened to Crusher Hogan?")中,蜘蛛侠帮助他少年时期打败过的一名职业摔跤手,但这导致了梅婶婶的男朋友南森·卢本斯基(Nathan Lubensky)被狠狠打了一顿,这让彼得很不舒服①。"我有没有赢下来的办法?"彼得沉思道。"还是说,无论怎样抉择,我都注定要失败?这难道就是成为蜘蛛侠的……代价?"简言之,确实如此。人不可避免地要在相互冲突的责任间作出不可能的抉择。

德里达的回答十分有趣,他受启发于克尔凯郭尔的一段小议。克尔凯郭尔认为"抉择的时刻是疯狂的"(the moment of decision is madness),并且在《恐惧与颤栗》(*Fear and Trembling*)中沉思了神圣召唤的不予解释的本质。德里达据此解释道,当我们需要抉择响应哪些召唤之时,无限责任(infinite responsibility)的概念必定会给我们留下一系列永无止境的可怕选择。这和深思熟虑没有关系,因为那一瞬间决定已经作出了,并且听见召唤就已经是一种响应(因此,这必然意味着也可以在那个瞬间对他人的呼救装聋作哑)。我们无法向别人乃至自己解释这个抉择,因为其他选项无疑也都是正确的,并且同时也都是错误的。

> 我对个体(即任何他者)负责,只是因为我无法对所有人负

---

① *Amazing Spider-Man* #271 (1985).

责,不能尽所有的道德或政治责任。我永远不能为这种牺牲辩护,我必须对此保持沉默。无论我想不想,我都永远不能为这个事实辩护,即我实际上就是更偏向谁,或就是要牺牲谁(任何他者)来换取谁。我要对此保持缄默,因为我无话可说①。

这看起来像是彼得·帕克写的话。当被问到为什么不在场时,彼得总是咬着嘴唇,而其实他是不得不前往别处响应他人的迫切需要。这样的选择没什么好解释的——当蜘蛛侠跳向另一边时,他唯一听到的声音就是有人在痛苦中呼喊。这可怕的时刻超越在道德以外,是(德里达眼中的)克尔凯郭尔在《恐惧与颤栗》中所说的道德搁置(the suspension of the ethical)——假设一个人的绝对义务要求他忽视其他所有义务,这个行为同时就意味着其他义务也是同样真实的。在这个时刻,普遍性被个体性打败,我们力量的局限之处清晰可辨——即使拥有蜘蛛侠的速度、力量和感应力,我们也无法向所有需要帮助的人伸出援手②。

这告诉了我们什么?一方面,我们所能做的就是解决好每件单独的事,正如亚里士多德(公元前384—前322)所说,医生的目标不是治疗全人类,而是治疗个体③。另一方面,当我们选择履行特定的

---

① Derrida, *The Gift of Death*, 70 - 71;参见 Mark C. Taylor, *Nots* (Chicago: The University of Chicago Press, 1993), 83 - 93。

② 克尔凯郭尔的"对道德的神学性搁置"是个臭名昭著的棘手议题:它到底是什么意思?是将道德和普遍主义的生活方式置之不顾,还是置换成更高级的形式?初学者可参考 Robert L. Perkins, ed., *Kierkegaard's Fear and Trembling: Critical Appraisals* (Drawer: University of Alabama Press, 1981)中的论文。

③ Aristotle, *Metaphysics* 1.1, 981a18 - 20.

责任时,我们可以肯定,其余责任也潜在属于我们。因此,道德只是被暂时搁置,而不会真正被抛弃,因为普遍责任仍然十分清晰,以至于我们痛苦地意识到自己不可能完整地履行它。

永在债中

漫画书作者通常喜欢将超能力比作礼物。假如的确如此,那么它们算是十分怪异的礼物了。是谁送的?上帝吗?还是某种奇特的宇宙力量、因果律——或者按照中国民间的传说,是天意?又或者只是残酷的命运,即希腊悲剧所说的变化无常的**机运**(tukheê)?或许根据柏拉图(约公元前428—前348年)的观点①,这些都不重要。重要的是这礼物本身,以及它怎样塑造、破坏了收礼者的人生。

我认为,愧疚、债和责任在这一点上都明显指向同一个东西:愧疚(*guilt*)在德语中同时意味着**罪责**(*Shuld*)。同样,这份礼物(gift)往往是潜在的**毒药**(*ein/eine Gift*)——当某人递上一份礼物时,他就立刻卷入羁绊。礼物被定义为一种人们从未要求过,但依然给收礼者带来了挑战和责任的东西,这种责任就是去解读礼物的含义。

彼得·帕克的解决方案最接近于克尔凯郭尔在《爱的作为》(*Workes of Love*)中的描述,即"永在爱的债中"。回到我们先前提出的观点,即真诚的爱并非意在要免除感恩的债,克尔凯郭尔接着说,相反,真心爱着的人会选择承担永在债中的责任。基于《罗马书》(Romans

---

① Plato, *Epinomis*, 976e - 977b.

13：8)中的一段话,克尔凯郭尔认为,这种情况就像渔夫必须立刻把捕上来的鱼放进桶里一样:

> 为什么他要把鱼放进水中? 因为鱼离不开水,**唯有处在合适的环境里,事物才能生生不息**;而爱需要的是永无止境、永无止息、免于评判。因此,如果你想维系住爱,就必须确保它为了自由与生命,在无尽的债中生生不息。①

如果爱仅仅关乎回报,那么爱就会立刻凋零,因为这样一来,爱就成了有尽头的关系。但爱的债就体现在对能够相爱这件事心怀感激,并且,即使这意味着无法言说的痛苦和令人心碎的抉择,作为相爱之人,我们依然不会为此后悔。彼得每次行善,都不得不忽略其他一些责任,绝望或许就产生于此。然而,矛盾的是,尽管这些行为带来了痛苦,却都引领彼得更加亲密地接触世界,因为每个零碎的、神秘的暗示都昭示着,他有多么想为他爱的人——以及他的敌人和陌生人——做些什么。我们得出了一个意料之外的结论。彼得的英雄行径并非要救赎自己的罪恶,而是要借此加深他对这个世界的债。这是爱人者的道路,他们往往也是最英勇的斗士。

---

① Kierkegaard, *Works of Love*, 180; 对列维纳斯的评价, 参见 M. Jamie Ferraira, *Love's Grateful Striving* (Oxford: Oxford University Press, 2001), 117-136。

3
"我叫彼得·帕克"：揭开正义与善的神秘面纱

马克·D. 怀特

2006年6月，蜘蛛侠成了漫威宇宙和现实世界的新闻焦点——彼得·帕克在全国观众面前摘下面罩，告诉大家他从15岁起就成了人见人爱的蜘蛛侠。[①] 蜘蛛侠这些年发生了许多变化——比如说，他的战衣变了，婚姻状态也变了，他还加入了复仇者联盟（the Avengers）。但公开身份，是他自1962年年初首次亮相以来最震撼的改变。

很少有超级英雄像蜘蛛侠这样激烈地守护自己的秘密。但为什么他在多年后又选择了公开身份？我认为，尽管这次公开伴随了特殊情况，但彼得实际上是在对一个老生常谈的伦理问题作出回答，即**正义**（right）与**善**（good）之间的抉择。尽管正义与善的界限在哲学

---

① 公开身份事件参见 *Civil War* #2 (August 2006)，在 *Civil War* (2007) 中再版，其中包括了 *Civil War* #1-7 (2006—2007)。关于现实世界的反响，参见 George Gene Gustines, "Spider-Man Unmasked," *New York Times*, June 15, 2006, http://query.nytimes.com/gst/fulpage.html?res=9502E2DB1031F936 A25755C0A9609C8B63，与"Spider-Man Removes Mask at Last," BBC News, June 15, 2006, http://news.bbc.co.uk/2/hi/entertainment/5084326。

界仍然争议十足,但它不失为讨论是依据后果("善")还是规则、义务、责任("正义")作出伦理行动的一条捷径。就彼得的情况而言,他必须在恪守承诺、遵守法律与保护所爱之人之间作出抉择,前者是"正义",后者是"善"。

公开,还是不公开

如果你是超级英雄——可能你确实是,但请配合一下——你会隐藏自己的身份吗?我们大多数人——不好意思,是**他们**——都会隐藏,但不是所有人都如此。美国队长(Captain America)和神奇四侠(the Fantastic Four)以真实身份示人,但夜魔侠(Daredevil)和蜘蛛侠有秘密身份,并且我们经常能看见钢铁侠(Iron Man)早上醒来后用丢硬币决定今天以何种身份示人。为什么有些英雄决定公开,另一些则不愿意呢?

这通常是因为隐藏真实身份能够保护他的朋友和家人免于敌人的威胁。譬如,马特·默多克(Matt Murdock)就过着双重生活,为了保护他的好朋友福吉·内尔森(Foggy Nelson)和他(马特,不是福吉!)换了又换的女朋友们及老婆们,马特选择隐藏自己的夜魔侠身份。马特有资格担忧:一旦威尔逊·菲斯克(Wilson Fisk)——也就是金并(Kingpin),他一开始是蜘蛛侠的敌人,我们之后会重点谈到他——发现了夜魔侠的真实身份,他就会让默多克身心俱焚,包括报复默多克所爱的人。后来,菲斯克将夜魔侠的真实身份公之于世,这将马特和他爱的人置于被其他仇家报复的危险中。[1] 与此不同的是，除了复仇者和神盾局（S. H. I. E. L. D.），美国队长几乎没有别的朋友。神奇先生（Reed）和苏珊·理查兹（Sue Richards）基本上常年把孩子托管在巴氏大楼（Baxter Building）（它经常被炸，仔细思考下这事），所以隐藏身份对他们来说没有那么重要。

相反，彼得·帕克许多年来一直有两个在他人生中十分重要的人：梅婶婶和他的妻子玛丽·简。「坐下，梅菲斯特（Mephisto），我讲的是《崭新之日》（"Brand New Day"），你的故事等会儿再提。[2]」彼得用尽了一切方法来保护她们，因此可以理解，为什么他第一件要做的事自然就是隐藏蜘蛛侠身份。彼得已经因为失职失去了一位至亲——本叔叔——他不能再失去更多了。（没错，梅菲斯特，我看到你了——**坐下**。）所以无论代价如何，他总是用尽一切手段来保守他的真实身份，以及保护梅婶婶和玛丽·简。直到托尼·史塔克（Tony Stark）说服他为止。

迷人的钢铁侠

漫威宇宙的一场悲剧造成了数以百计的伤亡（包括许多学生）。

---

[1] 参见 *Daredevil: Born Again* (1987)，再版于 *Daredevil*, vol. 1, #227-233 (1986)；以及 *Daredevil*, vol. 5: *Out* (2003)，再版于 *Daredevil*, vol. 2 #32-40 (2002—2003)。

[2] 为了挽救梅婶婶的性命，彼得和梅菲斯特在《再多一日》（*One More Day*）的故事线上做了交易。交易的代价是让他和玛丽·简的婚姻不复存在。——译者注

美国就一伙青年超级英雄不负责任的行为出台了《超能力者注册法案》(Superhuman Registration Act)。法案要求所有超能力者都必须向政府公开身份，并成为全薪享受福利待遇的联邦雇员①。托尼·史塔克(也就是钢铁侠)最初拒绝了这项提议，但之后又成了法案实施的领袖，然而他的同僚们(以及许多漫画粉丝)并不买账。"内战"(Civil War)点燃了，以钢铁侠为首的法案支持势力和美国队长领导的反法案英雄之间的战争就此打响②。

在故事线的早期，托尼准备向国会发表反法案演讲，他请求彼得做他受命于危难之中的得力助手："我需要你的帮助。我还需要你承诺，无论未来发生什么，你都会站在我这一边。"彼得(十分仔细地)思索了一会儿，回复道："你对我们很好，特别是对梅和玛丽·简，还有……我欠你许多……很早以前我就发誓，要帮助需要我的人们……要随时帮助那些愿意随时帮助我的人……无论发生什么，无论代价如何，牺牲时间或是浴血奋战——我都会在这儿。"③彼得并不清楚事情将怎样发展(毕竟，他不如托尼那样有远见)，他也不知道代价会有多么残酷——尤其是血的代价。

托尼承认法案的实施在所难免，他在美国总统的要求下公开了

---

① 参见 *The Road to Civil War* (2007) 及 *Civil War*。
② 关于注册法案矛盾中托尼的动机，可以参见我的论文 "Did Iron Man Kill Captain America?" in Mark D. White, Ed., *Iron Man and Philosophy: Facing the Stark Reality* (Hoboken, NJ: John Wiley & Sons, 2010), 64 - 79。
③ *Amazing Spider-Man* #529 (April 2006)，再版于 *The Road to Civil War*。当他提及对托尼的亏欠时，彼得经常谈到，托尼在梅婶婶的房子烧毁后邀请他、玛丽·简和梅婶婶一起住进复仇者大厦(Avengers Tower)；参见 *Amazing Spider-Man* #519 (June 2005)，属于 *Amazing Spider-Man*, vol. 10: New Avengers (2005)。

身份，并且要求彼得也这样做。"我知道……我希望你在我这边，彼得。但我需要你……还有蜘蛛侠。公开支持我"①。彼得向托尼打包票他们是一边的，在和玛丽·简及梅婶婶商量过后——我们等会儿会谈到这件事——彼得在发布会上见到了托尼并重申了自己的支持："当我们走投无路时，是你帮助了我们。你就像——我的父亲一样。我承诺过，无论发生什么，我都会站在你这边。我会恪守我的承诺，托尼。做你该做的事。我来当你的后盾。自始至终。"②在这场声名狼藉的发布会上公开身份后，彼得立刻在休息室里呕吐了起来。托尼向他保证："你做了正确的事，彼得。这不容易，但很正确。"③

所有关于"正确"的讨论，以及"无论发生什么"，还有"无论代价如何，牺牲时间或是浴血奋战"，即便它"并不容易"，都表明它们是义务论（deontological）的概念。**义务论**是伦理学的一个流派，认为行为本身的道德价值大于其结果。恪守承诺是义务论原则的典型例子：无论导致怎样的后果都要遵守承诺，因为这是正确的事。"因为你承诺过了"被假定为不证自明的——对于大多数人来说，不需要进一步的论证或理由。

但对哲学家来说并非如此——我们**总是**要求进一步的论证！为什么不顾后果地遵守承诺被视作"正确的"？不同的义务论者会给出不同的回答，但一种简单的解释是，这就是承诺的本质。承诺意味着保证未来会做某事，特别是在那一刻到来时人们有理由退缩的情况

---

① *Amazing Spider-Man* #532（July 2006），再版于 *Civil War*：*Amazing Spider-Man*（2007），包括 *Amazing Spider-Man* #532-538（2006—2007）。

② *Amazing Spider-Man* #532.

③ *Amazing Spider-Man* #533（August 2006）.

下。彼得可能会向玛丽·简承诺在饭后洗盘子,但他无须承诺自己会把甜点吃光。并且,一旦到了该洗盘子的时候,他可能又不愿意干活了,但是承诺要求他必须这样做。如果其他事情的出现能致使承诺被遗忘,那么它就根本不能算是承诺;简单来说,承诺本就该被遵守。

最著名的义务论哲学家康德(Immanuel Kant)(1724—1804)对此的解释有些许不同。他认为,当你提出一项**准则**(*maxim*)或行动方案时,你必须能意愿这项准则可以成为普遍法则(universal law);换句话说,必须有人人都能服从相同准则的可能。如果你无法意愿这件事,那么就是在为自己争取你拒绝给予别人的自由,这违反了道德平等。那么,如果彼得想要违反承诺,他必须考虑他是否意愿人们可以为了自己的便利随意打破承诺。答案很明显。没有人会再愿意相信作出承诺的人,承诺也会失去意义。所以彼得有义务遵守自己作出的承诺,这份义务是有约束力的,无论何时何地何种环境①。

但另一方面……

对义务论的一种常见批评认为它忽视了行为的后果,它致使人们以"正确"之名,行有害之事。在一篇富于争议的论文中,康德写

---

① Immanuel Kant (1785), *Grounding for the Metaphysics of Morals*, trans. James W. Ellington, 3rd ed. (Indianapolis, IN: Hackett Publishing, 1993), 402-403.

道,如果一个杀人犯敲开你家大门,准备杀害藏身于此的你的朋友,当他问起你朋友藏在哪儿时,你**绝不可以说谎**①。回到蜘蛛侠的情况,如果他恪守对托尼许下的承诺,这会让他被赞誉为一名善良、正直的年轻人,但也可能会带来十分糟糕的后果,尤其是公开身份这件事。很少有哲学家会完全赞成义务论理想,一些哲学家更愿意基于后果进行道德抉择。这种观点被恰如其分地命名为**效果论**(*consequentialism*)。效果论是一种伦理学理论,它根据效果来判断行为的道德性:效果越佳越道德。就像彼得希望恪守对托尼的承诺一样,他也同样希望能保证家人的安全。

当托尼提及法案和可能的后果时(在前往华盛顿的国会作证时),彼得立刻想到超级英雄的所爱之人将遭受怎样的可怕后果。"他们疯了吗?那些惯犯用不了多久就会掌握他们的信息。"②之后,彼得向国会作了即兴演讲——这让托尼很懊恼,他说,"坏人大多数时候都是坏人。但好人们……只是偶尔做好人。他们有自己的人生、家庭,他们爱的人会因暴露身份而遭受坏人威胁"③。之后,当英雄们聚在一起讨论法案的可行性时,苏珊·理查兹发表意见说秘密身份其实没那么重要。彼得回复道:"好吧……但假如有一天我的妻

---

① Kant (1799), "On a Supposed Right to Lie because of Philanthropic Concerns,"这篇文章被收录在先前提到的 *Grounding* 中。康德很少有文章在哲学界激起如此大的骚动,因为这是他所举出的最极端的不能撒谎的例子,无论代价怎样都不能说谎。大多数康德学者,包括这篇文章的作者本人,都认为他其实比这要更加温和,鉴于他大多数作品都强调了判断在艰难抉择和两难境地中的重要作用。

② *Amazing Spider-Man* #530 (May 2006),再版于 *The Road to Civil War*。

③ Ibid.

子被章鱼触手刺穿,拉扯我长大的那个女人向坏人苦苦求饶,那时候就知道隐藏身份的重要性了。"①与此同时,彼得(穿上战衣后)向萨丽·弗洛伊德(Sally Floyd)倾诉道:"难道大家不明白这会给我的家庭带来什么吗?我们是夫妻……父亲、母亲、儿子、女儿……如果我向全世界公开身份,所有恨我的人都会去报复我最珍视的事物……"②

注意,这些讨论的语境都是超级英雄向政府公开身份——但没过多久,托尼就要求彼得向公众公开身份,这使问题变得私人且直接了。考虑到后果,彼得立刻表现出了拒绝的态度:"不行……请不要这样要求我。别的都可以,但我不能公开身份。"托尼意识到彼得承诺得还不够,于是他也转向效果论来论证自己的观点:"这不是为了我,彼得。如果你不公开,那么你就同其他蔑视法律的势力无异了。通缉。被追捕。蹲监狱。不仅仅是你,玛丽·简和梅婶婶都会被视作共犯。如果你同法律作对,那我恐怕就不能留你在身边了。我没办法保护你……以及你的家人。"③注意托尼是怎样将彼得对家人的担忧转变成了**支持**身份公开的理由,他暗示公开可能会招致坏人的威胁,但不公开同样也会招惹当局(尤其是他已经知晓彼得的真实身份)。托尼还巧妙地让服从法律成为另一个公开身份的效果论理由——毕竟,我们通常都相信服从法律是应该的,即便其实不愿意这么做。

---

① *Civil War* #1 (July 2006),再版于 *Civil War*。
② *Civil War: Front Line* #1 (August 2006),再版于 *Civil War: Front Line Book 1* (2007)。
③ *Amazing Spider-Man* #532.

效果论的复杂网络

在彼得作出最终决定前,他和玛丽·简及梅婶婶促膝长谈。①他们一起思考了公开身份的利弊,包括所有我们谈到和没谈到的可能后果,比如被反法案英雄(如美国队长,他是彼得的偶像,也是梅婶婶一直以来的英雄)追捕。又或者,拒绝合作可能招致被托尼追捕,如此一来他就不得不和玛丽·简及梅婶婶一起逃跑,这将置他们于一种迥然不同的危险中。

尽管效果论在直觉上十分吸引人,它在实践中则会遇到一些麻烦。首先,未来是不确定的:如果你无法确定不同的选择会带来怎样的后果,那么你也很难基于此进行道德抉择。没有人知道彼得公开或不公开身份的后果。面对这种情况,托尼会怎么做呢?其他英雄呢?彼得的仇人们呢?②第二个麻烦建立在第一个之上:后果不仅仅未知,还很复杂。最后,即便能可靠地推出结果,一个重大抉择的消极或积极影响往往是难以比较、难以测量的。(任何面临过重大人生抉择的人都明白,比如接受一份新工作或是求婚!)毕竟,彼得要如何比较暴露梅婶婶与玛丽·简于敌人面前和带她们亡命天涯——哪

---

① *Amazing Spider-Man* #532.
② 之后,彼得扪心自问,"我为什么要公开身份……? 但是……或许它也不会改变什么。托尼、复仇者们,他们都知道我是谁。一旦我背叛他们,同样的事情也会发生"。(*Friendly Neighborhood Spider-Man* #17, April 2007,再版于 *Spider-Man: Back in Black*, 2008。)

个更好？这些麻烦并不能决定性地驳倒效果论，但确实能让它在现实世界中难以付诸实践——它们当然也不会让彼得的抉择变得容易！①

事实证明，彼得并没有用效果论来推导自己的决定——他只是听从了婶婶的箴言。她向彼得解释，当他最初向她公开身份时，她非常愤怒，但不是对他：

> 我对这个世界感到愤怒。因为一部分人管蜘蛛侠叫怪物。一名罪犯……如果我对我侄子有什么了解，那就是他绝非罪犯。有数百人因为你的及时出现绝处逢生了。没有什么好羞愧的。我为你感到骄傲，彼得。现在，也许是全世界为你骄傲的时候了。他们会了解你，一如我了解你那样。②

对梅婶婶来说，彼得对自己及世界的忠诚是一种义务论价值：

---

① 讽刺的是，在彼得和梅婶婶讨论要履行他十六岁对她许下的诺言时，梅婶婶反驳了他："没错，你确实承诺了。在十六岁的时候，小孩子的承诺——根本不明白世界是怎么一回事。"(*Amazing Spider-Man* #532)。

② 某个更高的存在告诉彼得，他救下了数以千计的人——"我一列列数出来的"——他带领彼得度过了"美好的一天"。出自 *Sensational Spider-Man* #40 (April 2007)，再版于 *Spider-Man*, *Peter Parker*: *Back in Black* (2008)。（在这一册漫画中，失魂落魄的彼得在小巷中遇见了一个奇怪的男子。他看起来衣衫褴褛却拥有奇异的能力，他能治好彼得受伤的手，还能带彼得回到小时候和梅婶婶、本叔叔常去的沙滩。一切征兆都显示着他神圣的身份。男子安慰彼得说，他救下了数以千计的人。彼得求男子不要让梅婶婶死去，对方回答"要有信心"后就消失在小巷中。——译者注）

"有些事情值得冒险,彼得。你是他们中的一员。"①因此,梅婶婶出于原则将后果置于不顾,无论它是怎样的后果——她认为正义比善(或恶)更加重要。

据我们所知,彼得向全世界公开身份后吐在了休息室里,托尼向他保证这是正确的事。当托尼想表达自己感同身受时,彼得对他说道,"不,托尼,你不明白,因为你没有家人需要担心……从十五岁起,我每天都生活在对这一刻的恐惧中"②。彼得让托尼保证,一旦他遭遇不测,托尼会好好照料梅婶婶和玛丽·简;即使彼得对托尼作出了承诺,他也不希望自己的家人因此受苦。

哎呀!

不久之后内战打响,彼得的人生开始分崩离析——公开身份的后果确实很糟。他的仇家的确找上门来报复他和玛丽·简、梅婶婶了,但所幸均无大碍。[梅婶婶的确狡猾地给变色龙(Chameleon)下了毒。]③彼得不得不帮助托尼追捕未注册的英雄,包括美国队长,他曾经对彼得说道:"我尊敬你,彼得,并且我了解你。我了解你的内

---

① *Amazing Spider-Man* ♯532. 同一期中,梅婶婶在新闻发布会前对彼得说出了她亡夫的那句经典名言,"责任越大,能力越人",并且补充道,"责任意味着,当别人问起'这是谁做的'时不要逃避"。当然,无论后果如何都要为自己的行为负责是另一个义务论原则,家长们常常会拿这个道理教育孩子。

② *Amazing Spider-Man* ♯533.

③ *Sensational Spider-Man* ♯29 - 31(October—December 2006),再版于 *Civil War*:*Peter Parker*,*Spider-Man*(2007)。

心。我知道你讨厌现在的所作所为,但又认为自己别无选择了。可你错了。你还有机会改邪归正。"①和美国队长作对动摇了彼得的自信心,因为无论如何,在他眼中,队长总是与"正确"相连。

丛生的疑惑清晰可见,在战斗结束后,彼得找到了美国队长在战斗中丢失的盾牌并挂在了墙上。他想,

> 当他找到盾牌时,我希望他能明白。我希望他明白——这盾牌代表了国家,而国家法律决定了孰对孰错。即便我们并不同意。即便是糟糕的法律。队长认为这是错与对的问题,但它并不关乎对错或道德。它是合法或不合法。至少当我在半夜扪心自问我究竟在干什么时,我会告诉自己,我是合法的。我注册了。我有授权。当我感到身边的一切都要分崩离析时——我只祈求上帝我是正确的。②

彼得开始怀疑自己的义务论信念——遵守法律通常是正确的,但不会永远正确。③ 当彼得愈发了解托尼是如何实施法案的——例如把反法案英雄关进负空间(negative zone)监狱,以及他从未在投

---

① Amazing Spider-Man #534 (September 2006).
② Ibid.
③ 参见彼得和里德·理查兹那次不错的交谈(Amazing Spider-Man #535, October 2006)。里德说,20 世纪 50 年代他叔叔在非美活动调查委员会工作。里德认为他叔叔错了,因为法律就是法律——你要是不喜欢,那就改变它,但在那之前都得遵守法律。(彼得对此表示怀疑。)

标合同里牟取利益用来打造监狱——他的疑惑被确证了。① 托尼·皮姆(Tony Pym)和汉克·皮姆(Hank Pym)制造的克隆雷神["克洛尔"(Clor)]杀死了歌利亚(Goliath),这成了压垮彼得的最后一根稻草。在这位陨落英雄的葬礼上,里德注意到彼得、玛丽·简和梅婶婶缩在一起,然后向伦纳德·萨姆森(Leonard Samson)问道:"是我多虑了,还是彼得·帕克确实表现得非常、非常可疑?"②

彼得决定倒戈,这代表他(新发现了)另一个正确的决定——离开托尼,加入美国队长的反法案势力——不顾后果,成为托尼·史塔克的敌人,成为罪人,让玛丽·简及梅婶婶不得不亡命天涯。正如彼得告诉她们的那样:"我犯了个非常可怕的错误。我会弥补,并且会为此付出代价。但是我必须做我认为正确的事,现在——上帝保佑我,我意识到我一直站在错误的一边,我——"③钢铁侠的破墙而入打断了他,他被托尼带去外面谈话。(又打破了另一面墙——真浮夸!)

托尼自然不会轻易接受他的离弃。"我信任过你,彼得! 我保护过你! 这就是你报答我的方式吗?"④讽刺的是,他借用了彼得对家人的顾虑:"别傻了! 现在大家都知道你是谁了,你真的以为还能回

---

① *Amazing Spider-Man* #535, October 2006. 参见 *Civil War: Front Line* #9 (December 2006),再版于 *Civil War: Front Line Book 2* (2007)。

② *Civil War* #4 (October 2006).

③ *Amazing Spider-Man* #535. 随后,他向玛丽·简重申,"托尼错了,我也错了。我必须想尽办法弥补。如果这意味着要和托尼作对——那么我也无可奈何"(*Amazing Spider-Man* #536, November 2006)。在他向美国队长赔礼道歉后,彼得自我思忖道,"重新站在正确的一边,感觉真好"(*Amazing Spider-Man* #537, [January 2007])。

④ *Amazing Spider-Man* #536.

到从前的生活吗？这不再是你一个人的事了！梅婶婶怎么办？玛丽·简怎么办？"①平心而论，托尼确实警告过彼得成为罪犯的后果，他的家庭也会暴露在危险之中，但和往常一样，彼得看重的不是后果。玛丽·简和梅婶婶都同意他的做法，梅婶婶甚至告诉他，"如果我们都对决定负有相同的责任，那么我们必须共同承担责任"②。然而，即便是富有远见的托尼也无法预言将要发生的事。

还记得金并（Kingpin）吗？

彼得在善与正义间选择了后者，但善不久就变成了恶——**极其恶**——假想的"浴血奋战"变成了现实。金并在狱中得知彼得公开了身份，他立刻发出了剿杀令，要报复彼得和他身边的所有人。从那时起，我们经常能见到玛丽·简和梅婶婶藏身于破败的汽车旅馆，而这画面却呈现在一支步枪的瞄准镜中。③《神奇蜘蛛侠》#538（2007年2月）的结尾描写道，当彼得回到旅馆时，那支枪开火了。就在几秒前，蜘蛛感应警告了彼得，他将玛丽·简推倒在地，抬头却看到梅婶婶胸口的枪伤。

在梅婶婶昏迷期间，彼得怒火中烧，他再次穿上了黑色战衣，要让那些作恶的人尝尝恐惧的滋味（或类似的感觉）。④ 大概是从好朋

---

① *Civil War* #5 (November 2006).
② *Amazing Spider-Man* #536.
③ *Amazing Spider-Man* #537.
④ 得了，你们肯定都这么想！

友夜魔侠那里学会了如何从贱民身上勒索信息,他最终追踪到暗杀的始作俑者就是金并。彼得闯进监狱将怒火倾泻在金并身上,在快要杀死他时悬崖勒马,但彼得保证,如果梅婶婶死掉,他会回来杀掉金并。①

这可能会让彼得好受些,但显然无益于梅婶婶的伤情。所以彼得转而向他的"特殊朋友"求助。彼得第一个求助的人自然是那名披着战甲的复仇者,他对梅婶婶的状况负有一定的责任。"她快死了,这是你的错! 我信任过你! 我让你亲近我……你就像我的父亲一样! 当你说我必须公开身份时,我相信了你! 你说这是唯一的办法! 为了保护梅婶婶和玛丽·简,我保守着这个秘密,但你说过她们不会有事的! 你说过——但现在……现在她躺在医院的床上……等死……"②托尼声称他没办法帮助一个逃犯,但当他回到复仇者大厦失声痛哭后,他让忠诚的管家贾维斯(Jarvis)拿了200万的支票去医院支付梅的医药费。

在梅婶婶住院的窗户外(考虑到他是个著名逃犯,这是为了避免引起注意),彼得证实了他做出这些选择的原因及代价。"我很抱歉,梅婶婶……我本应该找到办法来避免……我不该公开身份的。但……我只是想做正确的事。我到底过着怎样悲惨的生活啊? 正确或错误都不重要了……因为我爱的人还在受苦。"③义务论伦理学通

---

① *Amazing Spider-Man* #539-542 (April—August 2007),再版于 *Spider-Man: Back in Black*。

② *Amazing Spider-Man* #544 (October 2007),再版于 *Spider-Man: One More Day* (2008)。

③ *Friendly Neighborhood Spider-Man* #20 (July 2007),再版于 *Spider-Man: Back in Black*。

常是悲剧的：做正确的事有时反倒会产生消极的后果。但它也强调了这些结果的不确定性，这可以强化义务论的论点：如果你不知道哪个选择的结局更好，或许就应该专注于做你认为正确的事情。就像彼得说的，不管他做对了还是做错了，坏事总会发生——所以有的人会说，他应该做正确的事（就像他所做的那样，至少他认为那是正确的）。

那么梅婶婶后来怎样了？在询问过漫威宇宙的每个天才和神奇存在后——包括毁灭博士（Doctor Doom）——彼得黔驴技穷了。但是突然间，在复杂的《再多一天》（"One More Day"）故事线中，恶魔梅菲斯特向彼得和玛丽·简现身并提出了一个交易：他会救下梅婶婶并且抹去所有人关于彼得公开身份的记忆，代价是改变历史，让彼得和玛丽·简的婚姻不复存在。① 彼得和玛丽·简接受了，真正和恶魔做了交易。② 因此在"崭新之日"时代中，彼得最后获得了再来一次的机会，但他付出了无法想象的代价：失去他此生挚爱，至少暂时如此。③ 这究竟是正义或善，抑或二者兼备，抑或二者皆非，还有待证明。

---

① *Amazing Spider-Man* #545（November 2007），再版于 *Spider-Man: One More Day*。当玛丽·简坐在家里等彼得从内战最高潮的终极大战中归来时，这就已经有所预兆。她望向天空说："上帝啊，让他平平安安地回来就好。我愿意做任何事，我愿意放弃任何东西，只要你……让他回来。求你了。我愿意放弃任何东西……任何……任何……"（*Amazing Spider-Man* #538）

② 更多关于这条故事线的分析，请参考我在这本书里写作的章节《〈再多一天〉背后的争论》。

③ "崭新之日"在"再多一天"完结后，开始于 *Amazing Spider-Man* #546（February 2008）。

投降？ 绝不可能！

彼得选择不顾后果去做正确的事，这在他对一名要求他投降的警官的斥责中得到了例证：

> 投降？你明不明白投降对我来说是件多么容易的事？你明白吗？投降简直是太美妙了！举起双手！把自己交给你们！在牢房、负空间或是什么地方等死！"投降"的想法就像癌症一样在我的脑海中盘旋，日复一日地折磨我！假如我早几年投降了，梅婶婶就不会中枪！我的妻子就不用生活在噩梦中！我爱的每一个人都因我不愿投降而深受其苦！不愿放弃帮助警察和无辜的人！不愿放弃战斗！天啊……你居然跟我谈投降？

无论遇到多糟糕的事，彼得都永远不会投降，因为他相信他在做正确的事——他被赐予了强大的力量，他认定自己因此背负了更多的责任。[①] 他知道为了尊重承诺、责任、义务这些义务论概念——所谓的"正义"——他必须将行动的后果，即所谓的"善"，抛诸脑后。当然，决定什么是正确的往往并不容易，正如我们所见，它会随着条件

---

① 这并不是说他从未经历过要放弃、投降的脆弱时刻，参见 *Sensational Spider-Man Annual* #1 (May 2007), in *Spider-Man*, *Peter Parker*: *Back in Black*。

变化。毕竟,如果彼得·帕克过着轻松的人生,那他还能算是彼得·帕克吗?如果他没有和我们一样面临着许多麻烦,包括在正义与善之间作出艰难的抉择,那么我们也就不会逐月阅读他的冒险故事了。

第二部分

背锅侠

4
"能力越大，责任越大"：
蜘蛛侠、基督教伦理与罪恶问题

亚当·巴克曼

理解彼得·帕克向蜘蛛侠的转变和他随之而来的内心挣扎至关重要，这份挣扎来自本叔叔的影响，他将耶稣的"因为多给谁，就向谁多取"①化用为了那句著名的"能力越大，责任越大"②。

思考一下两部人气低迷的蜘蛛侠改编**漫画**背后的原因，就能明白，在理解蜘蛛侠的过程中，转变和挣扎为何至关重要。在这两部漫画里，彼得的转变缺乏道德动机，也毫无道德深度和严肃性等特征可言。观众之所以对改编漫画感到失望，主要是因为剥除了基督教道德外衣的蜘蛛侠已经不能再算作蜘蛛侠了。

我并不意在将蜘蛛侠视作一名基督徒。准确来讲，我想要探究，是怎样的道德定义了蜘蛛侠，而这些道德从广义上来看就是基督道德。首先得明确两件事情：第一，我会试着忽略具体派别的基督伦

---

① Luke 12:48.
② *Amazing Fantasy* #15 (1962).

理和进路(approaches)的问题,因为据我所知,基督教伦理体系间的差异可大可小,而蜘蛛侠从未明确过自己的基督教伦理信念。① 第二,基督教伦理同其他同样承认普遍道德法则[通常称作"自然法"(the Natural Law)]的宗教或哲学伦理学相比,并没有极端的区别。因此,蜘蛛侠的许多道德信念都应当被视作一种所有人都普遍同意的信念,譬如犹太人(包括斯坦·李自己)、柏拉图主义者(Platonists)、儒家(Confucians)等。② C. S. 刘易斯(C. S. Lewis)(1898—1963)写道:"只有对犹太与异教文化的严重无知,才会产生(基督教道德命令的主体)是彻底的新玩意这种结论。"③

蜘蛛侠的伦理观之所以富有基督教色彩,不仅是因为他根本上胸怀了天下,还因为他的另一些信念和所重视的,譬如他不仅仅局限于一神论(theistic)的对上帝的信仰,以及他对仁慈的看重。为了证明这一点,我们需要考虑基督教是如何理解自由与正义的,这两者通常和哲学中的罪恶问题紧密相关。

---

① 有些人相信,蜘蛛侠的伦理观有新教(Protestant)和义务论的倾向。参见 Steven Waldman and Michael Kress, "Belief Watch: Good Fight," *Newsweek*, June 19, 2006。

② 尽管蜘蛛侠的创作者斯坦·李(Stan Lee)是一名不守俗的犹太人,他似乎相信某种类似于普遍道德法则的东西,并且将这种信念应用在了他绝大多数的漫威作品中,不仅仅是蜘蛛侠。蜘蛛侠如何以及为何染上基督教色彩,是我所不能回答的问题,但正如超人起初以摩西(Moses)形象登场,不久后转变为基督式的人物(参见 *Superman Returns*),蜘蛛侠以一般道德为起点,随之又变得更加丰富。

③ C. S. Lewis, "On Ethics," in Lesley Walmsley, ed., *C. S. Lewis: Essay Collection & Other Short Pieces* (London: HarperCollins, 2000), 303-314, 305.

"我乃称你们为朋友"：造人的基督教式回答

基督教传统认为，上帝是完美的总和。他不仅仅强大，他还是权力的至善。他不仅仅爱人，他还是完美的爱。他不仅仅存在，他还是最完美的存在。他不仅仅是理性的，他还是完美理性的本身。

然而，上帝也有许多做不到的事，这些事情可以被总结为一个简单的原则：**上帝不能做逻辑上不可能之事**。也就是说，上帝不能违背自己的本质，他不能改变自己。因为上帝是绝对完美的存在，他也就无所缺乏，这意味着他无法改变自己——他不能从完美变为不完美。因为上帝是完美的理性——即所有理性的综合及来源——他不能做不理性之事。他不能使 1 + 1 = 3 或是推翻矛盾律（Law of Contradiction）（**相悖于**笛卡尔［René Descartes，1596—1650］）①。上帝不能做违背他本质之事。

如果上帝无所缺乏，那么他为何造人？上帝是造物主，所以他依照他的本质行事：他热爱创造，所以就让许许多多事物诞生，譬如亿万光年外的亿万星系，就仅仅出于他的一时欢喜。不仅如此，因为上帝就是爱本身，他极其看重友谊——爱的伟大形式之一。

然而友谊意味着什么？只有**自由**的友谊才有意义；爱需要理性

---

① 关于此，参见笛卡尔的 *Meditations，Objections，and Replies*，ed. and trans. Roger Ariew and Donald A. Cress (Indianapolis, IN: Hackett Publishing Co., 2006)。（笛卡尔认为，全能的上帝可以做任何事，即便是那些会产生矛盾的事。——译者注）

的选择。上帝**强迫**造物**自由地**爱他在逻辑上自相矛盾：他不能这样做，因为他不能做逻辑上不可能之事。所以，上帝创造人类（可能也包括其他的理性生物）是出于他对创造的热爱，并且更重要的是，**他想要他们成为他的朋友**。《新约》的一项重要启示就是耶稣对爱他的人说："我乃称你们为朋友。"①我们自由地选择同上帝为友，这是他无法强行用力量实现的，但人自由地选择爱上帝，这对造物主来说是无价的。

这样一来，作为人类表达同上帝友谊的主要方式之一的祷告（prayer），并不是某种魔幻的过程，不是祷告什么就能自动产生什么：祷告是为了赞美这位神圣的朋友是如此好的朋友。是请求神圣的朋友为需要帮助的人伸出援手；是质问——偶尔愤怒地问——这位神圣的朋友，为何事情是如此这般；是和他者交流的一种方式，尽管这他者是一个更伟大、更自由的存在。祷告敬神，且敬重与神的友谊。这不仅仅体现在许多著名的圣经英雄，如亚伯拉罕（Abraham）、大卫（David）等人身上，还体现在彼得·帕克身上。例如，在《神奇蜘蛛侠》vol.2 #33（2001）中，彼得质问上帝"9·11"事件为何发生；在《神奇蜘蛛侠》#46（2002）中，奇异博士（Doctor Strange）建议彼得向上帝祈求指引；在《神奇蜘蛛侠》#53（2003）中，彼得向上帝表达感谢，感谢上帝赐予了他这样一位美好的妻子。

---

① John 15: 14-15.

"你就不能尊重我的选择吗？"：基督教伦理的基础

根据基督教伦理学，上帝赐予了人类得以同他成为朋友的自由意志，因为上帝是完满的幸福与爱，这也意味着上帝创造人是为了无限的幸福与愉悦。尽管如此，人们必须要**意愿**这些事物；他们必须**选择**它们。"你就不能尊重我的选择吗？"在《蜘蛛侠2》中，玛丽·简如是向彼得发问。彼得的反应也正是上帝的态度，他自然给出了肯定的回答。

关键问题来了。和彼得不同，上帝还是完全圣洁和完全公义的。他不能改变自己，所以如果人类想要同他做朋友或是渴望幸福，那么他们也必须变得圣洁且公义。在极度纯粹的上帝面前，哪怕是一丁点儿邪恶都不被容许。正如约柜（the Ark of the Covenant）中的十诫法版显示的那样［在《夺宝奇兵》（*Raiders of the Lost Ark*）中清晰可见］，不洁之人不可能在见到上帝后还能活下来。上帝**不能**——假如他能，那就在逻辑上自相矛盾了——脱离他的圣洁。他的本质也决定了他不可能忽视公义。

因此，人类必须运用自己的理智——上帝在人中的形象——去辨别是非与公义。如果他们渴望幸福，那就必须选择正确的事。可是，什么是公义？

公义意味着以事物或人应当被衡量的方式来衡量它们，其中，它们的价值取决于上帝造物时的抉择（也就是上帝所赋予他每个创造物的价值）或是上帝的本质（上帝自身的价值是一个他无法更变的绝对事实)。因此,譬如,尽管人爱他自己是公义的,但用爱猿猴的方式爱他自己就不公义了,因为这意味着将爱更大的事物(理性的动物)和爱低级的事物(非理性的动物)混为一谈。又或者,更确切地说来,尽管人爱自己和自己的主张是公义的,但同等地爱上帝和他的公义,乃至爱得更少,则是不公义的,因为上帝(非受造者)的价值比人类(受造者)要伟大得多。所以,尽管公义是绝对的,既定行为的正确与否取决于对所考虑事物的价值的认识,并且依据这种认识作出一致的选择。不依照公义行事则被视作不公义、邪恶,乃至罪。

所有这些都对理解耶稣的箴言"因为多给谁,就向谁多取"以及本叔叔的"能力越大,责任越大"至关重要。如果某人被上帝赐予了更强大的力量,那么他就被期望着利用那力量做出伟大的善举——假如那时,唯独实现这期望,才是为善本身而行善。如果某人被上帝赋予的力量有限,那么上帝对他的期望也就不多:具体语境下的公义要考虑到某人的本质,以及他所拥有的东西。

有些人可能会心怀不满,譬如为什么上帝不公地让一部分人成了超级英雄,而其余的则成了普通人(假如我们身处有超级英雄的漫威宇宙)。但是,上帝并没有不公义地行事。尽管超级英雄可能会享受到**更加**独特的乐趣,这些乐趣自身是好的(比如强大的力量),超级英雄还被期望着利用他的力量来造福**更多的**人,如果无法造福更多的人,那么至少也是用**更加**非凡的方式来造福他人。因此,在《蜘蛛侠》电影的结尾,彼得拒绝了和玛丽·简的浪漫爱情,因为考虑到她的安全,他认为他没办法在与她恋爱的同时履行职责。"这是天赐的礼物,"他说道,"同时也是诅咒。"

因此,认为做超级英雄总比做普通人要好是不合理的。根据基督教伦理，所有人都必须要遵守公义且规范行事，这取决于每个人的本质以及所拥有的东西。如果我们回到彼得的案例并听从奇异博士的建议，那么我们就该请求上帝帮助。道德上的成功不取决于是否成为最强大的人，而是我们利用自己的本质以及所有之物做了什么，譬如《福音书》(Gospels)中那个施舍了自己所有钱财的女人——虽然不多，但这是她的全部了——相比之下，有钱人施舍了很多，但那仅仅是他财产的很小一部分。① 这也就是为什么在《蜘蛛侠2》里，章鱼博士(Dr. Otto Octavius)对彼得说的话是正确的："才智是天赐的礼物，你要用它来为人类做善事。"章鱼博士错误地运用了才智，最终导致了可怕的结局：盗窃，杀死了试图帮助他的医疗专家，引起无数市民的恐慌，还有他自己的死。彼得发自内心地劝说他从先前的行事原则中悔改，这才避免了更大的灾难。

所以，能力大并非简单地优于能力弱。重要的是，人们选择用自己的力量来**做**什么。而且，彼得和玛丽·简的关系，还有他既不愿偷盗，也不愿因自己对城市的贡献而获取经济上的好处所招致的贫穷，这些都使我们明白，选择公义行事有时是极其痛苦的。正如作为彼得的道德智慧源泉，并且她自己也是个虔诚基督教徒（她在《蜘蛛侠》中背诵主祷文一事可以作为例证）的梅婶婶所说："［在力所能及的范围行英雄之事］，有时我们不得不放弃最深爱的事物……甚至是我们的梦想。"尽管如此，选择做正确的事其本身一旦完满，那最终就会带来个体的幸福。

打个比方，想想第一部《蜘蛛侠》电影。从答应了帮本叔叔刷厨

---

① Mark 12: 41-44.

房墙壁而又反悔，到未能在摔跤比赛中阻止抢劫经理的歹徒，彼得起初展现出的他的行动依据，是自己扭曲且极端自私的欲望，而不是做他眼中正确的事。他是不公义的，因为人应该恪守承诺（整体上来看），并且如果有阻止犯罪的能力——尤其是不会带来太多麻烦时——人们就有阻止犯罪的义务。然而彼得在电影里变得越来越公义，他选择了超越于自己的事物：基于自己是谁、拥有怎样的公义和责任。因此，当诺曼·奥斯本（Norman Osborn）以绿魔的身份问彼得，他为何要不惜麻烦地帮助他人，尤其是人们最终会因此憎恨他时，彼得的回复简单却深刻："因为这是对的事。"奥斯本对这种说法予以嘲讽，因为他不承认普遍道德法则的存在，彼得则因为相信上帝对此深信不疑。

奥斯本认为道德完全是相对的，他声称多数人存在的意义就是要"让少数的杰出人士把他们踩在脚下"。他被对力量的渴望驱使着前进，这种力量可以满足他自私的目的，这暗含着对"责任越大，能力越大"这一箴言的反对。而且准确来讲，奥斯本选择幸福并不重要，彼得选择责任才值得探讨。正如我所说的，公义且忠实地行事有时需要人们放弃当下的一些幸福，但因为上帝是公义和幸福的来源，那些公义行事的，最终都会成为最幸福的。所以，在《神奇蜘蛛侠》#500（2003）里，本叔叔的灵魂向彼得提了个再简单不过的问题："无论你现在做了什么，成了什么，告诉我，彼得，你开心吗？"对此，公义且忠实行事的彼得回答道："太可恶了，不过……是的。我很开心。"

"我们总有的选"：罪恶问题的答案

那罪恶问题呢？假如基督教伦理已经给定，有人相信，恶的存在否定了全能、全知、全善的上帝，我们能对这样的人说什么呢？让我们从彼得在这种困境中的挣扎里寻找答案。就从彼得对与此相关的上帝的三个关键属性的感受谈起：全能、全知与全善。

在《神奇蜘蛛侠》第2卷，#49(2002)中，彼得和玛丽·简分居了一段时间，这严重伤害了他们之间的感情。无论怎样做似乎都无法避免最终的分离。的确如此，在这一册中我们看到，当彼得飞去洛杉矶见玛丽·简时，她却恰好搭上了前往纽约的航班来见他。他们都渴望重建这段婚姻，但来到对方的城市时，却都误以为对方不愿和好。这册漫画乍一看仿佛就是个悲剧——它生动地展现了在令人生畏的冰冷宇宙面前，人的知识和力量有多渺小。但当他们重新登上返回各自城市的航班时，超乎巧合的事情发生了。一道闪电击中了彼得所乘的飞机，它只好迫降在丹佛(Denver)，玛丽·简的航班也暂停在那儿。彼得和玛丽·简不知怎的在机场遇见了，并从此迈出了和解的第一步。我们可以推测，这件事让彼得意识到，有一个能**预见**未来（包括彼得和玛丽·简的计划和心意）的神圣存在，他不仅仅拥有用闪电迫使飞机降落，将两人带往同一时间、同一地点的**力量**，他还**在乎**彼得和玛丽·简。这个存在不希望他们离婚，并且，当他们所有避免离婚的尝试失败时，他还有介入其中解决问题的能力。

他就是上帝。那么罪恶呢？《蜘蛛侠彼得·帕克》第2卷，#48

(*Peter Parker*, *Spider-Man*, Vol.2, ♯48)(2002)中,有一章恰好就叫作《终极问题》。这一章中,彼得直截了当地质问上帝,为什么要让他爱的人——都是好人——受苦。彼得的质问有明确的指向,但我们可以将其扩展为质问上帝为什么要让邪恶降临在任何人身上。有趣的是,上帝就像在《约伯记》(the Book of Job)里那样向彼得现身并回答道,"这都是我大设计的一部分",并且当彼得"(自己)想明白"之时,就会"改变世界"。但是,上帝是不是在回避这个问题呢?上帝是不是在捉弄彼得,就像猫捉弄耗子那样?或者,这是否表明上帝并不知道答案,并且罪恶问题是无解的?这是否最终暗示着,上帝终究不是全能、全知、全善的呢?

基督教伦理学家会回答:并非如此。上帝对彼得的回答暗示了罪恶问题的答案,即彼得要"(自己)想明白"。这句声明怎样揭示了答案?弄清一件事不仅需要理性的理解能力,还需要在这种知识产生的各种可能信念间进行选择的**自由意志**(*free will*)。自由意志能够"改变世界"。作为全善者的上帝**希望**全人类都善且公义,但他不能**强迫人们选择**善;他做不到,这依然是逻辑上不可能之事。

但是恶如何与全能、全知、全善的上帝共存?严格来说,恶只不过是本应存在的善的缺乏或丧失。当我们比起伟大事物(上帝和他的公义)更看重渺小事物(人自身或自己的看法)时,恶就产生了。这意味着上帝没有创造恶。上帝创造了**自由意志**,这是可想象的最棒的事物之一,自由意志的好处恰恰在于,它做某事或另一件事的**潜力**中——爱伟大事物多于爱渺小(公义)或是对立的事物(不公义、邪恶、罪)。

你或许同意,这能有效回答**道德恶或选择恶**,但是**自然恶呢**?比如灾难、地震之类的事物呢？对这类恶的三种主流解决方案中，至少有两种都来自道德恶或选择恶的概念，并且与彼得·帕克的自我挣扎紧密相关。

第一种回应首先声称人类不是上帝创造的唯一自由的生灵——或许，除开其他的，他还创造了不可见的、极度强大的天使。作为自由的生灵，这些存在和人类一样有选择公义或不公义的能力。基督教传统极富代表性地坚称，一部分这样的存在选择了自己而非上帝，变得邪恶或"堕落"。因为天使自然比人同上帝更接近，他们受到的惩罚也比我们的更严峻——这同"能力越大，责任越大"相一致。结果，这些堕落天使或恶魔存在于上帝的造物之列，因为上帝尊重他们的自由意志，正如他尊重我们的那样（否则自由本来就不再重要了），他们有在世界上制造邪恶的自由；例如，他们可以引起灾难、潮波，等等。这样一来，自然恶就不再自然了：它只不过是披着恶魔外衣的道德恶。①

第二种回应可作为第一种的替代选项，也可以和第一种结合起来。它遵循公义原则，即高级统治低级，低级依赖高级。当被上帝命为地球统领的亚当（Adam）背叛了上帝（亚当的**上级**），上帝公义地对亚当回敬以诅咒，所有比亚当低级以及和他相关的事物自此都要背叛他和他自身。如今，人的感性背叛他的理性，动物攻击人类，整个自然界用风暴、人体机能的失灵（残疾、疾病、死亡）恐吓我们，等等。这样一来，所有人都因他们的上级（亚当）的罪恶而受苦。如果这种

---

① 关于此，参见 Alvin Plantinga, *God, Freedom, and Evil* (Grand Rapids, MI: Eerdmans, 1996), 55-59。

痛苦让人们作恶[它不会导致人们作恶,尽管人们可能有较之更强烈的作恶倾向,也就是"原罪"(original sin)],那么就是不公义的。但没有理由认为,作为亚当后裔的人们受影响于他的选择是不公义的。这就再次导向了这一结论,即自然恶并不自然,当我们说"自然"时,我们的意思是"上帝所意愿的方式"。和之前一样,自然恶同自由选择和道德恶紧密相连。

第三种回应方式同样可以单独使用,也可以和前两种并用。它声称上帝造人时,他将人从自身分离开了。但人不能存在于虚空中;他们必须存在于**什么地方**——在某种可以发生行为和互动的存在的平面上。这个平面就是物理世界,它的行动依据物理规则。物理世界的本质是善的,但又有潜在的危机:为人类提供食物的树有可能会倒下来压扁他们;为人类提供光明的火也会灼伤他们。上帝当然可以干预并避免大多数此类恶(毕竟奇迹有逻辑可能性),但如果他每次都施行奇迹,那么就会让物理规则失去意义,这就意味着物理世界并非好的创造。

对付"毒液":如何完善或扭曲公义

按照基督教伦理学的说法,恶之所以存在,恰恰因为上帝是善的。也就是说,善是促使上帝起初给予人自由意志的事物之一,善也自然是上帝尊重自由意志乃至让人选择作恶的原因。不仅如此,《福音书》(Gospels)坚称,上帝爱人,以至于愿意见证他们选择将自己囚于地狱中,这应该被理解为主动地同"所有幸福与存在的来源者"的分离。简单来说,地狱就是非存在边缘上的一片阴影,那里除了灵魂和它的选择以外——一无所有。

但是如果确实如此,且如我所说,上帝是极端纯洁的,不容半点邪恶,那么上帝如何才能在不违背他本质的情况下,**符合逻辑**地允许所有犯过罪的人进入天堂?那些选择饮下毒酒的人,如何才能被拯救?

基督教对这个伦理问题的回答是**仁慈**,这和《蜘蛛侠3》的内容紧密相关。根据公义原则,如果某人得罪你,那么他就必须偿清此债。如果他无法偿清,那么他身上就会留下不公义的污点或伤疤。因为人类——按照基督徒的说法——已经对上帝犯下了罪,所以他们必须偿清债务以免除罪恶。可是问题在于,没有人能在不犯罪的情况下偿清对上帝的债。人类每纠正一个错误,都会犯下新的错误;自我选择的不公义像大山一样压着他们,他们唯一再次圣洁、再次幸福的希望就在于——上帝的仁慈。但因为上帝是公义的,他不能简单地挥挥手就让所有不公义消失;他的本质不允许他假装那些不公义不存在,然后就这样赦免它们。所以上帝要自己来偿还债务;他要替人类免除犯罪的债。因此,就如基督教伦理所说的那样,上帝通过他的儿子耶稣——完成了这一举措。

现在,耶稣作为人类的上级,他能够像亚当一样代表全人类了(所以,耶稣也被称为"新亚当"),并且作为上帝的儿子,他也能够过上完全道德的生活。① 由于他是上帝的儿子,死亡无法阻挡他,因为死亡象征着人和上帝的分离,是由人选择不公义引起的(也就是说,

---

① Romans 5:12-21.

选择不公义即选择了死亡以及同真正的生活,也就是同上帝分离)。因为死亡无法束缚耶稣,他可以重建人类与上帝之间的桥梁,并且因为耶稣代表全人类偿清了不公义的债,他可以——作为还债者——向所有信他的人施予仁慈:通过全然的公义,他得以向所有祈求仁慈的人施舍仁慈。但因为耶稣热爱公义和仁慈,他也希望人类同样热爱它们。换句话说,基督徒必须效仿耶稣的生活,展现恰如其分的爱、对仁慈的理解,这就是公义的完满,而非公义的缺席。这就是彼得·帕克在《蜘蛛侠3》中所做的事。

电影开场,弗林特·马可(Flint Marko)[即沙人(Sandman)]蓄意劫车,意外杀死本叔叔后从警局出逃。马可的故事贯穿着这样的信念,"我不是个坏人;我只是运气不好"。当然,根据公义原则,马可的确是个坏人,这不仅是因为他蓄意抢劫他人的汽车,还因为他带着一把上膛的枪杀死了一名无辜的人,无论故意与否。马可或许没有人们想象的那么坏,但他依然是坏人。

同时,一种叫"毒液"(Venom)的外星共生体来到地球后,附着在蜘蛛侠的战衣上。这种外星生物可以放大宿主的情绪,尤其是那些富有攻击性的。结果,当彼得发现马可杀了本叔叔后,他的愤怒突破了公义的界限而变得扭曲起来:复仇。复仇不是什么崇高的公义情感,公义要求事物得到应有的对待,如果受到了不公义的对待,那么就需要偿还不公义的代价。复仇不是如此。复仇不仅是以其人之道,还治其人之身,它还要进一步攻击,进一步憎恨。譬如,如果某人偷了我的书,公义会要求他把书还给我,并且赔偿给我带来的所有额外损失。但复仇就不仅是要他还书和赔偿了,它还对肇事者表露出憎恶,并且渴望看到他痛苦的样子。

在电影结尾,蜘蛛侠面对改邪归正的马可,同时也面临着抉择:复仇——这样做,就象征着他从"能力越大,责任越大"的公义原则走向了堕落——还是仁慈,仁慈则揭示着他在完善这一原则中取得的道德进步。当然,作为一个深受基督教伦理影响的人,蜘蛛侠的做法在意料之中,他对马可说道:"我也做了许多可怕的事……我原谅你。"

"选择造就了我们":问题的结论

在这一章中,我试图用蜘蛛侠漫画和电影作例来解释基督教伦理。基督教伦理的核心是对上帝本质的认识,即上帝是万物中最完美之物,并且他是理性生物的自由意志的特殊方面。理性生物可以自由选择——至少有两部蜘蛛侠电影告诉我们,这就是"造就我们"的东西——是否要依据公义行事。也就是说,理性生物得到了无与伦比的赐福,即自由。尽管这种赐福可以迅速地转变为自造的诅咒,因为这种生物可以选择是否要过着"能力越大,责任越大"这一神圣原则下的生活。蜘蛛侠选择过上这一原则指导下的生活——在《蜘蛛侠3》的结尾,他几乎完美地履行了这一准则,他宽恕了马可。如果不是出于基督教伦理,他本可以有无数憎恨马可的理由。

5
能力越大，责任就越大吗？：
蜘蛛侠与助人为乐者

J. 基平

我们都知道:高中生彼得·帕克被放射性(或是什么基因变异的)蜘蛛咬了一下,从此获得了超能力。当他恶意放走了抢劫犯,结果让亲爱的本叔叔因此丧命后,彼得开始明白"能力越大,责任越大"的道理,并且发誓再也不会因自己的疏忽,让任何人做出伤天害理之事。

和所有伟大的故事一样,蜘蛛侠的传奇不仅是娱乐,还在感情上与我们共鸣。它的力量和跌宕起伏的剧情教导了我们。然而,对一名哲学家来说,这还远远不够。哲学家的工作就是厘清这些在直觉和情感上十分诱人的主张,并且予以质问。这样做不是为了颠覆这些主张,或是说它们错了,而仅仅是为了更好地理解它们。所以我要在本章中追问:当我们说"能力越大,责任越大"时,我们在**说什么**?这种责任的本质是什么,它的范围又在哪里?最重要的是,假如这句话准确无误,那么**为什么**能力越大,责任就越大呢?

责任就是责任

责任多种多样。教师要对学生负责,医生要对病人负责,家长要对孩子负责。这些关系显然支持权力和责任的关联。在每种关系里,我们考虑的个体都对他负责的对象展现出某种权力。作为一名教师,他有权力决定学生是否挂科。作为一名医生,他有权力决定是积极地干预病人的健康,还是消极为之。作为一名家长,他对孩子的权力数不胜数。这种权力并不是能掰弯钢板、粘在墙上的力量,但它在某种意义上也算作一种力量。

情况到目前为止还算不错。在每种关系中,责任都归结于特定的个体,我们自动假设他们肩负了责任。作为这样或那样的角色,我们只对特定的人,那些被特定关系定义了角色的人负责。然而,让蜘蛛侠成为我们熟知且爱戴的小蜘蛛的,正是他对**陌生人**的帮助,那些与他完全没有任何特殊关系的人,那些通常害怕和憎恶他的人。这表明,责任可能比我们预计的更复杂。或许,我们也可以对没有特殊关系的人负责。

蜘蛛侠,蜘蛛侠,做撒玛利亚人该做的事

你可能很熟悉好撒玛利亚人(Good Samaritan)的故事:有个人"落在强盗手中,他们剥去他的衣裳,把他打个半死,就丢下他走了"。

前两个人经过时都没有帮助他,此时撒玛利亚人来了。这个撒玛利亚人"看见他就动了慈心,上前用油和酒倒在他的伤处,包裹好了,扶他骑上自己的牲口,带到店里去照应他"①。因为这个感人的寓言故事,**好撒玛利亚人**就被用来指代那些自愿帮助陌生人的人。

但是,通常在哲学论述的理解里,成为"好撒玛利亚人"还必须满足一些条件。"这种责任有个清晰的经典案例,即一个人身处险境,他唯一的生存机会仰赖于一名同他这个受害人毫无关系的行为者,他们唯一的关联就是,她(意外地)恰好路过。"②当然,要当个好撒玛利亚人,你无须成为**唯一**路过的人,也不一定只有**一个人**身处险境。好撒玛利亚人的定义标准是这样的:(1) 有人**处境危险**,面临死亡或是重伤;(2) 危险十分**紧急**,意味着它发生在当下,而非未来;(3) 你**注意到了**险境的存在;(4) 你有提供帮助的能力;(5) 你和处于危险中的个体没有特殊关系或是协议。

请注意,在施舍流浪汉或是向联合国儿童基金会(UNICEF)捐钱的意义上,好撒玛利亚人是如何同**慈善**区分开来的。慈善的接受者通常有并不紧急,而是长期的需要:如果你**现在**不施舍零钱给那个流浪汉,他短时间内也不会死。相反,好撒玛利亚人的行为通常是救下落水儿童,帮昏倒的人叫救护车,或是在目击犯罪时报警。③

---

① *King James Bible*, Luke 10:30, 34. (此处直接引述《圣经》中的《路加福音》,参考中文和合本。——译者注)

② Patricia Smith, "The Duty to Rescue and the Slippery Slope Problem," *Social Theory and Practice* 16 (1990):27.

③ 但是,哲学家彼得·辛格(Peter Singer)认为,我们援助 UNICEF 这类慈善组织的义务,和行好撒玛利亚人之事的义务处于同一个层面。参见他的著作 *Practical Ethics* (Cambridge, UK: Cambridge University Press, 1993)。

蜘蛛侠的大多数功绩都可以被视作好撒玛利亚人,譬如救下从大楼掉下来的窗户清洁工,或是逮捕抢劫犯。某些时候,蜘蛛侠试图阻止的不是针对个人的犯罪,而是针对财产的犯罪,比如阻止黑猫(Black Cat)入室行窃。有人认为,这类行为不能算作是好撒玛利亚人,因为没有人身处险境,可我不同意。我的反对基于两点:首先,财产损失会对人造成直接的伤害。我赖以生存的东西被劫掠而走会伤害到我。其次,蜘蛛侠不可能提前知道在特定的案件中是否会有人受伤或惨遭杀害。或许黑猫在入室抢劫的过程中发现有人在家,于是就动用了武力。因此,当蜘蛛侠干预犯罪时,他至少是**潜在地**为了帮助那些身处险境的人。

你友好的邻居撒玛利亚

哲学家会怎么评价我们效仿好撒玛利亚人的责任呢?有些哲学家会怀疑,这种责任真的存在吗?人人都同意,帮助需要帮助的人是件好事,但是**责任**暗示了一些更强烈的东西——假如我们拒绝帮助有需要的人,那么我们就是道德缺陷、值得谴责的。对此的争论通常在于追问我们是否应该对好撒玛利亚人立法。为了讨论这个问题,我们得先对责任的概念做一番更深入的探讨。

首先思考这个问题:为什么我们要对他人负责?过一种完全利己的生活有什么错?哲学家们给出了不同的回答,但是,我在此要讨论的答案与好撒玛利亚人的寓言息息相关。[1] 我认为,人类存在中强烈的相互依赖构成了我们对他人所负道德义务的基础。家庭就是相互依赖的一个最典型的例子。作为儿女,我们依赖父母或其他监护人以求得食物、庇护,以及怜爱、指引,还让我们认识自己,找到自己在世界中的位置。当我们长大,父母老去,他们又反过来寻求我们的照顾。不仅如此,在和睦的家庭里,这些相互依赖的关系通常不会被视作利益交换(如投桃报李),而是一种共享的联结,所有人都能从中受益。

人们很少意识到,家庭相互依赖的特性同样在社会组织这一更大的单位中以稍弱的程度呈现:本地社区、城市,甚至国家。几乎在生活的方方面面,我们都依赖他人,并且通常是那些素未谋面的人。我们依赖他人种植、加工、运输食品。我们依赖他人维护公共设施,比如电力和通信系统。我们的安全依赖于应急服务,比如公安和医院。并且,正如我们依赖他人那样,他人也依赖我们履行自己的职责,无论他们是屠夫、面包师、烛台匠,还是蜘蛛侠。

但是,这种依赖并不局限于专业领域。我们的社会同样也会用其他方式培育和维系我们的生活。我们是从更大的社群里汲取文化的,例如家庭、社交往来和媒体;这里的文化指的是我们的语言、习俗、价值观,以及自我实现的可能。不同于经济交换的产物,文化的共享性极高。就像我们呼吸的空气,从始至终我们都在利用它又反哺它。可以想象,不依赖语言或其他从文化里汲取的知识和技能进

---

[1] 接下来的论证受启发于 Alisdair MacIntyre, *Dependent Rational Animals: Why Human Beings Need the Virtues* (Chicago: Open Court, 2001)。

行生活是件多难的事。

最后,共同体的成功要求其成员对彼此有基本的尊重。总体而言,只有诚实相待,有效的交流才能成为可能。只有当大多数人遵守交通规则时,行车上路才是可行的。只有当我预期自己不会成为随机暴力的受害者时,我才能专心做自己的事。作为共同体成员,我需要基本的尊重才能有效地履行职责,同样地,其他成员也依赖我所提供的尊重。①

当然,不是所有人都会每时每刻按照规则行事。那些社会的寄生虫享受共同体的好处,却不作回报。然而,这些"搭便车者"(free riders)的存在并不会抹消共同体的成功依赖于成员的协作这一事实。大多数人之所以不当搭便车者,是因为我们意识到"善有善报,恶有恶报"。只有逍遥法外时,偷懒、撒谎和其他不履行义务的行为才会奏效。长期看来,确保他人善待自己的最好办法就是善待他人。

无论是否意识到这点,我们都是依赖网络的贡献者和受益者,这个网络持续的成功取决于我们各司其职。我们要对他人负责,因为只有当我们依据责任行事,共同体才能有效运转,并且人类的生存离不开共同体。耶稣用好撒玛利亚人的语言回答这个问题:"谁是我的邻人?"就像耶稣和蜘蛛侠一样,我们的邻人没有局限。

---

① 这个论证和"社会契约"(social contract)的概念有些许相似之处。社会契约在本质上认为,道德和政治责任来源于共同体成员之间明确或潜在的共识,即认为遵守契约的要求可以带来福祉。但是,这个论证和社会契约又有十分重要的区别,社会契约理论的支持者们通常认为,社会契约是人类社群偶然产生的特色,这和人类先前可能具有的"自然状态"(state of nature)相对。相反,麦金太尔(MacIntyre)认为,塑造了人类共同体的相互依赖不仅是**契约**,而且是我们本性的一部分。依赖是人之所以为人的部分意义所在。

该做什么，不该做什么

哲学家们通常会区分积极义务（positive duties）和消极义务（negative duties）。简单来说，积极义务告诉我们什么是**应该**做的，而消极义务告诉我们什么是**不该**做的。消极义务禁止那些会伤害他人的行为，例如偷窃、绑架、敲诈，还有其他蜘蛛侠致力于打击的暴力和非暴力犯罪。而积极义务要求我们做有益他人之事，这包括给慈善组织捐钱，帮你外出的邻居喂猫，等等。

所以，消极义务阻止我们伤害他人，而积极义务要求我们行善。消极义务通常比积极义务更加严格，这意味着履行消极义务是**必需的**，而积极义务的执行则更为**温和**。大多数人会认同：当一个流浪汉在街上乞讨时，尽管施舍他是件好事，但这并非是**强制性**的。假如我选择不施舍，而把零钱花在最新一期的《神奇蜘蛛侠》上，这在道德上也可接受。（好吧，我们假装现在是 1985 年。）然而，大多数人也会同意从流浪汉的碗里偷钱是不道德的。即便在这两种情况里，我没施舍的钱和所偷的钱数目相等，但它们并非都在**道德上**可接受。我可以选择不给这个流浪汉 75 美分，但我却不可以拿走他所得的 75 美分。积极义务有时会被称作**分外之事**（*supererogatory*），也就是做了很好，不做也坏不到哪儿去。所以，施舍流浪汉就是分外之事。

有几个原因可以解释，为什么避免伤害他人的责任比帮助他人的责任更有约束力。首先，阻止人作恶比倡议人行善更容易。对我来说，不去抢劫酒行很容易。消极义务的要求较低，所以履行它们的标准更高。更重要的是，如果我们将积极义务的标准放得和消极义务一样高，那么我们就无法作为独立的行为者行事了。如果帮助他人的道德要求就像禁止杀人和伤人一样严格，那么我们就不得不将所有的时间和精力奉献给帮助他人，这样一来，生活该有多么痛苦。实际上，这就是彼得常常面临的选择——究竟是追求自己的目标，还是作为蜘蛛侠去帮助他人？当然，消极义务也不总是优先于积极义务：当我救一个快要被车撞到的孩子时，没有人会因为我推了你一把而指责我。但是总的来说，规矩是我们可以忽略自己的积极义务，但不能忽略消极义务。大多数国家的法律体现了这一点：伤害他人总是犯法的，无论是暴力、欺诈还是其他手段，但拒绝帮助他人却并不犯法。

坏撒玛利亚人是什么样的？

好撒玛利亚人乍看之下显然属于积极义务的范畴。这就像从死亡边缘救下坠楼的窗户清洁工是帮助他人的典型案例，而避免伤害他人则不是。假如果真如此，那么我们就会认为，蜘蛛侠其实不一定要用他的超能力保护他人。也就是说，能力越大**不代表**责任越大。蜘蛛侠用超能力救人显然是件**好事**，我们也很希望他继续下去，但根据这种解读，这样做严格来说并不算是他的**责任**。

那么，是彼得错了吗？我们是不是该建议他放轻松，别把超级英雄的责任看得那么严肃？或许吧——但并非所有人都同意救人于水火之中和捐助善款是同一层积极义务。举个例子，著名的伦理和政治思想家约翰·斯图尔特·密尔（John Stuart Mill）(1806—1883)声称，在某些情况下，救人于水火之中是我们的义务，因为不伸出援手就会带来伤害。① 那么谁是对的？好撒玛利亚人的行为究竟是在行善，因而属于分外之事，还是在避免伤害，因而属于义务？

这取决于我们如何理解**伤害**。② 因果是个很麻烦的概念。尽管我们通常认为每件事情都有其发生的特定原因，但是原因只不过是事件发生的一系列条件之一。设想有一天，你结束了漫长的一天回到自己的公寓后决定来根烟。可你不知道的是，公寓发生了煤气泄漏。你点燃火柴，引发了一场惨烈的爆炸。爆炸的原因是什么？我们首先倾向于认为是那根火柴，因为它是最后满足的条件。然而，当你因房屋损坏起诉房东时，你的律师会辩护说，煤气泄漏才是原因。毕竟在公寓里点燃火柴通常不会引发爆炸。而劝你戒烟多年的你的母亲则坚称，这都是因为烟瘾！这说明，我们的偏好和背景预设了我们注重事件的**哪个**原因。我们无法指出哪个单一的决定因素是**唯一**的原因。这种对因果关系的思考可以推出，原因根本无须是一种行为！相反，它可以是没能做什么，也就是疏忽。如果我忘记关炉子而引发了火灾，那么我理应为此负责。但值得注意的是，不是我做错了什么，而是我根本没做什么。

现在让我们用这种思路来考虑一下，如果一个人没能效仿好撒玛利亚人会怎么样[这种人通常在文献中被称作坏撒玛利亚人（Bad

---

① John Stuart Mill, *On Liberty*, in *Utilitarianism and On Liberty*, ed. Mary Warnock (London: William Collins, 1962), 136-137.

② 接下来的论证受启发于 John Kleinig, "Good Smaritanism," *Philosophy and Public Affairs* 5 (1976): 382-407.

Samaritan)〕。一名清洁工正在摩天大楼30层的一侧擦玻璃。此时绳子突然断开,他掉了下去。幸运的是,蜘蛛侠正好荡过此地,可以很轻易地用蛛网接住他。但不幸的是,蜘蛛侠决定这不关他的事,于是可怜的窗户清洁工就摔死了。什么造成了他的死亡?我们首先倾向于认为是绳子断了,但也可以说是因为地心引力,或者他离地面太高,街道的地面太硬,等等。同时满足所有这些条件才能使他的死亡发生。打个比方,如果他离地面只有一层楼,或者掉在了一大堆枕头上,他都不会死。蜘蛛侠心里明白这一点,所以没有接住他。那认为蜘蛛侠要为窗户清洁工的死负责,是不是错误的呢?

澄清一下,我们并不是说蜘蛛侠要为此**负全责**。我们不是在说,因为没能救下这个清洁工,彼得就犯下了谋杀之罪。对罪责的评估是十分精细的,如果一个人只是对某人的死负有**一部分**责任,那么他也可以受到指责。区分蓄意谋杀和过失杀人就是其在法律中的一种体现。被指控为过失杀人意味着要为死亡负一定的责任,但不像蓄意谋杀所负的责任那么严重,这两项罪名分别的量刑也说明了这一点。因此,假如某人的行为或不作为和伤害有因果关系,且某人可以在理智上预料到伤害的发生,那么伤害就理应归咎于他。心理因素至关重要。如果蜘蛛侠只是没有**看见**清洁工坠楼,那么我们就不能责怪他。回到我忘了关炉子而引发火灾的案例,我家有炉子同样也是引起火灾的因素之一,但我们不会责怪那个卖炉子的人。这是因为,她不可能合理地预料到我会这样不负责任地烧炉子。

毫无疑问,评估某人的行为或不作为是否是他人不幸的罪因是很难的,因为这里总会有灰色地带。但是在坏撒玛利亚人的例子中,当我们察觉到受害者的困境并且有能力解救他,却选择放任不管时,这就不是灰色地带了。此时,我们的不作为有理由被视作一种会造成伤害的无视,是值得被谴责的。所以,尽管我们没有成为好撒玛利亚人的积极义务,我们却的确有避免成为坏撒玛利亚人的消极义务。当然,唯一可以避免成为坏撒玛利亚人的方法就是当个好撒玛利亚人!并且由于避免伤害的消极义务在道德上对我们的约束更强,因此,效仿好撒玛利亚人对我们来说是强道德义务。原来彼得·帕克是对的:能力越大,确实责任越大。①

蜘蛛侠:英雄还是危险人物?

好啦,我们已经确定蜘蛛侠确实有救人于水火之中的强烈义务,但是,蜘蛛侠的行为提出了一个在经典好撒玛利亚人案例中无法解决的难题。人们总是指责蜘蛛侠把自己当作"义务警员"(vigilante),而擅施私刑(vigilantism)并不合法。所以我们接下来得考虑,蜘蛛侠究竟是否算作义务警员。如果是的话,那么这在何种程度上影响了他行为的道德性。人可以有义务做非法之事吗?

义务警员认为自己有强制他人执行法律的义务,他们通常会越

---

① 因此,我得出了和 Robichaud 不同的结论。Christopher Robichaud, "With Great Power Comes Great Responsibility: On the Moral Duties of the Super-Powerful and Super-Heroic," in Tom Morris and Matt Morris, *Superheroes and Philosophy* (Chicago: Open Court, 2005), 177 - 193。Robichaud 认为,超级英雄的义务是分外之事。

过合法当局逮捕、惩罚犯罪分子。① 根据这种定义,大多数超级英雄,包括许多电影里的英雄[如《虎胆追凶》(Death Wish)、《出租车司机》(Taxi Driver)],都算作义务警员。然而根据权限,法律确实放给了公民个人一定的打击犯罪的自由,同时又不被算作擅施私刑。其中首要的就是自我防卫和防止他人受罪犯侵犯的权利。如果我是持枪抢劫的受害者并且凑巧会空手道,那么法律允许我用自己的技能来自卫。同样地,我也可以为保护他人而打击犯罪。可以说,自我防卫、保护他人和擅用私刑的区别就在于,我不会去自找麻烦。出门寻找可以打击的犯罪是不被允许的。

通常,彼得·帕克在他的日常生活里偶然遇见了犯罪,他才会去干预对方。但他也会去"巡逻",寻找犯罪活动。不仅如此,无论有没有蜘蛛追踪器(Spider-Tracer)的帮助,他在追捕敌人方面都可以说是孜孜不倦,哪怕他们在第一面时就避开了他。所以,蜘蛛侠似乎确实算个义务警员,因而也是个犯罪者。

这是否意味着,蜘蛛侠其实是个坏人? 就像 J.乔纳·詹姆森(J. Jonah Jameson)想让我们相信的那样:蜘蛛侠是个"危险人物",只不过比他逮捕的那些坏蛋稍微好一点罢了。毕竟,在大多数治安管辖区,擅用私刑都有理由被视作犯罪。警察部门已经通过训练和资源来确保犯罪分子会以不危害公民权利的方式被制服。私刑则更有可能会伤及无辜,也可能导致武力的滥用。最重要的是,执法人员

---

① 接下来的论证受启发于 Aeon J. Skoble 和他的文章"Superhero Revisionism in *Watchmen* and *The Dark Knight Returns*," in Morris and Morris, *Superheroes and Philosophy*, 29-41。

对公众负责。一旦他们被查出不作为或腐败，现存的法律就可以制裁他们并进行修正。与此不同的是，没有现存的机构来监管义务警察的行为，尤其是当他们像蜘蛛侠一样戴着面具行动时。

此事十分复杂。首先，法律和道德虽然相关，但是两个截然不同的领域。一个行为可以又不道德又合法（比如出轨），或者又道德又不合法（帮朋友翻录盗版碟）。正如马丁·路德·金（Martin Luther King）提示的那样，我们可以有不服从恶法的道德义务。但是蜘蛛侠并非是从公民不服从的角度来表达他的超级英雄行径——他不是在试图证明反私刑法案是不正义的。蜘蛛侠总的来说似乎并不支持动用私刑；他只不过相信他自己的义务要高于对私刑的限制。我们是否有道德义务去破坏一条本来就很公正的法律？

考虑这个问题可能会有帮助：假如彼得**不选择**以蜘蛛侠的身份打击犯罪，会发生什么？实际上，在好几个故事中，彼得都不得不亲自出马作战，最近的一次就是《蜘蛛侠2》电影。在每个故事中，犯罪都在极速蔓延，警察们无力阻止故事里所刻画的那些超级坏蛋。这给了我们一个理由相信，打击超级坏蛋的义务属于蜘蛛侠，并且超级英雄可以逾越对私刑的合理禁止。毕竟，只有超级英雄才能阻止超级坏蛋。我认为，这种逻辑暗含在几乎每个超级英雄故事里——人们明确地容忍超级英雄的此类行径，因为正如现实世界**不需要**私刑那样，人们**需要**超级英雄。能力越大，责任越大，并且如果这份责任大到了一定程度，那么它就能逾越做一名守法公民的义务。

但等等，彼得难道就不能合法地打击超级坏蛋吗？他难道不可以加入警察队伍，或者什么注册超级英雄组织，就像他在《内战》中做的那样？《内战》的观众已经知道答案了。任何官方的、公开认可的地位都需要蜘蛛侠公开他的真实身份。否则，对公安执法机构来说，至关重要的责任界限该如何确认？当蜘蛛侠在《内战》中揭下面具时，结局已经在意料之中：他和他所爱的人立刻成了他先前制服的所有犯罪头目和超级坏蛋的靶子。彼得不得不真正地和魔鬼做交易，以撤销这些惨剧、重新恢复秘密身份。此时此刻，情况变得更糟了。

看起来，假如彼得要有效行事，他就必须对自己的真实身份守口如瓶。如果让他在背叛遵守一条普遍公正的法律的义务，和背叛保护公众免受超级坏蛋伤害的责任之间做出选择，两害相权取其轻似乎是合理的。

能力到底有多大？

效仿好撒玛利亚人的义务是有局限的，如果我没澄清这一点，那就是我的失职了。所谓的好撒玛利亚人并没有要冒着生命危险拯救他人的义务，她也没有以大把时间和资源为代价帮助他人的义务。如果她愿意承担这些风险和牺牲，那当然再好不过，但她的决定是道德上的自愿行为而非义务，如果她决定不这么做，也没有人会强加指责。如果我目击到某人被持刀抢劫，我没有义务要冒着生命危险去干涉。我的责任范围仅仅局限于报警。但如果我有枪呢？那我就可以阻止抢劫，或许还能在风险极小的情况下抓住罪犯。所以，根据我们先前的论证，我在道德上有义务阻止这次抢劫。显然，道德义务对我的合理要求，取决于我当下的能力如何。

"能力越大，责任越大"，那么能力到底需要有多"大"？蜘蛛侠承担了比普通人更多的责任,这是因为他有比普通人更强大的能力。在现实世界中,超级英雄和普通人的比较可以类推到那些拥有特殊技能的人身上。我们认为,诸如医生、消防员这类持有相关技能的人在有人处于困境时承担了更多的援助义务。道德哲学中有个原则是"应该蕴含能够"(ought implies can)——意思是,你只能对那些在你能力范围内的事情有道德上的义务。在好撒玛利亚人的例子中,这个原则被反转为"能够蕴含应该"(can implies ought)——在不为自己招致危险或损失的情况下,如果你有能力提供帮助,你同样就有帮助的义务。

然而,蜘蛛侠所做的超越了他的超能力所要求的义务。他总是冒着生命危险去对抗那些比他强大得多的敌人,比如焰皇(Firelord)、(前)吞星使者[(Former) Herald of Galactus]①,还有数不清的敌人,比如六个强大的超级坏蛋组成的险恶六人组(the Sinister Six)②。他的勇气、坚持和决心都是无与伦比的。他牺牲了大量的时间和精力在超级英雄活动中,这往往给他的工作、学习和个人生活带来了伤害。

好撒玛利亚人的义务总是局限的。这个世界有太多的痛苦,我可以轻易地牺牲掉所有的时间和资源以试图缓解它,但这又会直接摧毁我过好自己生活的能力。我们效仿好撒玛利亚人的义务必须被充分限制在维系自己生活的前提下,否则拥有邻人和共同体的意义

---

① 参见 *Amazing Spider-Man* #269-270 (1985)。
② 险恶六人组有很多个版本,但最早的版本出现于 *The Amazing Spider-Man Annual* #1 (1964)。

又何在？因此，我们必须说，蜘蛛侠没有牺牲大量的时间、健康、私人和职业关系的义务，就像他在进行超级英雄活动时常常做的那样。不过，他巨大的牺牲正是这个角色的迷人之处：做超越责任所要求之事，蜘蛛侠显示出他不仅能力超群，还是个道德先锋。我想，通过考察他的故事，我们都能够成为更好的人。

6

"能力越大，过失越多"：
蜘蛛侠需要为本叔叔的死负多大责任？

菲利普·塔隆

本叔叔之死在彼得·帕克的故事里至关重要。蜘蛛侠初次登场的《神奇蜘蛛侠》♯15（1962）同样也刻画了本叔叔的谢幕。本之死不仅是彼得·帕克人生中的重要事件，还可能是漫画界最著名的死亡——更不用说，本叔叔还是为数不多真正**死透了**的角色。在可以轻而易举复活热门角色的漫画世界中，漫威的经验法则似乎就是："除了本叔叔，谁都能起死回生。"

和蝙蝠侠被谋杀的父母一样（真的呢，他们也死得透透的），本叔叔的死强有力地塑造了彼得·帕克的英雄道德观，以及他对打击犯罪的渴望。但和蝙蝠侠不同的是，本叔叔的死部分要归咎于彼得·帕克的所作所为，所以彼得自责、羞愧，甚至许多年都没有向梅婶婶坦白本叔叔之死的真相。考虑到本叔叔之死在彼得的故事中的地位，探讨这个问题是十分重要的：蜘蛛侠需要为本叔叔的死负多大责任？

彼得·帕克的好运气和倒霉事

我们在《神奇幻梦》#15中初次遇见的彼得是个好学生，但他那时感情不顺，且不幸地成了校园霸凌的对象。换句话说，他是漫威青少年男性读者的代表。在科学展上被受欢迎的孩子们抛弃后，彼得耷拉在那里，向自己嘟哝道："总有一天，我会让他们看见的！（啜泣）总有一天，他们会为此道歉！他们会后悔曾经嘲笑过我！"三格漫画过后，彼得就被经放射性感染的蜘蛛咬了一口，忽然之间被赋予了难以置信的力量：他的力量和速度远远强于嘲笑他的体育尖子生，还有了超自然的感知危险的能力和攀墙的本事。到这时为止，蜘蛛侠的少年读者们会希望彼得的故事成为自己的故事，但紧接着，彼得的运气却急转直下。

彼得首先用他的能力让自己在摔跤场上战无不胜，进而成了电视明星。观众们惊奇于他的蜘蛛般的格斗技巧，而他则享受着金钱与关注。新的荣誉冲昏了彼得的头脑，一次成功的演出后，他拒绝了经纪人和电影邀约。小蜘蛛冷漠地看着一名窃贼从他正前方的安保处逃走。保安在窃贼冲进电梯溜走后，冲蜘蛛侠破口大骂："先生，你这是怎么回事？你只要绊倒他，或是拖延一会儿就行了！"小蜘蛛回答道："抱歉，兄弟，那是你的职责！我受够了被人指手画脚，任何人都不行！从现在开始，我只关心我最在乎的东西，也就是我自己！"

彼得告诉自己，梅婶婶和本叔叔是"唯一一对我好的人"。因此尽管他在面对窃贼时如此冷漠，他还是依恋着他们。命运残酷的安排接踵而至,那日彼得在演出后回到家,发现本叔叔被窃贼谋杀在家中。①蜘蛛侠逮住这名窃贼后,发现他正是几页前(a few pages earlier)被自己放跑的那个人。将这名入室杀人犯移交警局后,彼得·帕克摘下面罩失声痛哭:"都怪我——都是我的错——我本可以阻止他! 但我没有——现在本叔叔死了。"

彼得极度的悲痛并不意外。他生命中最重要的两人之一刚刚去世。很显然,如果他阻止了那名窃贼,那么本叔叔很可能就不会死。但说本叔叔的死"全"怪他时,彼得是不是有夸大事实之嫌? 彼得自私的行为真的使他要为本叔叔之死负主要责任吗?

彼得的境况十分特殊。我们很少会和所爱之人的死有直接联系。悔恨的行为在命运的安排下引向了更让人懊悔的结局,这种情形是我们更加难得目睹的。所以要考察彼得究竟负有多少责任,我们就必须寻找外援。因此,我们要转而关注伯纳德·威廉斯(Bernard Williams)(1929—2003)以及当代哲学家托马斯·内格尔(Thomas Nagel)的研究,他们仔细考察了道德与机运彼此碰撞的情形。有时我们会因命运的偶然受到责难,威廉斯称这种情形为"道德运气"(moral luck)。如果说本叔叔是漫画界最著名的死人,那么彼得·帕克就是"道德运气"最著名的受害者。

---

① 电影和漫画版本的蜘蛛侠起源,有三点值得注意的差异:第一,在漫画中,彼得·帕克并没有以任何方式促使歹徒逃跑(在电影里,彼得是出于对店老板粗鲁行为的愤怒)。第二,在《神奇幻梦》#15(Amazing Fantasy #15)里,本叔叔从来没有说过"能力越大,责任越大"。这句话是出现在最后的记叙里。第三,在电影里,本叔叔是在车上等彼得时被杀的,但在漫画中,他死亡的地点是家里。值得注意的是,在最近的漫画中,为了适应电影版本,本叔叔之死和"责任越大"名言的起源被追溯修订("追补")了。

道德运气的网络

在理解道德运气之前,我们得先从普通意义上的运气开始。据说,远射(Longshot)等漫威超级英雄拥有"控制"运气的能力,但这意味着什么?运气通常意味着事情的好坏全凭偶然。远射可以用他"改变概率的能力"提高好事发生的概率,所以人们称他为幸运儿。比如你在赌场玩二十一点,抽到二十一点的概率是5%。这意味着,假如你坐下后直接抽出了一副二十一点,人们就会说你太幸运了,因为这件事发生的概率极低,完全是靠运气。但如果坐在赌桌前的是远射,他抽到二十一点的概率可能会比常人更高,这更容易让他"显得"幸运,但其实他和你的幸运不是一回事。不幸之事发生的概率也极低,也完全出于运气,本叔叔之死就是这个道理。在当代美国,一名无辜的守法公民被入室杀害是件稀奇事。此事确实发生了不假,但并不常见。所以我们说,像本叔叔这样的受害者是不幸的。

运气如何与道德联系起来?运气能不能让好行为**变成**坏的,或让坏行为**变成**好的?运气能不能让某行为更道德或更不道德?一部分哲学家尝试过分离这两个概念,认为道德不受骇人的运气威胁。伊曼努尔·康德(Immanuel Kant,1724—1804)在一篇著名的文章中这样主张:

"善的意志之所以善,并不是因为它适于实现某种预设好的目的,影响了什么、完成了什么,而仅仅是因为善的意愿,也就是说，它自身就是善的，而且就其自身而言，比起单单是为了某种意向——如果你愿意的话——甚至所有意向的总和去实现的一切，对善的意志自身的评价应当更加无比地高。即便，当被命运格外冷待……这意志应该完全不具备实现自己目的的能力——即便付出最大努力，它也什么都实现不了，只有善的意志被遗留下来了（当然，它不仅是一个意愿，而是我们力所能及范围内所有办法的集合）——那么，就像宝石一样，所有价值都内在于己，它自身仍然会熠熠闪耀。"①

康德在这里主张，道德中真正重要的是好的意愿，也就是善的意志。他甚至考虑到，假如坏运气让你的所有努力白费，善的意志的道德价值仍然能在自身中实现。所以，对康德而言，道德与运气无关。尽管康德的观点有些极端，在评判他人的道德时，我们往往的确试着关注他们的内心。确实，浩克（Hulk）破坏了许多东西，但我们可能会说他有一颗善良的心：**浩克并不想搞破坏，但有时候浩克会搞些破坏。**

但有时，评价他人行为的道德性并不仅仅取决于他们的意愿如何。有时，某行为里的运气成分会影响我们对行为者的道德评价。我们的决定并非凭空产生，而是受到前后事件的影响，这些是我们无法控制的。伯纳德·威廉斯在他著名的论文《道德运气》("Moral Luck")里指出，"一个行为者的历史是一张网络，其中，意志的产物

---

① Immanuel Kant, *Groundwork of the Metaphysic of Morals*, trans. and ed. Mary Gregor (Cambridge, UK: Cambridge University Press, 1981), 21-39, 29.

都被(非意志的产物)所围绕、支撑,并且部分地由(非意志的产物)所塑造"①。并且"网络"中的其他事件似乎可以改变我们进行思考及道德评价的方式。托马斯·内格尔如是定义这种现象:"某人行为一个至关重要的方面的确取决于那些超出他控制范围的因素,而他仍然被视作道德评判的对象,这种情况可以称之为道德运气。这种运气可以是好,也可以是坏。"②内格尔的意思是,道德运气适用于这样一种情形,即我们的道德赞许或道德批评取决于,或部分取决于运气。

举个道德运气的例子。有个粗心大意的司机,好几个月都没去检修刹车,我们称他为司机甲。他没有在这几个月内遭遇事故,最后终于想起来了要去检修刹车。当他把车拿去检修后,机修工师傅开始喋喋不休地谈论他的刹车状况有多差。司机甲挠挠头、耸耸肩,承认他应该早点把车开来。现在想象一下,有另一名司机也处在相同的情况下,只不过在他送检之前,一个小朋友跑到了车子前面。司机乙踩下刹车,但车并没能及时停下,结果小朋友被撞死了。在这种情况下,即便甲、乙二人都犯下了同样的基本的道德过失(没有仔细对待他们的刹车),我们还是会认为司机乙比司机甲更值得谴责,而且法律很可能会以过失杀人的罪名起诉乙。司机乙的不幸出于生成性运气(resultant luck),也就是指运气影响了"某人行为和计划的结果"。③

---

① Bernard Williams, "Moral Luck," in *Moral Luck: Philosophical Papers 1973-1980* (Cambridge, UK: Cambridge University Press, 1981), 21-39, 29.

② Thomas Nagel, "Moral Luck," in *Mortal Questions* (Cambridge, UK: Cambridge University Press, 1979), 24-38, 26.

③ Ibid., 28.

我们看到，在一些情况中，运气确实会影响我们道德评价他人的方式。

两个彼得·帕克

蜘蛛侠的处境与之相似。比较一下彼得·帕克1号和彼得·帕克2号。彼得1号自私地放跑了窃贼，结果发现这名窃贼杀死了自己的叔叔。彼得2号同样自私地放跑了窃贼，但随后，窃贼在出电梯时被警方逮捕。两个彼得·帕克都让窃贼逃跑了，但**不知怎的**，彼得1号似乎比彼得2号更值得因自己的行为遭受谴责。

现在，你可能想要质疑运气是否应该在道德评价中占有正当的一席之地。为了支撑这一主张，让我们考虑更多的情形，在这些情形里，我们用生成性运气（resultant luck）来评价一个人该受到何种程度的道德谴责。考虑一下，假如某人想要实施谋杀，但受害人在开枪时绊了一跤，于是子弹完全错过了目标。我们仅会以"谋杀未遂"依法起诉这名枪手，并予以道德谴责。这意味着，尽管这名枪手的意图就是杀人，但生成性运气减少了这名潜在杀人犯的罪恶。考虑另一个例子，保罗·高更（Paul Gauguin）为促进自己的绘画事业抛弃了自己的家庭。[①] 假如高更没能成为著名画家，那么抛弃家庭似乎更让他容易受到道德谴责。而假如高更成功了——在现实中他确实成功了，为艺术抛弃家人的行为似乎就没么罪恶了。所以，有时事情

[①] Bernard Williams, "Moral Luck," 25.

的发展确实会增加或减少我们对他人的道德谴责。我们有时确实会根据运气来修正自己的赞扬或指责,尽管这并不能算是好事(我们等会儿会谈到)。

彼得似乎将道德评判的活揽在了自己身上。显然,他自愿为本叔叔的死受到谴责。在《神奇蜘蛛侠》♯479 中,彼得最终向梅婶婶坦白了自己的秘密身份,以及自己与本叔叔之死的关联。"求主帮助,梅婶婶……本叔叔的死都怪我。"即便不考虑结果,彼得的所作所为也是错的:人应该在有能力的情况下阻止坏事的发生。但是在道德意义上,本叔叔之死真的要归咎于彼得吗?如果道德运气的概念有效,那么彼得至少要负一部分责,也就意味着本叔叔之死归咎于他。但如果道德运气的概念并不奏效,那么彼得唯一的罪责就是放跑了小偷,而他一直在为不必要的罪责而痛苦。

道德运气的麻烦

道德运气的概念有一些潜在的麻烦。考虑控制原则(control principle)的道德假定。控制原则的基本原理是,我们只对在自己控制范围内的事负有道德责任,尽管这听起来有些像毁灭博士的阴谋。正如我们之前讨论过的那样,这本质上就是康德的立场。打个比方,根据控制原则,格温·斯黛西的死不怪蜘蛛侠,因为当绿魔把她从乔治·华盛顿大桥上扔下去时,他完全没有希望能救下她。

控制原则必然地导致,假如两个人唯一的区别在于"事情是否在他们控制范围内",那么他们就不该被区别对待。① 如果我的两个女儿同时朝一堵高墙外扔石子,而大女儿恰好砸中了一名老妪(比如梅婶婶),作为家长,我不可能仅仅严厉责罚大女儿而完全不顾小女儿。因为她们在同一时间的所作所为完全相同,那么就更容易看出她们是如何负有相同的道德责任,至少是三五岁孩子能负的道德责任。(附注:如果我**放任**她们扔石子,那么作为家长的我也有部分责任。)

所以,我们现在有两种相互矛盾的道德直觉。一方面,我们会认为疏忽大意下撞死儿童的司机比没闹出人命的司机更应受谴责,但是,又与我们不应当让运气因素介入对他人的道德评价的直觉相抵触。那么该如何是好?威廉斯和内格尔都注意到,承认道德运气不仅揭示了集体伦理(common morality)的一个真理(我们确实会因运气对他人做出不同的评价),还与我们的一部分道德直觉相抵触(人不应当因他控制之外的事被区别对待)。这似乎很矛盾。意料之中的是,随着道德运气问题的出现,许多人试图说明道德运气的现象并非像威廉斯和内格尔所说的那么重要,这或许能帮助我们理解,为什么彼得放跑窃贼的行为不应该因本叔叔的死而受**更多的**谴责。

---

① Dana K. Nelkin, "Moral Luck," in Edward N. Zalta, ed., *The Stanford Encyclopedia of Philosophy* (Winter 2009), (Stanford, CA: Stanford University Press, 2009), http://plato.stanford.edu/entries/moral-luck/, accessed December 29, 2009.

彼得·帕克：遗憾的行为者

有没有另一种方法可以解读彼得在本叔叔死后对自己糟糕行为日益增长的遗憾？我认为有。通过区分过失的道德现象和对损害负责的道德现象，我们可以将彼得从道德运气的网络和他所深陷的愧疚中解救出来。

彼得毫不含糊地认为本叔叔的死应该怪自己，但彼得真正体验到的，是对自己不作为所引起的损害负有的责任感。彼得并不是意愿或预见到放跑那名窃贼会招致他人的杀身之祸。如果他能预见此事，那么他毫无疑问会阻止那名窃贼。

伯纳德·威廉斯在论文《道德运气》中有益地描述了"行为者遗憾"（agent regret）的概念，它特指某人行为所引起的遗憾。譬如一名公交车司机不小心撞死了跑到马路上的儿童。每个目睹此事的人都会感到遗憾，但肇事者会以第一人称感受到这种遗憾。他会遗憾自己没能及时把车停下，即便他明白自己并未玩忽职守。不仅如此，这名司机还可能会想要为死者的家庭做些什么以"弥补这一切"，就像浩克可能想要弥补被他砸了车的那家人一样，即便砸车不是出于他本意。威廉斯写道："我们为那个司机感到遗憾，但是，他又和事故的发生有某种特别的联系，它不会因为错不在他而被消除掉。这一点和我们遗憾的情绪共存，且遗憾其实预设了这种想法。"[1]

---

[1] Bernard Williams, "Moral Luck," 43.

在多数情况下，尝试弥补过错是道德正确之事，即便这只是出于因果上的责任，而非过错。苏珊·沃尔夫（Susan Wolf）在回应道德运气难题时描述了一种"无名德性"（nameless virtue），它通常意指"为某人的行为及其后果承担责任"。① 彼得对本叔叔之死的痛苦和他道德上的自责感似乎就出自这种无名德性。彼得是有责任感的人，一念间的自私违背了他善良的本性。但彼得弥补过错的能力有限。作为另一种对道德运气难题的回答，朱迪思·安德烈（Judith Andre）描述了死亡在这些情形中的地位：

> 假如我们本能弥补过错却未能行之，这显然是道德瑕疵；不仅如此，如果损害的来源并非无意之举，而是可恶的行为，那么这瑕疵就更大了。可如果损害无法被弥补呢？死亡很显然不能被逆转。背上无法偿清的债至少是极其悲伤的，人也因此总感到有所欠缺。作为结果，人会感受到价值的减损。然而，从应受惩罚方面来说，这不同于道德过错。②

沃尔夫和安德烈都认为，做好人的意义部分地在于为自己的行为及其后果负责。一个有德性的人想要弥补她的行为所导致的过错，即便这些并不归咎于她。譬如，假设我自愿为一个生病的朋友做饭，结果不小心加重了他的病情（比如不小心从屠夫那里买了不新鲜

---

① Susan Wolf, "The Moral of Moral Luck," *Philosophic Exchange* 31 (2001): 13.

② Judith Andre, "Nagel, Williams, and Moral Luck," *Analysis* 43: 4 (1983): 206.

的肉),因为我不经意间带来的后果,我会想要继续陪伴且更加关心他(尽管我的朋友可能会在情理之中让我离开,以免我带来更多损失)。我感到这是我的责任,即便我并不愧疚。

如安德烈所说,假如我不周到的行为导致了不好的后果(我可能清楚屠夫有些不讲卫生),那么我更会感到这是自己的责任,尽管无须受到谴责。那么根据这些观点,我们能稍微清楚一些地意识到,如果本叔叔被谋杀,那么彼得并不一定比那名劫匪更值得谴责。彼得这份额外的愧疚和道德责任有个很好的解释,即彼得正体验着行为者遗憾,以及行为后果带来的额外的责任感。

失去亲密的家人是痛苦的,而如果你处于招致死亡的事件链条中,痛苦则要加倍,假如链条中有你自身的不道德行为,你将更加痛苦。但这些情感并不一定要和对所爱之人死亡的愧疚混为一谈。道德运气向我们展现的难题在于,混淆不同的道德责任有多轻易。

梅婶婶的秘密

然而,彼得并非唯一对本叔叔之死怀有错位的愧疚的人。在2002年的一期蜘蛛侠漫画里(《神奇蜘蛛侠》♯479),梅婶婶向彼得坦白,她同样觉得自己要为本叔叔的死负责。在一个催人泪下的场景中,彼得向梅婶婶坦白了自己阴暗的秘密:"本叔叔死了。因为我。"但梅婶婶回答道:"这不是你的错,彼得。不怪你。都怪我。"梅婶婶忏悔说,是她与本叔叔的争吵害死了他(在漫威的一个修订续作——或是"追溯修订"作品里),本叔叔因此离家,惨遭杀害。

但是,梅婶婶所感受到的,的确是对本叔叔之死错误的罪责感。夫妻间普通的争吵不会和被歹徒谋杀产生联系。和彼得与本叔叔之死的联系不同,梅在因果链中的地位几乎微不足道。但因为事件之间的关系"网络",有时很容易混淆因果链中事件的责任和罪责。不幸的是,那些为自己行为负责的品行端正之人尤其容易受到这种混乱的影响。

力量与责任

关于道德的哲学思考帮助我们从网络中脱身,以看清其中的诸种责任。区分愧疚与责任后,我们离评价彼得行为的罪责又进了一步。对本叔叔的死,彼得·帕克持有部分的责任,但并非是那种深刻的罪责。他有罪,因为他放跑了窃贼。偷窃是错的,并且因为超级英雄有在保证自身安全的前提下阻止所遇恶棍的能力,我们的直觉会认为,他们只要有机会就该予以阻拦。但是,偶尔拒绝阻拦窃贼是否意味着,你对他未来的所有罪行都负有责任?是,但也不是。

大多数人可能会设想,彼得并不对窃贼的未来罪行负有多深的责任。首先,小偷一开始决定偷东西就和彼得没有关系。其次,本叔叔之死是个孤立的行为,和彼得所目睹的犯罪的时间、地点及其他因素互不相干。人们通常诉诸 *Novus agens interveniens*(拉丁语,意为"新介入行为者")这个原则来说明,一旦某人负责的因果链断裂,某人对事件的责任是如何减轻的。玛丽莲·麦考德·亚当斯(Marilyn McCord Adams)将**新介入行为者**定义为,当一名"行为者行动的后果来自一名新介入的行为者时,他或她的责任就减少了,乃至不负责任"①。在彼得的例子里,当这名窃贼着手于第二次抢劫时(如漫画书中所说),在某个意义上,他开启了一个本质上全新的事件链条,彼得与此关联甚少。让人逍遥法外一次,并不**必然**意味着这名罪犯会再次犯罪。

然而,鉴于我们对罪犯的了解,他们很可能会在被抓之前一直作案。所以,在这个意义上,这名罪犯的所有犯罪活动可被视作彼得本可轻易打断的事件链条。这就是为何彼得对本叔叔的死负有一部分责任。人并不仅仅是阻止了罪犯,他们阻止的是犯罪。

但是事实上,彼得对罪犯未来的罪行负有责任并不意味着,假如这名窃贼决定继续作案,彼得就对放跑他要负有额外的罪责了,那会将我们按回黏糊糊的道德运气网络。罪犯的犯罪档案变长,并不会让彼得的罪责更深。任由那名窃贼继续犯事是放跑他这一糟糕举动的错误后果,它是彼得自私拒绝帮忙抓捕罪犯的一部分,而这本来就已经是道德错误的范畴。

在严格意义上来讲,我认为控制原则是对的。假如你清楚自己的刹车坏了,无论你有没有造成事故,全速行驶都意味着你要为自己的鲁莽负全部的道德责任。只有在——比如,撞上一名儿童的时候,一个人才要对错误决定的后果负责。彼得有罪于他的糟糕决定,但随着本叔叔的死,这个决定"激活"了他对那名窃贼未来罪行的(微小)责任。彼得承认这一责任,由于无法让叔叔起死回生,他发誓再

---

① Marilyn McCord Adams, *Horrendous Evils and the Goodness of God* (Ithaca, NY: Cornell University Press, 1999), 34.

也不犯同样的错误。因此,彼得似乎从他的经历中学到了正确的教训。他没有把自己强大的能力用于自私的目的,而是无私地使用它们,对自己的行为承担全部责任。

彼得对本叔叔之死的痛苦最好被理解为一种混合体,里面有他失去至亲的私人痛苦,对自己先前糟糕行为的悔恨,还有要求某人对行为后果负责的行为者遗憾(在这个例子中,就是尊重叔叔的箴言,以他为榜样,并且照顾他的遗孀——彼得全都做到了)。这是三种截然不同的反应,彼得不幸地(但可以理解地)将它们融合进羞愧与悔恨的一体中去。如果彼得是一名哲学家而非科学家,他可能就不会如此羞愧和悔恨了,尽管这样一来,他可能就无法以相同的决心上街打击犯罪。他可能会成为一个更幸福的人,但同时也会是一个没那么努力的超级英雄。这对他来说可真不幸,但对纽约城来说,的确是件好事。

第三部分

蜘蛛感应与自我

7
为什么我的蜘蛛感应响了？

安德鲁·泰耶森

蜘蛛感应对蜘蛛侠来说至关重要。这种感知危险的能力弥补了蜘蛛侠在格斗技和武术训练方面的缺陷。它还有些不太明显的用途，比如蜘蛛侠不用担心变装时会被人撞见，也能保证他不用瞄准蛛网发射器就可以在城里荡来荡去。鉴于感知危险的实用性和蜘蛛侠的高人气，人们可能会认为在漫画世界里这种能力比比皆是，但并非如此。比较所有出现在 20 世纪 40 年代的超人式超级英雄和漫画人物的数量，比如模仿了金刚狼（Wolverine）"再生能力"的诺曼·奥斯本[1]，相比之下，只有很少角色拥有蜘蛛侠的特殊能力。我怀疑其中的原因是，蜘蛛感应实在解释不清。

漫威官方尝试对蜘蛛侠的超能力做一个令人信服的解释，但过程异常艰难："我们不知道这种感知能力的确切本质。它似乎是同时洞悉了诸多现象（从坠落的保险箱到飞驰的子弹，以及挥来的拳头，无所不包）后作出的反应。……蜘蛛感应还能在几分钟内确立大致

---

[1] 即绿魔。——译者注

的应对办法；他不可能仅凭感觉来判断威胁的本质。"[1]这番含糊的描述让人摸不着头脑。但是蜘蛛感应的诸种解释之所以模糊是有原因的，即关于传统五感的重要哲学议题还未得到有效解决。如果我们不明白感官是如何运作的，那我们也就不可能希冀理解感知平常知觉范围外事物的能力。

以直接的方式感知事物

很长一段时间里，**直接实在论**(*direct realism*)都主导了知觉理论。许多古典哲学家认为，我们的感官就像照相机一样直接接收着外部世界物理对象的呈现。这种观点认为，我们所知觉到的对象独立于我们对它的感知而存在，因而它是一种实在论；当对象遭遇我们的感官时，我们就发觉它们了。因为我们感知的主要对象真实存在于外部世界，所以它又是直接实在论。根据这种观点，当小蜘蛛看见绿魔朝他飞来时，他看见的的的确确是绿魔本身，而非意识所创造出的绿魔图像。

直接实在论的一个麻烦在于，如果它成立，那么该如何解释错觉(illusions)和幻觉(hallucinations)就不太明朗了。假设漫威宇宙是真实的，但绿魔并不真实存在于其中。相反，他只是蜘蛛侠臆造出的产物。那么根据直接实在论，当蜘蛛侠"看见"绿魔飞来的时候，

---

[1] *The Official Handbook of the Marvel Universe: Spider-Man* 2004 (June 2004), 35. 你可以在20世纪80年代的豪华版和最近的指南中找到相同的表述。

他不应该知觉到任何东西。直接实在论的支持者们确实有应对这一麻烦的办法,但大多数17和18世纪的哲学家都发觉这些办法要么太复杂,要么难以让人信服。一个好的知觉的哲学(philosophy of perception)解读应该能让我们理解,当人们犯下知觉错误时到底发生了什么。更好的是,它应该帮助我们确定,我们何时是真正感知到了外部世界的对象,而不是在产生幻觉、想象,或是对外部世界产生其他诸种错误的知觉。这种理论能让我们清楚,感官何时可以依赖,何时又不该依赖。

危险是什么样的

直接实在论的第一个主要替代观点被称作间接实在论(indirect realism),哲学家约翰·洛克(John Locke)(1632—1704)是它最早的支持者之一。洛克认为,外部世界的物体有一些属性可以致使我们的感觉器官在意识中生产知觉经验。这是一种间接知觉——蜘蛛侠所看见的"绿魔"其实是他大脑制造出的产物(基于他感觉器官所收集的信息),以象征外部世界的真实绿魔。小蜘蛛头脑中的绿魔——它只是真实绿魔的象征——是**感觉与料**(sense datum)的一个范例。

在间接实在论看来,我们知觉的是感觉与料,而非真实对象。感觉与料通过外部世界对象与感觉器官的相互作用在我们的意识中被制造出来,所以它们依然向我们表达着外部世界的对象。感觉与料适应于生产它的感觉器官。它看起来和绿魔一样,听起来有绿魔疯狂的笑声,还有他滑翔时发出的声响,等等。但是什么感觉与料适用于感知危险呢？危险是什么样的？

20世纪70年代的蜘蛛侠真人电视连续剧展现了蜘蛛侠的蜘蛛感应，它可以展示一系列似乎发生在不远未来的事件画面。彼得·帕克眼前浮现某人被袭击的画面，然后他就立刻以蜘蛛侠的身份前去调查。山姆·雷米（Sam Raimi）最近指导的蜘蛛侠电影保留了这种解读的元素。据说那只咬了彼得·帕克的基因改造蜘蛛有着超快的反应能力，以至于"接近预知"。当闪电·汤普森（Flash Thompson）试图殴打彼得时，"子弹时间"序列表现了彼得获得的力量，他轻松地躲开了闪电的拳头。

认为蜘蛛感应是某种预知的观点十分诱人，但是和蜘蛛侠的大部分设定不相符。即便是在雷米（Raimi）的第一部蜘蛛侠电影里，那次与闪电的相遇中，小蜘蛛并不清楚激活他蜘蛛感应的威胁的本质。如果他是看见了未来的景象，那么他本该对危险有更清晰的认知。比如，他可能会知道挥过来的东西是闪电的拳头。相反，他感觉到脑袋背后一阵嗡嗡响。蜘蛛感应的感觉与料似乎是一种普遍的感觉，而非未来某个事件的具体影像。

然而，未来发生的事件的确有可能激活蜘蛛感应，但他无法处理这些信息，只能将它们当作迫在眉睫的威胁。这就像听见某人低声细语，却没办法弄懂他到底在说些什么。那只是杂音——但正是因为杂音，我们才开始留心。要从知觉中分辨出麻烦时，我们无须考虑对未来事件的认识是不是不够精确。下一节我们会看到，正如洛克所说的，如果我们并不真正地知觉到作为知觉来源的诸对象，描述我们知觉的事物"实际"怎样总是十分困难的。

即便我们不能肯定，仍有理由认为蜘蛛侠的特殊能力不是关于未来，而是通过某种方式明白当下发生的事。这让他尤其留意于那些可能伤害他或他人的东西。那么我们可以认为蜘蛛侠对事物的一种特性尤其敏感，也就是它们的**危险性**。危险性可以存在于事物或有潜在威胁事件的性质中，无论危险事物是否带来了真正的伤害，这种性质都存在于其中。比如，即便穿上防护服避免触电，电镀品的电爆炸依然十分危险。不仅如此，如果危险性只存在于未来的危险中，那么当乔装打扮的恶棍经过他时，小蜘蛛的蜘蛛感应就不会响起了。

危险的相对性本质

洛克指出了两种可以产生感觉与料的性质：第一性质（primary qualities）与第二性质（secondary qualities）。**第一性质**是诸如形状或硬度那些组成事物本身的东西。更重要的是，第一性质所产生的感觉与料相仿于产生它们的性质。打个比方，犀牛人（Rhino）是蜘蛛侠系列中的一个反派，拥有巨大的身形，并且刀枪不入，重量惊人。身形、质地、重量这些都属于第一性质。在我们意识的视觉领域中，犀牛人的体型相对于其他物体的大小同真实世界中二者的相对大小相一致。如果他看起来比冰箱更大，那么他就的确比冰箱更大。因为第一性质是对象自身的一部分，只有对象变化，它所产生的感觉与料才会变化。所以，只有将犀牛人粗糙、皮革般质感的"皮肤"（那其实是他皮肤之上的外骨骼）脱下或是抛光一番，它才会在意识中变得不一样。

第二性质并不存在于对象中，而是产生于知觉主体遭遇对象的第一性质时。第二性质的概念让洛克得以在不放弃知觉实在论的情况下解释感知的错觉。第二性质就是那些我们会犯错的性质，比如某物的颜色、气味，等等。因为第二性质并非对象的一部分，它们可以在对象不变的情况下变化。当第二性质改变时，随之而变的是第一性质与感知它们的人的交互方式。神秘客（Mysterio）是一名用特效制造唬人错觉的反派。举个例子，神秘客可以模拟出桥的外形和坠落的"感觉"来迷惑小蜘蛛，让他以为自己从桥上摔了下去。他所做的是利用具有特定第一性质的对象来激活蜘蛛侠的感觉器官，恰好制造出大桥外形和失重感的感觉与料。

洛克用一个在家就能复制的实验来阐明第二性质的本质。将你的左手伸进热水，右手伸进装满冰的碗里，然后再将两只手同时放进温水中。如洛克指出的那样，"相同的一盆水……不可能同时又冷又热"①，洛克意识到，热可能和运动有某种联系。我们现在已经知道，热是分子运动时转移的能量。两只手在放进温水前处于不同的分子运动状态，所以它们在受到相同刺激时，会有不同的运动。左手的分子会减速，制造出凉快的感觉，而右手的分子则会加速，制造出暖和的感觉。第二性质取决于知觉者所处的状态，也会随着知觉者状态的改变而改变。

危险性是第一性质还是第二性质？如果危险性是第一性质，那就意味着某对象中有什么内在的东西使它危险。唯一能消解它危险

---

① John Locke, *An Essay Concerning Human Understanding*, Ⅱ, ⅷ, 21. 再版于 Roger Ariew and Eric Watkins, eds., *Readings in Modern Philosophy*, Vol. Ⅱ: *Locke, Berkeley, Hume and Associated Texts* (Indianapolis, IN: Hackett, 2000), 21.

性的方式就是以某种办法改变它的物理结构。只消想一想平日里那些激活蜘蛛感应的事物,危险性似乎不太可能是第一性质。抛开近在咫尺的危险不谈,比如高空抛物,蜘蛛感应警告蜘蛛侠潜在的危险(比如炸弹或陷阱)、敌意、乔装打扮的犯罪分子,等等。① 蜘蛛侠可以利用蜘蛛感应顺利通过一间漆黑的屋子,也可以在视力受阻时将它当作雷达。正如蜘蛛侠所描述的那样,他开始"看见"面前这堵墙的危险,而非仅仅是感觉到。② 大多数此类案例都包括了那些平日里并无危险的事物。那堵小蜘蛛靠近的墙和我家的墙在物理上可以等同;唯一的区别就是它和小蜘蛛(知觉者)的关系不同。章鱼博士那只朝蜘蛛侠挥去的机械手臂和其他三只手臂并无不同,除了它的目标是小蜘蛛。所以危险性应该是第二性质。炸弹的危险是炸弹结构的功能(第一性质),这样它就可以在特定的情况下产生爆炸反应,制造出一股力(还是第一性质)来改变周围物体的第一性质。大多数炸弹对蜘蛛侠这类人来说都是危险的,而不会威胁到浩克。危险和知觉者所处的状态相关,这让它成了一个第二性质的好例子。

---

① 比如,一家拉包银行里的炸弹(*Amazing Spider-Man* #42 [November 1966]),一辆坐满坏人的卡车(*Amazing Spider-Man* #299 [April 1988])——不一会儿,当他注意力还集中在高跷人(Stilt-man)身上时,他发现某人正在掏他的口袋(*Amazing Spider-Man* #237[February 1983]),还有去探望母亲的"犯罪分子"火箭赛车手(Rocket Racer)(*Amazing Spider-Man* #183 [August 1978])。

② 这发生在 *Spectacular Spider-Man*, vol. 1, #26 - 28 (January-March 1979)。

危险是真的吗?

在结束关于蜘蛛感应的讨论前,我们需要考虑间接实在论的一个基本难题。我们如何知道小蜘蛛脑袋里的嗡嗡响是某些真正危险的事物所引发的呢?根据间接实在论,我们无法直接了解外部世界。我们对外部世界的所有了解都来自我们知觉的感觉与料。由于我们的知觉遵循特定的模式,我们假设了一个根本上的因果机制。比如,J. 乔纳·詹姆森(J. Jonah Jameson)闻起来总有股烟味,并且人们总是看见他叼着根烟,所以我们推断他有烟味是因为他抽烟。但是,我们无法直接观察外部世界来确定感觉与料是否靠谱地表征了事物。想要通过知觉来确证知觉的准确性,就像只通过阅读《号角日报》(Daily Bugle)①的社评来确证《号角日报》对蜘蛛侠的报道是否准确。

间接实在论的一个强项在于,它似乎与我们对自己知觉系统的了解相符。我们的感觉器官天生只能接收到一小部分刺激(如光波或压力),然后将它们转变为从大脑中流过的电化学信号,直到它们抵达处理信号的地方。我们对大脑工作方式了解得越多,就越难成为一个间接实在论的支持者。如今,间接实在论者是少数群体。间接实在论的麻烦带来了一些有趣的回应,最明显的是**信念论**(*idealism*),它认为除了知觉,什么也不存在。(成为信念论者和追

---

① 《号角日报》(*Daily Bugle*)是漫威宇宙中一份虚构的报纸。——译者注

逐理想信念是两码事。)信念论者乔治·贝克莱(George Berkeley)(1685—1753)挑战了第一性质与第二性质的区分。毕竟,我们对物体大小或重量的知识取决于我们的测量尺度,而尺度不总是正确的。神秘客就能在蜘蛛侠的参照系上做手脚,使透视感失效,从而让蜘蛛侠相信自己只有2英尺高。假如我们能被第一性质欺骗,那就有理由相信它们并没有比第二性质更靠谱。贝克莱认为,从这个角度,相信除了我们对外部世界的知觉外什么也没有,则更为合理。①

贝克莱认为,间接实在论天然包含了怀疑论,他希望自己的信念能成为这种怀疑论的解药。银貂(Silver Sable)的头发在不同的灯光下可能看起来是银、白、灰,甚至铂金。蜘蛛侠知道,他只能说它看上去是银色,但还是常常会思考它是否真的是银色。贝克莱以重新统一知觉和外部世界对象的方式解决了这一问题。贝克莱的知觉理论是直接的,但不是实在论的,所以贝克莱怎么能确定物理世界真的不存在?一位比贝克莱更年轻的同代人提出了不同的思路。大卫·休谟(David Hume)(1711—1776)同意贝克莱的观点,认为我们没有区分第一性质和第二性质的理由。但他与贝克莱的区别在于,休谟相信我们无法对感官知觉外的世界下任何结论。

休谟的知觉理论被称作**现象论**(*phenomenalism*),区分于间接实在论和信念论。这三种观点的区别可见于它们对感觉与料概念的不同态度。间接实在论认为感觉与料是产生它的外部对象的固有表征

---

① 信念论打开了这样的可能性,即当我们不在那里感知事物时,事物就不存在,或者它们对每个新的知觉者来说都是不一样的。贝克莱竭力避免这些相对主义的结论,因为他相信,有一个知觉者(上帝)总是注视着所有事。

（并且因果过程是可考的，所以在相同的情况下它会产生相同的感觉与料）。信念论否认感觉与料和外部世界对象的区分。现象论认为感觉与料就是向我们显现（phenomena，来自希腊语，意思是"显现"）的东西。根据现象论，现象之外存在的东西，包括产生现象的机制，都是我们所不可知且不可理解的。任何想要描述世界"真实本质"的努力都是毫无意义的猜测，包括声称我们的经验之外空无一物。毕竟，谁能证明这个消极的主张呢？所以，蜘蛛感应有没有为现象论指明一条出路呢？

当蜘蛛感应失灵时

蜘蛛感应在无危险情况下不会误报，但它确实有几次没能探测到某个特定的危险。① 最明显的例子是蜘蛛侠被梅婶婶敲晕的那次，她偷偷跟在他后面进了章鱼博士的老巢。蜘蛛侠甚是惊讶，因为他的蜘蛛感应完全没有反应。旁白甚至调侃了一番小蜘蛛的迷茫，"算了吧，爬墙者！毕竟你诡异的第六感反应只对附近的死敌有效——或者潜在威胁。为什么它要吹响致命危机的号角——当击倒你的不是别人——而是梅婶婶本人"②。

---

① 我不是说神秘客或绿魔和恶鬼（Hobgoblin）用气体屏蔽了他蜘蛛感应的那几次。在那些事件中，蜘蛛侠似乎只是和蜘蛛感应失去了联系，就像某人可能屏蔽了我的痛觉受体。这点可见于当蜘蛛侠意识到恶鬼的气体没有剥夺他的蜘蛛感应时；气体仅仅只是让他难以听见蜘蛛感应——不过当他某次受到来自宇宙的威胁时，他的蜘蛛感应的确失灵了（*Amazing Spider-Man* #250 [March 1984]）。
② *Amazing Spider-Man* #114 (November 1972).

梅婶婶的例子提示了一种思考危险性的办法，这或许可以帮助我们揭示蜘蛛感应是怎么一回事。通常，我们可能会认为危险性是某些有潜在伤害性的东西。但若是这样，那么蜘蛛侠就不会被举着花瓶的梅婶婶吓到。与其说危险是会造成伤害的东西，不如说是我们所害怕降临在自己身上的东西。当花瓶被当作武器时，它就有了能伤害某人头部的性质。我们不会因此将其视作危险的，是害怕被花瓶砸痛才让我们将其视作危险的。蜘蛛侠总是担心他的死敌们会杀了他，但是他从来不可能相信那个抚养他长大的女人会有任何伤害他的意图。

这种思路实际上和休谟对道德的看法很接近，也就是说，我们所有的道德判断都来源于感情，感情是对我们所见之事的回应。所以，如果玛丽·简看见小蜘蛛亲吻黑猫，她会判断这是一件糟糕的事，因为她看见彼得背叛了她的信任，而有了心痛的反应。休谟对这类道德感觉的论述可以总结于以下段落：

> 以任何恶毒的行为为例，比如：故意杀人。从各个角度思考它，看看你是否能够找到所谓的恶的存在证据。无论你怎么看，你只能找到激情、动机、意愿、想法。没有别的事实了。只要当你开始考虑这个对象本身，恶就完全从你这里逃逸掉。你找不到它，除非你转向自己的内心，发现从你自身升起的，对这种行为的反对情绪。事实就在这里；但它是感觉，不是理性。它在于

你自身，而非客体中。①

休谟的意思是，如果检查任何我们视作错误的行为，我们无法在其中找到任何可被称之"错误"的东西。在黑猫的例子里，亲吻的行为本身并没有错，他们之间的激情也没有错，蜘蛛侠正在和玛丽·简恋爱这个事实也没错。这个情形每个独立的方面都是物理事实——既不好，也不坏。如果你抛开这个情形的所有部分，那也不会剩下什么可被称为错误的东西。相反，是对蜘蛛侠做法的反对情绪让玛丽·简判断它是错的。

你可能会认为，错误在于彼得即便已经同别人在一起，还是有了亲吻黑猫的意图。但是休谟会指出，这取决于她生活在哪种社会，玛丽·简不一定会被彼得的行为冒犯，或者觉得这是错的。如果蜘蛛侠、黑猫和玛丽·简都是法国人，那么他们的亲吻可能只会让玛丽·简耸耸肩离开房间而已。为了进一步说明他的观点，休谟指出，我们针对同一情形在人类世界和自然世界里的判断不同。弑父对人类来说是一种罪行，但是当一颗橡子长到树上挤掉了它父母的根时，没有人会感到愤怒。同样的，乱伦对人类来说是禁忌，但没有人在意狗和猫会不会乱伦。

危险似乎有着同样的原理。这并不意外，因为危险的事物就是那些我们**应当**避免的物体和情形——而道德就是我们**应当**做的那些事。蜘蛛侠的蜘蛛感应不会警告他梅婶婶如何如何，因为他并不将

---

① David Hume, *A Treatise of Human Nature*, ed. David Fate Norton and Mary J. Norton (Oxford, UK: Oxford University Press, 2000), III, i, 1, 301.

她视作威胁。她不会带来恐惧或警惕，而是带来另一种相反的情绪反应。还有一次，蜘蛛侠被胡狼（Jackal）从后面击倒，他假扮成了彼得爱戴的迈尔斯·沃伦教授。① 当蜘蛛侠表达了对胡狼偷偷接近他的惊讶时，胡狼摘下面具，幸灾乐祸地说："你那远近闻名的蜘蛛感应只在敌人面前保护你，而不是'朋友'，小兔崽子，我可不一直是你的朋友吗？"蜘蛛侠对迈尔斯·沃伦的情绪反应是积极的，所以并没有将他的存在视作威胁。

蜘蛛感应，蜘蛛判断，抑或两者皆是？

如果蜘蛛感应是一种道德感，那么蜘蛛侠的许多经历就能得到解释了。比如，蜘蛛感应在布拉德·戴维斯（Brad Davis）开始搭讪玛丽·简时就向彼得发出了"情感危机"警告。② 要决定某人是否在一段关系中越界，你得首先拥有某种道德意志，告诉你何为合宜。这和认识到一个炸弹的危险之处不同。不过，我们得小心不要太沉溺于休谟的看法了。

将道德感等同于情感反应后，休谟将我们所能确定的事物和道德关联了起来。休谟的现象论意味着，除了所知觉到的，我们无法对任何事物持肯定态度。情感是对我们知觉的反应，因而超出了我们所能肯定的事物范围。休谟的道德理论导致了这样一种可能性，即

---

① *Amazing Spider-Man* #148 (September 1975).
② *Amazing Spider-Man* #188 (January 1979).

道德判断仅仅只是我们希望世界如何的欲望,而非关于世界的客观事实。① 换句话说,如果毒液发起狂来,滥杀无辜,那么他之所错只是因为人们不同意他的做法。如果他只杀那些人们希望被严惩的人,那么他就没有做错任何事(因为没有人介意)。又或者,假如催眠浪子(Hypno Hustler)用催眠术让大家赞成献祭婴儿,那么献祭婴儿就不再是件错事了。休谟的理论所带来的这些后果是难以接受的,因为它们无法使我们拥有正义的道德判断。

托马斯·里德(Thomas Reid)(1710—1796)对休谟的现象论提出了一个批评。里德的哲学被称为常识学派(Common Sense School),因为它认为,我们对世界的知觉总包含着某些基础的、可靠的判断,它们来自任何能知觉的生物都具备的常识。(然而,里德的常识和人们通常所说的"运用你的常识"并非一回事。)根据里德的观点,声称我们的知觉和摄像机无疑是不着调的。我们在经验自己所知觉的东西时,还必须理解它。小蜘蛛并不仅仅是看见一堆绿色和橙色的混合物,也不仅仅是听见了疯狂的笑声。他的常识将它们组织为"绿魔"这个个体。不仅如此,当他看见绿魔正在靠近时,他明白这是一个富含敌意的举动。小蜘蛛可能搞错了,以为眼前的绿魔是诺曼·奥斯本(杀死他初恋的那个男人),但事实上那是假扮成绿魔想要逗英雄的菲尔·乌里希(Phil Urich)。人们的判断的确会出错,但是我们发现,蜘蛛侠的蜘蛛感应也不可避免地会混淆危险的级别。

里德并不是说,我们对外部世界的判断永远不会出错。他的观

---

① 关于休谟本人究竟认为情感反应是文化相对的,还是全人类等同的,人们观点不一。我倾向于后者。

点是任何花时间仔细思考这一问题的人都能轻易明白的。比如，小蜘蛛有理由根据自己的经验推断出，刺痛感意味着危险。这种可靠的反应必定事出有因，就像绿魔拿着南瓜炸弹出现在他面前也必定事出有因一样。常识告诉蜘蛛侠，绿魔独立于他的意识而存在。和蜘蛛感应相似，常识的工作原理也十分复杂，我们无法解释其运作。此外，里德认为我们一般能够分辨出某人是否是用常识判断所知觉的东西："常识影响着人们的言谈举止，甚至外表，从中你能很轻易地分辨出它；当法官或是陪审团与他进行简短的交流时，他们很轻易地就能从中确定，此人是否拥有运用常识的天赋。"①

我们从中学到了什么？

我们似乎还是和之前一样对蜘蛛感应知之甚少，但是通过了解知觉哲学在 17 和 18 世纪的发展历程，我们明确了一些重点。知觉不仅仅是应对外部世界的某些性质。没有哪种感觉与料能完全等同于我们的知觉。我们的知觉和判断密不可分，就像里德所指出的那样，"人们提到感觉时，通常也意指判断"——就像那句老话，"让你长点眼力见"。② 小蜘蛛的危机感不是某种危险探测仪，而是糅杂了他从世界中获取的信息——他是如何获取的，我们无从知晓——加上

---

① Thomas Reid, *Essay on the Intellectual Powers of Man*, also in Ariew and Watkins, *Readings in Modern Philosophy*, 445.

② Reid, *Essay on the Intellectual Powers of Man*, 444.

他对应当避免哪些事情的判断。意识到我们的知觉少不了判断，意味着我们不能仅仅接受事物的表面，还必须在深思熟虑中努力打磨我们的感觉。

不管休谟会如何建议，蜘蛛感应、常识、道德感，还有颜色视觉都不是独立的知觉能力。相反，它们是对周遭世界判断的集合。比如人们认为，动物进化出视觉来完成某些生存所必需的任务。能够看见水果变红，知道它成熟了，对那些依靠从树上采集食物来生存的生物来说十分有用。同样的，社会认知，诸如根据非语言线索察觉他人的情绪，对有效的团队协作来说至关重要。里德在评价如何确定常识是否存在时，还诉诸了为人处世的成功标准。在某种程度上，我们的所有感觉都是一种蜘蛛感应，因为感觉要从外部世界中获取，以判断什么是有益的，还要提供所需的信息，以指引我们在这危险的世界中穿行。①

---

① 我找不到官方的证据（你就算付我再多的钱，我也不想再看一遍克隆传说[Clone Saga]了），但是在论坛和维基百科中，我注意到有评论说，蜘蛛侠的蜘蛛感应之所以对他的克隆体不奏效，是因为他们被视作"自我"（因为他们是基因复制品），而没有人会将自己视作威胁。我可以确定的是，克隆体本·莱利（Ben Reilly）的蜘蛛感应和彼得·帕克的相同，除了毒液会激活本的蜘蛛感应（*Official Handbook of the Marvel Universe*：*Spiderman 2005*［April 2005］）。据说原因是，本从来没有和毒液共生体联结过，这大概意味着，"自我"们并没有相互混淆。如果消息准确，克隆样本就可以更加确证这一观点，即蜘蛛感应的条件是个体的存活。

《克隆传说》（*Clone Saga*）主要叙述蜘蛛侠及其克隆体们的故事。作者脚注中提到的本·莱利就是克隆之一。蜘蛛侠和克隆体之间的关系错综复杂，一部分克隆将蜘蛛侠视作自己的敌人，本·莱利则选择同蜘蛛侠和平共处。随着故事发展，究竟谁是克隆、谁是本体变得模糊不清起来。因此，彼得·帕克的自我认知也是《克隆传说》探讨的主题之一。关于《克隆传说》的哲学分析可以参见本书第十一章《极度克隆：关于克隆人类，克隆传说能告诉我们什么？》。——译者注

红还是黑：知觉、同一性与自我

米根·P. 戈德温

所有英雄故事(无论超级英雄还是其他英雄)都会讨论同一性(identity)。斯坦·李说,蜘蛛侠的诞生就是为了填补一块特殊市场——青少年超级英雄的同一性。心理学家爱利克·埃里克森(Erik Erikson)(1902—1994)认为,青少年是一类特殊的人群,这不仅是因为他们正处于发掘人生目标的发展阶段,还因为他们"比起自身所感受到的自我,更在乎自己在他人眼中看起来如何"[1]。

对彼得·帕克的刻画方式多种多样,他是高中生、大学生、科学家、极客、摄影师、好孩子、聪明的万人迷、邻家男孩、理想主义者、多情种、风趣的人,还是个道德楷模。但是,小蜘蛛和外星共生体——一种寻找宿主转化的共生生物——的彼此邂逅剧烈地改变了他的同一性。一经侵略者感染,彼得的自我感知里里外外发生了翻天覆地

---

[1] Erik Erikson, "Eight Ages of Man," in R. Diessner and J. Tiegs, eds., *Sources: Notable Selections in Human Development* (New York: McGraw Hill/Dushkin, 2001), 22.

的变化——身体、情绪、外表、内在。自信变成了傲慢。浪漫变成了风流。勇敢地战斗变成了杀气腾腾的怒火。但即便他在更强壮、更危险的外壳下拥有了新力量,彼得原先的**某处**仍然意识到,这些改变不是好事。所以我们不得不思考:共生体改变了彼得什么,又没有改变什么?当我们谈论"自我"变了,或被某种方式影响了,我们究竟在谈论什么?什么是**自我**(self)?什么是同一性?我们如何知道我们是谁?

所有流派的哲学家都对这些问题感兴趣,但是在这一章中,我们的讨论会从实用主义(pragmatism)出发。实用主义的哲学观点研究我们的语言习惯、知觉,以及多样的心智(诸如想象力),还有这些方面不同的组合——我们将从实践结果的有利方面考虑这些问题,以期更好地理解我们的理解(对,没错,理解我们的理解)。

英雄变了

> 这战衣是从哪来的?这力量,感觉
> 很好……但是你在其中迷失自我了。[1]
> ——彼得·帕克,《蜘蛛侠3》

你醒来,发现自己倒挂在曼哈顿的一座摩天大楼上。你已经拥有了超能力,但这并**不完全**是那种不同寻常的超自然感,而是发觉有

---

[1] 引文全部来自《蜘蛛侠3》,www.imdb.co/title/tt0413300/quotes。

什么不一样了——你的战衣,等等。**不仅仅**是战衣,还有更内在的东西。你感觉更强壮、更强大、更自信、更有力、更愤怒,但不知为何,这还是你自己。发生了什么?是因为新衣服吗?还是说,这件新战衣让你看待自己的角度变了?你的视角或者外表多大程度影响着你是谁?对彼得·帕克来说,新视角的影响显而易见,尽管它极其**陌生**。

漫画书和漫画人物的铁杆粉丝们知道,这个共生体有它自己的目的,它来自另一个时空。这对我们来说是件好事,因为彼得的变化并非消极被动。这个共生休是个积极的行为者,以人类本性的阴暗面为生,并助长它们:愤怒、妒忌、报复心。这些特性在共生体的亲密伙伴埃迪·布洛克(Eddie Brock)身上更明显,在彼得那里则较弱——可它们还是出现在了彼得身上。每个人多多少少都有这些阴暗的特性,但是它们在人类的**何处**?自我中吗?

受共生体影响的初期,彼得察觉了这些变化并仔细思考该如何是好。他选择脱下新战衣,他内心的光明面占了上风,至少起初是如此。但他又选择重新穿上它,因为他**享受**这股新的力量。或许,这在某种程度上是因为——无论是作为红蓝蜘蛛侠还是黑蜘蛛侠,彼得总是难以与世界和解。每次他开始对现状满意时(蜘蛛力量、新工作、和玛丽·简约会、成为城市英雄、在学校表现优异),就总有些东西会跑出来捣乱(绿魔、熬夜、新绿魔、毒液)。然后还有"弗林特·马可害死了本叔叔,还把人卷上了天,所以小蜘蛛到底要不要杀他"这等烂事。一切都让人摸不着头脑。好在还有梅婶婶,她在风暴中埋藏了一个简单又深刻的真理,"本叔叔不希望我们怀着怨恨生活,那就像毒药。它会吞噬你，将你变得邪恶"①。

但是，梅婶婶到底在警告哪个彼得·帕克，让他不要被仇恨冲昏头脑？就此而言——你是谁？我是谁？（就像电台里多特里[Daltry]和汤申德[Townshend]唱的那样——"你是谁？谁，谁，究竟是谁？"②）我们是**自己**所认为的那个人，还是**他人**眼中的那个人？或许我们是自己及他人对我们看法的结合。或许，我们是谁这个问题并不是自我感知或者他人感知的问题。**或许**，这个问题不在于我们是**谁**（*who*），而是我们是**什么**（*what*）。自我是什么？

哲学家们，诸如著名的苏格兰机灵鬼大卫·休谟（1711—1776）和赫赫有名的印度圣人释迦牟尼（Siddhartha Gautama）（约560—480），也就是佛祖，声称自我不过就是想象和语言共同的产物。③ 休谟和佛祖都从集合和混合物的角度谈到了自我，也就是以少聚多，成为整体。他们认为，我们所说的自我其实就是一捆东西，比如念头、感情、感觉，我们将它们糅杂在一起成为想象中的整体，然后称之为**自我**。这听起来有点疯狂，但是想想吧：你的**自我**是什么样的？是你在镜子里看到的东西吗？镜中的画面是我们所直接经验的，但你的**自我**难道不是比这要多出些什么吗？镜中的你、物理意义上的你总是在成长、变化。如果自我只是你的镜像，那么我们如何能说，现在

---

① *Spider-Man 3*.

② 罗杰·多特里（Roger Daltrey）和皮特·汤申德（Pete Townshend）是著名英国摇滚乐队"谁人乐队"（The Who）的成员。原文所引用的歌词出自他们的经典歌曲《你是谁》（*Who Are You*）。——译者注

③ David Hume, *A Treatise of Human Nature* (Oxford: Clarendon Press, 1896); John J. Holder, ed., *Early Buddhist Discourses* (Indianapolis, IN: Hackett, 2006).

的你和婴儿时期的你是同一个自我？你现在已经不穿尿布了，但你还是你，不是吗？当我们看着蜘蛛侠时，我们知道面具下的人还是彼得·帕克，当他的制服从红蓝变为黑色，我们知道那还是小蜘蛛，也还是彼得。如果我们想要找到自我，显然就需要发掘比外表更深的东西。我们需要考察我们的内在经验。但是，这并不意味着自我是某种单一、稳定、统一的东西。或许自我真的就是所有内在经验的结合。

当我问人们——好吧，问大学生们，但大学生也是人——当他们想到"自我"时，他们想的是什么，我通常会得到一串回答，包括外表、喜好、感情。我们已经谈到外表。那么喜好呢？喜好是欲望吗？是一类念头？那么念头呢？我们可不可以说，我们用念头来确认**自我**？或许，但当我说到念头时，我们所说的难道不是我们**拥有**念头吗？我们不能既**有**一样东西，同时又**是**它，不是吗？当你设想你有一块披萨时，你难道同时又是一块披萨吗？当彼得想着玛丽·简时，他并不是成了玛丽·简，而是有一个关于她的念头。当他想到弗林特·马可要为本叔叔的死负责时，这个念头激怒了他。他变得愤怒，但没有变成这个念头。所以自我不是念头。

让我们回到愤怒这件事上。彼得的确变得愤怒了，他暴跳如雷，愤怒到足以去杀人……几乎。他愤怒到足以把沙人的脸按在飞驰的地铁上摩擦。所以，或许自我更像是一种感觉，一种情绪。当我们谈到情绪时，我们说某人是愤怒的、高兴的、伤心的，或者什么别的。尽管如此，在这些情况中，句子的主语仍然是某人，也就是我们所指的自我。情绪是拥有它的人或事的修饰语——哦，不，语法！彼得是愤怒的，他不是愤怒本身。黑色战衣下的他似乎享受自己的愤怒，并且自我感觉强大到可以认真利用这愤怒做些什么。但是,那还是彼得,愤怒和力量不是独立、分离的存在,不是像车里的小丑那样被装进小蜘蛛的战衣里。

那么你又问了,意识呢?自我是不是就是意识,是念头和感觉的某种集合?我也想问问你,意识和大脑有区别吗?意识究竟是什么?你会说,嗯……好问题。我们通常会认为意识不是大脑,而是别的什么东西,但我们很容易就卷进对意识定义的争论中,就像我们正在思考自我的定义那样。当谈论我们的意识时,我们对待它的方式是对待所有物的方式,就像我们对待念头和情绪那样。"我决定了想法",听起来比"我决定了自我"更正确。或许这只是措辞的转变,一个语言问题,而自我其实在意识中。毕竟,如果你失去理智,我们有时候会说你**都不是自己了**。我们可能会这么表述,但是当我们探望患有阿兹海默症(Alzheimer)的祖辈时,我们探望的究竟是别人,还是他们?你可能会说,有道理,但是谁能定义自我呢:被问的那个自我,还是其他和那个自我存在关联的人,比如家人、朋友、同事?好问题!我们等一会儿再谈。

关于自我不是什么,我们已经说了很多,但是自我的概念似乎仍未被撼动。对另一个苏格兰人托马斯·里德(Thomas Reid)(1710—1796)来说,这个事实就已足够表明自我就是一个朴素、恒常不变的东西。[①] 里德没有为何为自我,或是什么组成了自我提供依据。对他来说,自我是真切的就足够了。彼得·帕克之所以是彼

---

① Thomas Reid, *Thomas Reid's Inquiry and Essays* (Indianapolis, IN: Bobbs-Merril, 1975), 212-215.

得·帕克,是因为我们能够指认彼得·帕克并且明白那是谁,我们在说什么。足够了。这就是常识,这句名言恰好也是里德所创立的哲学流派的名字①。

或许彼得会同意里德的观点。毕竟,他说这件战衣可能让你迷失自我。他甚至在《蜘蛛侠3》里警告了埃迪·布洛克。

彼得:"埃迪,你必须脱下这件战衣。"

埃迪:"噢,你想要它,是不是?"

彼得:"我知道那是什么感觉——感觉很棒。那股力量,所有的一切。但是你会迷失自我的,它会摧毁你。放弃它吧。"

如果里德是对的,那么彼得可能也是对的——当寄生体吞噬你的时候,你的自我也就丢失了。如果休谟和佛祖是对的,那么丢失自我也没什么关系,毕竟它可能只是重新描述了你自己。假如你丢失自我,那么你说不定甚至能重新描述它。

改变自我

不知道自己是谁的感觉很有意思。我头被撞了一下,然后我现在像鸟儿一样自由了。

——哈里·奥斯本

你能在我头上来一下吗?

——玛丽·简,《蜘蛛侠3》

---

① 即常识学派。——译者注

谁能定义自我：自我本身，还是其他和自我存在联系的东西？在被彼得击倒后，哈里富家子弟式的怒火熊熊燃烧，但又因脑震荡变回了从前的自己——风趣、迷人、悠闲。那么到底是哈里变了，还是他对关系的感知变了？彼得突然间只是彼得了，不是穿着氨纶衣服的杀父仇人了。但是脑震荡和这种感知的改变有关系吗？人类的自我不是包括了生物学、心理学和社会学的东西吗？彼得只是彼得吗？还是说，他**还是**蜘蛛侠、孤儿、梅婶婶的外甥、康纳博士的学生、玛丽·简的男朋友、哈里的好哥们，**以及**穿着氨纶衣服的杀父仇人，**并且**因此是哈里的死敌？

实用主义哲学或许能给我们提供一种整合所有"以及"的方式。它是一个特殊的美国哲学流派，关乎改变和抉择的美国精神制定、提炼、指导了它。实用主义哲学，或者实用主义——在19世纪80年代由查尔斯·桑德斯·皮尔士（Charles Sanders Peirce）(1839—1914)和威廉·詹姆斯（William James）(1842—1910)等人发展成立——它诞生于一个学术追求并不像今天这样泾渭分明的时代。这项运动的教父们（抱歉，女士们，这儿没有教母，但确实有些阿姨和闺女）还学习了心理学、社会学、药学和教育学。这些跨学科兴趣帮助他们迥异地理解了自我是什么。他们提出的东西如今被称作"社会自我"(social self)。它认为，我们与环境的关系塑造了我们对"我是谁""我是什么"的理解。① 诸如约翰·杜威（John Dewey）(1859—1952)和乔治·贺伯特·米德（George Herbert Mead）(1863—1931)这样

---

① George Herbert Mead, *The Philosophy of the Act* (Chicago: The University of Chicago Press, 1972), 215.

的实用主义者认为,外部条件的网络似乎有助于我们理解自我是什么,以及它是怎么运作的。这个网络由生物学、心理学、社会经济状况、环境等要素组合而成。

心理学家乔治·恩格尔(George Engel)(1913—1999)用**生物心理社会**(*Biopsychosocial*)的概念总结了这一网络。尽管恩格尔首要关心的是为医疗诊断提出一个整体分析模式,而非公开支持实用主义,他的观点的确帮助良多。让我们分解一下恩格尔的名词:"生物"承认人类自我是由基因和表达基因的肉体部分组成的;"心理"指涉人类自我中的心理成分,以及更重要的,它承认了我们的心理过程会影响我们物理的和社会的部分,反之亦然;"社会"的运作方式也是这样,支撑了我们的社会经济环境会影响我们是谁、是什么的观点,就像生物和心理因素那样。这三种因素互相施加影响,形成了我们所熟知的、亲密的自我。但是,因为生物心理社会因素是善变的,所以它们形成的自我也是善变的。自我的生物社会因素模型认为,先天—后天的争论是不着调的。它不是非此即彼,而是并驾齐驱,愈争愈烈(来点儿排比!)。

简而言之,生物心理社会自我或 BPS 自我似乎是生物大脑、心理意识、社会身份的组合,它是他人自我和事物诸类影响的结果,又反之影响着他人自我和事物。所以,这是关于我们作为自我是何物的实用主义定义。它成功地普遍描述了地球上一类动物的自我,但这就足够了吗?作为个体自我的我们又是**谁**呢?彼得·帕克可以是一个 BPS 自我,但他具体是**谁**?我们如何确定自我的同一性?

变化中的自我

我不知道该怎么办……

——彼得·帕克

我确信你会在自身中发现什么是正确的事。

——梅婶婶,《蜘蛛侠 3》

自我同一性的问题使彼得与共生体的斗争和埃迪·布洛克最终的屈服清晰可辨。当埃迪快要失去自我的时候,彼得又如何能够做到保持他的同一性,明白自己是谁呢?这个共生体以愤怒和沮丧为生,这种情感在两个年轻人身上都有所体现。但是在彼得那里,他的生物心理社会自我似乎更认同人性中的积极面,而非愤怒的、富有破坏性的另一面。彼得的生物心理社会侧写显示出与好人的强烈联系,比如梅婶婶、玛丽·简、哈里,还有好的生物因素(科学家父母、蜘蛛侠能力)。埃迪则是个孤独、糟糕透顶、处处失意的人,但即便是他,也没有让共生体彻底控制他对自我的认知。在这个故事后来的版本中,毒液(Venom)(也就是后来的埃迪)从来没有忘记他对小蜘蛛的厌恶,但他同时又拒绝伤害无辜的生命(不像他的亲戚屠杀[Carnage],那是另一个故事了)。设想一下,完整地从生物心理社会方面侧写我们认识的所有人是无稽之谈,那么,我们如何能够真正分辨出某人的自我呢?我们如何辨认他人?我们又是如何被辨认的呢?换句话说,同一性是由什么组成的?

或许,我们的行为能最好地定义我们自己。行为有助于分辨他人——个人的可分辨的生物心理社会自我。毕竟事实胜于雄辩,不是吗?"真正的"超级英雄总是和他的邪恶化身泾渭分明,当一无是处的后者假扮成英雄时。邪恶化身常常扭曲人物形象,做些英雄不会做的事。

事实上,人物形象,也就是某人行为的综合,是一个思考自我认同的好方法。什么构成了彼得的人物形象?总体而言,他是个好人。被蜘蛛咬伤前后,他都是那个机智的、努力工作、努力学习、爱做家务的好人。他之后确实有些膨胀了,但共生体的出现告诉了他(和我们)这种行为有多危险,这不是挺方便的吗?

实用主义者约翰·杜威告诉我们,"柏拉图将奴隶定义为那些履行他人目标的人,还有那些被自己的欲望遮蔽双眼的人"①。在这里,行为定义了何为奴隶,奴隶就是做他人想做之事,以及做不自律的自我想做的事。作为毒液的埃迪在两种意义上都是奴隶:继续与共生体建立联系,同时屈服于他对彼得的盲目仇恨,从而完成了愤怒驱使下的共生体的使命。他还盲目地追求格温·斯黛西,完全没注意到她对他丝毫不感兴趣。那么,埃迪身份的一个重要部分就在于,他是一个盲目跟随欲望的人,而这是他是谁,或他的自我的一个与众不同之处。如果埃迪幡然醒悟,再也不这样了,我们还是会认为他是埃迪,只不过是一个改过自新、成了更好**自己**的埃迪。或许这样一来,我们可以说同一性就是自我的标记或者外在表现。

---

① John Dewey, *Experience and Education* (New York: Collier Press, 1973), 67.

杜威在另一个地方写道,"个体的同一性是在对先前外部材料持续不断地吸收和收编中建立起来的"①。同一性即我们是谁,反之,自我即我们是什么。我们是有同一性的自我。你可能会听见一对夫妻尖声惊叫,这是因为他们的家里出现了一名"小不速之客"(little stranger)。婴儿通常没有完整的同一性,如果说同一性包括了对外界特性的吸纳,比如喜欢什么样的颜色和玩具,喜欢什么样的衣服,以及如何应对好消息和坏消息。但婴儿还是有一些可分辨的特点。即便他们不清楚自己,我们也清楚他们是谁的孩子,是毛躁还是安静,等等。如果同一性是自我的表达,那么我们不得不说,婴儿有着BPS自我。重点在于,自我是被不断塑造又重新塑造的,进而形成一种复杂、可变的同一性。自我是持续不断地形成又再形成了复杂、可变的同一性。

这似乎就是我们所了解的彼得·帕克,他的同一性错综复杂。埃迪的同一性和共生体的紧密趋同,让他们共同以好拍档的身份成了毒液,但彼得从未真正习惯于成为黑蜘蛛。在他发现共生体正吞噬着他的同一性前,他也只是戏谑的态度而已,之后他试图在酿成大祸之前拯救他的**自我**。谁能想到教堂的钟声这么管用呢?②

如果彼得只是单纯的好,他可能不会在第一次脱下黑色战衣后又重新穿上它。如杜威所说,身份或社会自我是"不断变化的罪恶和

---

① John Dewey, *The Quest for Certainty* (New York: Capricorn Press, 1960), 189.

② 毒液讨厌超声波,教堂的钟声可以强行让他和宿主分离。——译者注

美德的混合体"，因为我们总是在应对着流变中的环境。① 这很好地描述了我们每一个人，包括彼得·帕克。因为他的亲生父母在坠机中不幸逝世，他在叔叔婶婶的关怀下成长。他被霸凌，他在暴力事件中失去了他的叔叔，他挣扎于不合时宜的爱情。黑蜘蛛的种子早早种下，但红蓝蜘蛛的种子也早已存在。他的叔叔婶婶给了他一个温暖的环境。尽管经济状况迥异，他有一个陪伴身边的好朋友。他的才智和动力给了他在不平等中成功的资本。尽管复仇的黑色如影随形，希望和激励的红蓝同样鼓舞着他。

在电影中，红蓝蜘蛛侠和黑色蜘蛛侠的冲突更像是彼得·帕克内心好与坏的冲突。这样的挣扎可以帮助我们理解，明确自我的本质是如何之难。当诸如你*自己*这类显而易见到不常被质疑的事物，突然间被指出是难以捉摸的，并且可能不完全是你想象的那样时，你会拿别的什么出来作担保呢？玛丽·简在《蜘蛛侠3》里问挣扎中的彼得，"你是谁？"彼得诚实地回答道，"我不知道"。从自我中拣选出转变中的同一性是一个持续不断的过程，这对过一种自我审视的人生来说，也是一个重要的挑战。

---

① John Dewey, *Human Nature and Conduct* (New York: Modern Library, 1957), 55.

9

更强的力量：英雄主义、邪恶与身体变异

马克·K. 斯宾塞

蜘蛛侠系列电影里最悲惨的情节之一，莫过于普通人变异成了超人类生物，拥有了无比强大的力量和灵敏性。目睹彼得·帕克变成蜘蛛侠或是诺曼·奥斯本成为绿魔，一种激动的战栗油然而生——或许我们也希望能够经历这样奇妙的身体变异，也或许害怕如此，因为这可能意味着我们人格同一性的终结。但是蜘蛛侠和他的敌人们在变异后仍然保持了十足的人性：渴望力量、爱、快乐和安全。他们仍然和我们处于相同的道德挣扎中——但不同的是，他们在应对挣扎时毁掉了一部分曼哈顿。所以除开这些差异，彼得和他同僚们的身体变异也能在我们的日常生活里找到对应。我们追求着成为更完满的自己，这种探索包含了身体变化所引起或影响的抉择，尽管不如电影中那样显著，这些变化还是对我们的人生起着决定性的作用，正如彼得也是如此。

改变世界

现象学（Phenomenology）是一个起源于德国哲学家埃德蒙德·胡塞尔（Edmund Husserl）（1859—1938）作品的思想流派。它不关注我们如何所想所行，而是试图仔细地描绘我们对世界的真实经验，以及我们的经验是如何建构的。两名法国现象学家，莫里斯·梅洛-庞蒂（Maurice Merleau-Ponty）（1908—1961）以及伊曼努尔·列维纳斯（1906—1995），都关注着我们经验自己身体的方式，以及这些经验是如何建立起其他经验的基础。他们还分析了我们生活的消极方面，比如身体性（bodiliness）、感发性（affectivity），我们无法完全控制自己的这些方面，但它们又能极大地影响我们是谁。聚焦于他们对经验的描述，以及从整体上观察美德伦理所赋予我们的道德生活，我们就能明白彼得和其他漫威角色所经历的惊人的身体变异对生活有怎样显著的影响，以及道德如何比简单地遵守规矩更深刻——和激动人心。

在身体发生变异前，彼得是一个脆弱、胆小、笨拙的少年，尽管他的意向和欲望都大体善良。他遇到的许多情形——从赶不上公交车，到看见玛丽·简的男友——都阻碍着他实现目标。梅洛-庞蒂指出，那些我们遇见的阻碍之所以为经验所阻碍，是出于我们的身体同它的能力和缺陷一道与世界遭遇的方式。① 我们不是将世界经验为纯粹的精神,毫无感情地通过感官搜集材料。相反,我们对世界的所有经验都包含了身体、情感的遭遇,以及对发现自我的兴趣。尽管不常被察觉,我们的感知、欲望和念头都与身体反应、动作息息相关,并且我们的身体要么与感官遭遇的结构协调,要么与之不协调。身体的改变——包括损伤与增强——都涉及我们对世界变化的感知。某人对世界的经验总是依据理念和概念搭建起来,将流变的感官经验转变为坚实、可确定的对象。婴儿的世界很狭隘,但随着我们学习了概念、语言,感官,行动力渐渐发展起来,世界就变大了。我们开始留意事物本来的样子。更丰富的知识、更佳的感知能力和情感敏锐度,产生了一个含有更多复杂对象的丰富世界。大世界给予了人行动、行为的新机遇,这又反过来扩展了人的感知与知识。

有了帕克的新能力,变异前被视作障碍的事,现在轻而易举就可攻破:墙壁对他来说不只是建筑物的一面,而是可以攀爬的东西,一种新的行动可能。随着彼得身体的变异以及新行动可能的出现,那些墙壁、危险人物对彼得的**意义**也改变了。当我们在善恶中成长时,同样的事情也发生在我们身上:身体能力的转变,以及我们感知和理解世界上某些事物的方式,为行动提供了新的可能性。

梅洛-庞蒂认为,身体变化和感知变化都需要一类知识,它不同于那类可被置于命题中的知识。梅洛-庞蒂认为,我们身体的行动有

---

① 参见他的 *Phenomenology of Perception*, trans. Colin Smith (London: Routledge, 1958),尤其是第一部分,第三到四章;第二部分,第二章;第三部分,第三章。也可参见他的 *The Structure of Behavior*, trans. Alden L. Fisher (Boston: Beacon Press, 1963),尤其是第三部分。

一种含义,当我们开发新能力时,我们就会在行动中发展出"行动知识"(motor knowledge)或"身体知识"(bodily knowledge)。我们可以从蜘蛛侠身上看到这一点,他能高速运动,不用计算就知道该把蛛网射向何处,还能用他的蜘蛛感应来避免危险。我们还能在任何运动员身上看到,他们的身体"知道"该如何运动来完成动作,而不用对当下进行精密的科学分析。梅洛-庞蒂认为,这种身体知识是其他所有知识类型的基础,因为我们的身体就是以这种方式融合或适应世界的特殊环境。这类知识赋予我们一个世界,一种对那个世界的感觉,并且当我们的身体发生变化,能力和习惯有所提升时,这种感觉也随之发展。

变异、美德与恶

身体改变包括获得或失去对世界的知觉、感受以及行为方式。世界也在这些变化中有了不一样的显现。兴趣和感受让我们看见了从前视而不见的事物,新的能力让我们以新的方式去感知那些障碍或机遇。而身体的这些改变和其与我们对世界感知的相应变化,总是影响着我们的善恶,因为改变又包括了在现实状况中进行抉择。在它所呈现给我们的新机遇中,身体变异不仅仅关乎我们是**什么**,还关乎我们**应当**做什么,以及**不应当**做什么。身体变异转变整个人的方式,要求我们从整体来考察美德伦理学(virtue ethics)。①

身体变异本身并没有让蜘蛛侠成为一个超级英雄,就像诺曼·奥斯本获得了新能力并不意味着他就变坏了一样。这种变异不仅仅是身体组织的变化,还包括抉择、理性,以及新能力和新情况间的张力,他们在这之中找寻自己和从前的人格。为了充分发挥他的新能力,帕克必须不停练习,这样能力就会变为习惯,他的身体就真正汲取了成为蜘蛛侠所必要的运动知识。这种练习发生的具体境况,有时是他的主动选择,有时则是迫不得已。帕克选择不同的时机来使用新能力,这助长了他的美德,而非邪恶。与之相仿,奥斯本的新力量助长了他的邪恶,因为身体变异最早就是出自他的选择。

托马斯·阿奎那(Thomas Aquinas)(1225—1274)将美德描述为"力量的完满"。② 我们拥有一些天生的力量——情绪和欲望(比如爱、愤怒、快乐、悲伤);感觉和行动力;我们以各种方式认识事物的才智;我们思考、抉择的意志力。这些力量面向世界的目标,只有通过练习、形成习惯才能让这些力量达到它们自身的目标。诚然,认识自身的目标并将追逐目标付诸实践是艰难的。美德塑造、壮大我们的欲望,我们因此有意愿、被激励着去实现那些目标,并且我们的确有实现它们的能力。美德的发展需要某人提高他的身体能力和感受力,这样在特定的情况下,他的直觉就会告诉他该做什么[阿奎那称

---

① 关于美德理论,参见怀特(White)的《〈再多一天〉背后的争论》以及桑福德(Sanford)的章节《蜘蛛侠与讲好故事的重要性》,这两篇都收录在本册中。

② 在这一章中,我将采用托马斯·阿奎那(Thomas Aquinas)关于欲望或情绪、习惯、美德的讨论,见诸他的 Summa Theologiae 第二部分的第一部分,译者是英国多明我教省(English Dominican Province)的神父们。阿奎那对美德的定义,参见 I-II, q. 55。

之为审慎（prudence）］，这样一来，某人就有了美德行为所必要的身体知识和能力。

在抉择什么会带来满足和什么是正确的事之间，蜘蛛侠经历了一番痛苦的挣扎。他所做的每个决定都进一步地改变着他的身体能力、对世界的感知，以及增长他的善恶。他的决定对身体能力的改变在《蜘蛛侠2》里到达了极值，他的超能力在这一部中失而复得。我们在此看到了一个美德伦理学家和现象学家共同推崇的观点：道德不仅是单独的行为，而是整个人生的表现。我们同样可以在超级恶棍的人生中看到这种表现，比如章鱼博士的身体变异，和他脆弱、感性的意志以及丧妻之痛一并，让他难以践行正确之事。我们从中明白，身体变异可以极大地影响我们的性格变化，尤其是当改变完全控制住了我们时。

我们还从章鱼博士身上学到，无论良知被埋藏得有多深，它总能被重新挖掘出来。不过，最好的时机需要情感和欲望同理性的合作。理性无法通过条条框框来完全掌控情感，而是需要和人身上被动、不确定的地方——身体和情感——相互结合。所有这些都必须在人生的课程中得到解决——人也有转变立场的可能，正如我们在《蜘蛛侠3》中看到帕克堕入邪恶，也正如我们看到章鱼博士和沙人洗心革面一样。做出追寻善恶的选择需要新的身体能力，而选择本身又会产生新的身体能力，但选择不是既定的。人越为自己选定一条善恶的道路，他就越难以改变。

在阿奎那对人类本性中善恶的理解中，我们的情感和身体中消极、脆弱的方面十分重要。① 帕克无法选择自己的新力量；这些力量在一次恐怖的事故中被强加给他。但是，诺曼·奥斯本的超能力是抢来的，他有了新的身体能力，以及远超他力量控制范围的傲慢。奥斯本的内心挣扎表现出了伦理学家在抢夺权力中所看见的危险，这危险并不在于和我们生活中消极的、掌控之外的元素打交道。美德意味着你人生各方面的和谐统一；恶则是你人生的某部分被他人接管、摧毁的结果。当伦理学只关注条条框框和行动，而不关注我们的身体是不受控制的外力的作用对象这一事实时，伦理学就面临了邪恶，而奥斯本就屈服于了这种邪恶。同时，它也并未带给人们善的生活，更未带来一种接纳脆弱的满意人生，就像蜘蛛侠的人生那样。

重　任

彼得如何知道蜘蛛侠救人是件好事呢？绿魔认为，身体能力更强的人就该统治社会中的弱者，这听起来不无道理。那些身体能力更强的人似乎更了解世界，面临的阻碍也更少。或许能力越大，责任越大，意味着对自己负责，实现自己的目标，还要让自己的力量更强。但是蜘蛛侠不同意这个看法。他相信，对他人负责并不是因为这让

---

① 对阿奎那观点的这些方面，一个漂亮、强有力的讨论可以参见 Thomas Hibbs, *Aquinas, Ethics, and Philosophy of Religion: Metaphysics and Practice* (Bloomington: Indiana University Press, 2007)，尤其是第八章和第九章。至于美德伦理学的脆弱性的讨论，参见 Martha Nussbaum, *The Fragility of Goodness: Luck and Ethics in Greek Tragedy and Philosophy* (Cambridge, UK: Cambridge University Press, 1986)，尤其是第三部分。

9 更强的力量：英雄主义、邪恶与身体变异

他感觉良好，而是他的身体能力所赋能他、要求他的。在《蜘蛛侠3》里，傲慢地使用力量导致了悲剧，因为他的确感到有一种用所得力量服务他人的使命。只消想想他在无视一起抢劫并没能响应他人求助后，那显而易见的痛苦。

对善的呼唤的体验是涉身的，这种呼唤被绿魔之流，以及声称人的能力应该被用来统治他人的人忽略了。列维纳斯认可阿奎那和梅洛-庞蒂的观点，认为人生不仅是简单地搜集事实、按事实行事。身体和世界的互动包含了活着的感觉、对自身活力的感知，这关乎人活得快乐还是痛苦。当蜘蛛侠在曼哈顿荡来荡去，行超凡之事时，我们看见的不仅是他在道德范围内训练自己特殊的身体能力和知识，还有他全身心地投入活动和对剧烈的快乐或痛苦的体验中。这种全身心的投入，表现了这部电影独特的人性视角——即独特的身体视角，通过这些方式，我们的身体适应了享受人生或感受痛苦的情形。①

列维纳斯认为，快乐或痛苦对体验善的召唤有决定性的作用。②我们不仅是感受到自身的快乐或痛苦。相反，当我们遇见他人时，我们会报以同情，我们会对他们的快乐或痛苦感同身受。当我们遇见他人时，内心就将我们带至社会性的状态。他人痛苦之时，我们感到有帮助他们的使命——列维纳斯认为，在理想状况下——甚至牺牲自己的利益也在所不辞。列维纳斯将这种经验描述为"被他人取代"

---

① 列维纳斯在 Totality and Infinity: An Essay on Exteriority, trans. Alphonso Lingis (Pittsburgh: Duquesne University Press, 1969)的第二部分，以及 Otherwise Than Being or Beyond Essence, trans. Alphonso Lingis (Pittsburgh: Duquesne University Press, 1998)的第三章讨论了快乐。

② 对召唤幸福的讨论见诸 Totality and Infinity 的第三部分，以及 Otherwise Than Being 的第四章。

的一种情形，也就是将服务他人放在自己的利益之前。他认为，如果他人没有影响着我们的身体和情绪，没有唤起我们的责任，那么探索世界的语言或能力也就不可能存在。相反，我们会深陷自我；我们的经验会是幼稚不堪的，仅仅为了满足自己的需要。他认为，人类相互交流的事实显示出，我们首先重视他人，这种重视就是伦理学的本质。这是伦理学的使命，是所有善和人生意义的基石。

拒绝响应使命，就意味着没有意识到我们作为身体存在的一些基本事实：成为我们这样的人类是一种失败。尽管绿魔的观点恰恰与之相反，他早已被使命召唤了；他假装听不见，这让他自我矛盾。他人的存在让我意识到，我不能不受限制地取悦自己——一旦尝试，我的快乐就会荡然无存。蜘蛛侠在《蜘蛛侠2》里失去力量时体验到了这种使命，但他仍然义无反顾地冲进了一栋着火的建筑。在这里，我们看到这种使命的召唤会逾越人身体能力的界限。

帮助他人的使命是生活的一个要素，我们无法控制。蜘蛛侠说不准何时需要他的超能力出马，但当他人召唤时，他就必须响应。这种使命是我们行为所有意义的基础，因为它让我们从自身中抽离去融入社会。列维纳斯指出，一旦我们体验到了另一个寻求帮助的人的脸（face），我们就必须回应，但这不是盲目地回应，而是要审慎地考虑最好的回应方式。成功的回应需要美德的长进和与之相伴的身体能力的强化，这种道德进步永远不会真正结束。

人自身的完满不仅来自快乐，还常常来自痛苦的经历，也就是为他人牺牲自我。享受自己的身体能力、时刻为他人的需求做准备，这个循环是人类生活的荣耀之处——对善的追求使我们崇高。

一个女孩的故事

阿奎那认为，爱欲（eros），也就是诱惑之爱，让我们脱离自身，注目他者。它不仅是一股让我们爱慕他人的推力，还是一种情绪，让我们热忱，为更超越的，甚至神圣的东西付诸行动。梅洛-庞蒂指出，爱，尤其是性欲的爱，点缀了我们生活的每一个方面，包括所有表面上似乎毫不相关的身体能力和动作；爱是身体系统意义的一部分，是我们对世界其余理解的基础。列维纳斯说，浪漫的爱欲是危险的，因为它会让我们被他人的需求蒙蔽双眼，将之放在我们的爱人之前。但是，浪漫的爱欲让道德的善得以在未来继续，因为男女之间的性表达会让他们生儿育女，这些后代将继续肩负起对善的追求。

帕克对玛丽·简的爱有时会带来矛盾，因为他要响应他人的求助；但是，矛盾又是这个故事的另一个本质的人性方面，我们都苦苦挣扎在对善、对完满人生的追求当中。诺曼·奥斯本对儿子自私的爱蒙蔽了他的双眼，让他对他人的需求视而不见，帕克和他不同，他继续为美德而抗争，想要为自己对玛丽·简的爱和超级英雄能力在人生里找到合适的位置。他让爱带领自己响应更崇高的使命，而不是让爱蒙蔽他的双眼。这种追求总是混乱，总是不停息，它是追寻美德的重要部分，也必然涉及我们身体各部分的相互协调。

可见的是，第一部蜘蛛侠电影以帕克叙述他的故事是关于一个女孩的而开场，那个女孩是玛丽·简。他们爱情故事的戏剧性在于，彼得意外成了一名超级英雄，一个高尚的人。帕克做的任何事都伴随着性欲、爱欲的调性,因为那是人类的一部分,身体的一部分,如果某人要过一种真正善的、繁荣的生活,这种调性就必须要被考虑。

《蜘蛛侠3》的最后一个场景总结了,当我们思考人生的意义时,这些身体因素都扮演了重要的角色。帕克在同沙人、毒液的最终决战中检验了自己身体力量的极限。他在身体能力的语境中检验了善恶之间充满矛盾的张力,他发觉对他朋友们的爱既会让他失去自我,又会让他对他人的道德求助视而不见,这对他和他的朋友们来说都是巨大的损失。我们看见,他发现人生不只是关于制定和遵守道德规范,还有通过合理地运用理性和其他力量协调身体的各个方面。我们看见他极度痛苦,又极度快乐;我们看见他作为一个人茂盛地生长。蜘蛛侠的故事用生机勃勃的风格刻画了我们人生中这些矛盾、脆弱、感性、爱欲的真理,号召我们更加关注身体在人生中所扮演的角色,这样我们或许就能成为使命召唤的独一无二的英雄。

第四部分

我们这些蜘蛛：科技与人性的、太人性的

10
超人类主义：或，制造蜘蛛侠是正确的吗？

罗恩·诺维

> 经过了40万年的进化，我们甚至还未开启人类潜力的广袤。
>
> ——诺曼·奥斯本,《蜘蛛侠》

梅婶婶是个赛博格（cyborg）①人。她的视觉敏锐度远超桥牌俱乐部的其他会员。她能接触不计其数的存储信息，比她的祖先们要厉害得多。她可以随意控制身体的新陈代谢。就这样，梅婶婶奇妙地操控着本来普通的人类肉体——但这只不过是梅婶婶的又一个周日清晨，她呷了口咖啡，费力地透过双光镜读着《号角日报》。

眼镜、报纸、咖啡这类技术极大增强了梅婶婶年迈身体的机能。她可能还要注射胰岛素，装上了人造髋关节，服用百忧解②，一降温就急急忙忙穿上毛衣。可是就她身上所应用的任何集成技术来说，

---

① 赛博格指半生物半机械。——译者注
② 百忧解（Prozac）是一种精神药物，主要用于治疗抑郁症。——译者注

梅婶婶在皇后区（Queens）都不算个稀奇人。

很少有人会嫉妒梅婶婶能使用这些技术，但当我们想到人体增强（human enhancement）时，我们想到的可不是梅婶婶她们。在漫威宇宙的纽约，我们很可能会想到有着四条机械集成手臂的章鱼博士，或者服用了军事级超级类固醇的绿魔，或者将人类才智和爬虫躯体融合一体的蜥蜴教授（Lizard），或者——在正面的一方——还有那个拥有蜘蛛感应，吊在网上的体操选手。[1] 我们该如何理解故意改变人类身体（或者一个人类故意改变了他自己的身体），以获得这样的超能力呢？换句话说，制造蜘蛛侠是正确的吗？

增强引发的担忧

当代新兴科技（基因治疗、神经增强[2]、纳米技术、超级假体，等等）延伸了我们的认知，增强了我们的身体能力，它们已经超越了生物学概念中的人类，这在关于科技对人类福祉作用的讨论中加入了

---

[1] 在《蜘蛛侠》(2002)中，诺曼·奥斯本自测了"人类表现增强"。奥氏集团（Oscorp）开发的军用级"CX00009"让"啮齿目试验品"（rodent subjects）的力量增强了800倍，同时也导致了"暴力、攻击性和疯狂"。

[2] 神经增强（Neuroenhancement）是一种新兴技术，在健康人类身上采用药物，以达到增强特定大脑活动的目的。——译者注

独特的"生命政治轴线"(Bio-political axis)。① 在光谱的一端,我们找到了超人类主义(transhumanism)运动,它倡导人体增强技术的进步和使用。在光谱的另一端,则有"生物保守派"(bio-conservatives),他们批判这类技术的使用与发展。

超越普通人类极限的主动增强受到了许多批判,其中,三个相互关联的主题尤为突出:人体增强要求人扮演操控自然秩序的上帝;它会摧毁自由民主的基石,即人人平等;增强后的人被剥夺了他或她纯粹的人性本质。弗朗西斯·福山(Francis Fukuyama),他是总统的生命伦理理事会(the President's Council on Bioethics)前成员,超人类主义的批评者。他说,"我们不想破坏人类天性的统一性和连续性,随之还有基于此之上的人权"②。尽管出于好的意图,我们将会看到,生物保守派所表达的众多焦虑汇集成的绝望,是基于一系列关于人类、科技、自然的错误对立。

---

① "生命政治轴线"的概念挪用自 James Hughes's *Citizen Cyborg: Why Democratic Societies Must Respond to the Redesigned Human of the Future* (Boulder, CO: Westview Press, 2004)。Hughes 是伦理与新兴技术研究所 (Institute for Ethics and Emerging Technologies)的执行主管,该研究所孕育了许多超人类主义思想。

② Francis Fukuyama, *Our Posthuman Future: Consequences of the Biotechnology Revolution* (New York, NY: Picador, 2002). 对超人类主义的批评并不局限于政治权利;比如,参见 Jurgen Habermas's *The Future of Human Nature* (Cambridge, UK: Polity, 2003)。

人间造物主

> 任何十分先进的技术看起来都与魔法无异。
> ——亚瑟·C. 克拉克(Arthur C. Clarke),预测第三定律(Third Law of Prediction)

反对超人体增强的历史比章鱼博士的袖子长不了多少。在《理想国》(*The Republic*)中,格劳孔(Glaucon)和苏格拉底讨论了道德和正义的本质,他在对话中扮演着苏格拉底的陪衬。格劳孔认为,如果一个人有了隐身的本领,那么即便是最高尚的人都会变成魔鬼:

> 我们无法想象任何人能够本性不移,依然坚持正义。当他能毫发无伤地从市场里拿走任何想要的东西,没有人能做到不偷盗。他也无法克制自己随心所欲地出入别人的房子,想对谁说谎就对谁说谎,想杀谁就杀谁,随意释放任何囚犯。在方方面面,他都像一名人间的神一样。①

格劳孔在这里涉猎了人体增强的全部三种挑战:这个人会像"人

---

① 完整的"古各斯之戒"(Ring of Gyges)讨论可参见 Plato's *The Republic*, trans. B. Jowett ([Mineola, NY: Dover Publications, 2000], 2. 359a - 2. 360d)。这个主题在书籍和电影中经久不衰。比如,参见 J. R. R. Tolkein's *The Lord of the Rings* 三部曲,或是 H. G. Wells's *The Invisible Man*。

间的神一样"，会失去他的人性，会摧毁人人平等的观念。如果格劳孔是对的，没有人在得到了超常的力量——比如隐身或者发射蛛网后——还能不滥用它。严格来讲，是缺乏机会、害怕惩罚控制住了我们自私的——或者至少是自利的——欲望。有了超能力，这些限制就放松了，所以人类潜在的剥削、偷窃或一般作恶的欲望就被释放出来。那句名言可以被改编为，"能力越大，败坏越多"。

尽管蜘蛛侠或许是极端人体增强的典型，许多反对追求这类技术的声音在《蜘蛛侠》里的恶棍身上得到了彰显：主动的身体改造会导致犯罪或疯狂——或者，就像迈克尔·莫比亚斯博士（Dr. Michael Morbius）向"吸血鬼莫比亚斯"（Morbius, the Living Vampire）的转变那样，二者皆备。[①] 就像格劳孔可能会预测的那样，莫比亚斯企图脱离"自然"限制的努力导致他失去一切，除了一丝人性，同时，这让我们其余所有人退化到待宰羔羊的地位。

章鱼博士和蜘蛛侠一样，他们之所以能成为自己，得多亏对普通人体的根本改造：奥托·奥克塔维斯的小脑通过纳米线和四条强大、智能的机械手臂连在一起。其他类似的对普通人的改造是许多《蜘蛛侠》中反派背景故事的核心。蜥蜴教授、胡狼、莫比亚斯等人的存在，是他们试图让自己（通常是他*自己*）逾越"寻常人生"已知界限的后果。奥克塔维斯的狂妄自大使他将曼哈顿大多数人的生命置于水火之中；诺曼·奥斯本为追求利益放弃了安全草案，这让他失去了理

[①] 为了和自己罕见的血液病作斗争，曾获诺贝尔奖的生物化学家莫比亚斯，试图用独创的电击疗法和吸血蝙蝠来治愈自己。这个过程给他注入了许多传统上和吸血鬼相关的特征：强大的力量，包括飞行、吸血，等等。

智；柯蒂斯·康纳斯（Curtis Conners）通过努力成了蜥蜴教授，用爬虫基因来帮助自己重获失去的手臂。

蜘蛛侠和他的无赖敌人们一样，被彻底地改造了，但彼得·帕克将自己的基因结构和蜘蛛的基因结构相融合的方式却大不一样。彼得并非故意要增强自己——只是一个弱不禁风的高中小孩出现在了错误的时间、错误的地点。和奥克塔维斯、奥斯本不同，帕克是个正派的孩子，遵守社会的游戏规则。彼得变成蜘蛛侠后，他的品德也成了蜘蛛侠的品德。但是，奥托和诺曼有自己的野心，早已确信自己比其他人更优越。当他们让自己得以改变后，他们的品德也分别成了章鱼博士和绿魔的品德。他们的超能力清除了先前的许多障碍，帮助他们满足自私、自恋的欲望，这种欲望没有占领彼得的内心。

尽管没有否认滥用力量的可能性，但日渐壮大的超人类主义是由这样的信念支撑起来的，即合理地使用尖端科技可以显著地提升个体和集体的福祉，并且我们有追求这种进步的道德义务。正如当代哲学家尼克·博斯特罗姆（Nick Bostrom）所说，

> 超人类主义在世俗人本思维中有其根源，但是它要更激进，它不仅推崇改善人性的传统手段（比如教育、文化修养），还提倡药物、技术的直接应用，以期克服我们的一部分基本的生物极限。[1]

---

[1] Nick Bostrom, "Transhumanist Values," at www.transhumanism.org/index.php/WTA/more/transhumanist-values. 2003, last accessed June 19, 2010. 1998 年，Bostrom 与他人合作创立了世界超人类主义协会（World Transhumanist Association）（2008 年改名为"人类＋"［Humanity＋］）。2004 年，Bostrom 和 James Hughes 建立了伦理和新兴技术研究所。

超人类主义者欣赏科技手段的发展,既是为了让人类的力量尽其所用,也是为了扩张力量,即便这会让我们跨越所谓的人类极限。这些增强的可能性通常被视作药物、技术传统功用的延伸:改善身体、认知和情感上的健康,为跨越极限提供可能。简而言之,就是要发展漫画书里所说的"超能力"。

幸运儿

蜘蛛侠与他所打击的恶棍的不同之处在于,他将个人的品性置于转变之前。彼得·帕克是个谦逊的人,**意外**被蜘蛛咬伤才发生了变异,而大多数反派则始于极度的野心,他们是一群狂妄自大的人,**蓄意**要让自己成为"全能的神"。因此,超级反派的出现往往是人类在可能不该涉足的领域大施拳脚的后果。

在《蜘蛛侠》(2002)电影里,彼得·帕克被一只从哥伦比亚大学基因研究中心越狱的"超级蜘蛛"咬伤。[1] 这一咬没有引起坏死或神经休克,反而为我们未来的英雄添上了一些蜘蛛本领。这本会是个惨剧,鉴于文学作品中他那些前辈们的遭遇——回想一下安德烈·德朗布尔(Andre Delambre)在《变蝇人》(*The Fly*)里的命运,或者《变形记》(*The Metamorphosis*)里,高尔(Gregor)变成甲虫后萨姆沙

---

[1] 起初,那只蜘蛛是在一次科学实验里不小心吸收了"惊人剂量的辐射"(*Amazing Fantasy* #15, 1962),电影则将之改为,它是被故意进行了基因改造。

(Samsa)一家的反应。① 事实证明,彼得是个幸运儿。

咬伤彼得的蜘蛛经过基因改造,拥有了**巨蟹猎人蛛**(delana sparassidea)的弹跳力,**库库尔坎网蛛**(filistatidea kukukcania)的织网能力,还有草蛛(grass spider)[**漏斗蛛科**(agelenidae)下一种类别不详的蜘蛛]"近乎预知"的反应时间(著名的"蜘蛛感应")。超级蜘蛛的毒液将它突变的基因片段连接在彼得·帕克的DNA上,赋予他这些能力。除了受益于这些显而易见的"超能力",我们还看见彼得一夜之间从一个体重98磅的近视草包,变成了目光敏锐、拥有六块腹肌的查尔斯·阿特拉斯(Charles Atlas)。

奇怪的解放运动

我看见了一个不幸的人——那个由我创造的悲惨怪物。
——维克多·弗兰肯斯坦(Victor Frankenstein),
《弗兰肯斯坦》(Frankenstein)

在2004年的一篇文章《世界上最危险的想法:超人类主义》中,福山谈了一些对人类进行蓄意改造的批评,并将超人类主义描述为"一场奇怪的解放运动",旨在"将人类从其生物属性的束缚中解放

---

① 安德烈·德朗布尔是《变蝇人》(The Fly)短篇小说原著(1957)和第一版电影(1958)的主人公。在大卫·柯南伯格(David Cronenberg)1986年的重制版里,我们跟随科学家赛斯·布伦德尔(Seth Brundle)[由杰夫·高布伦(Jeff Goldblum)饰演]的脚步,目睹他成了"布伦德尔版变蝇人"(Brundlefly)。

出来"。① 蜘蛛侠、章鱼博士和绿魔的例子让福山对人体增强的批评显得十分苍白。福山认为,设计基因组织并将其植入人类,在某种意义上是强制此人实行设计者选择好的态度、生活方式,或者是职业,这个被植入者就没有了发言权。

我们可能会这样回应福山,由于每个人都必然有自己的基因组合,当他在无须他人代劳时将如此重要的东西交给运气,看起来似乎就不是很负责任了。在本可干预的情况下谢绝干预,意味着接受这样一种现状:我当中可能包含了本能完全避免的苦难。简单地替他一劳永逸摆脱烦恼不好吗? 在万事万物平等的条件下,大多数人显然都会认为,假如我们能够采取行动使生活更健康、运转更加良好,那么行动就是应该的。②

考虑一种特质,比如运动能力:某些增强可能会有优生的需求(比如,改造基因以避免关节炎的倾向,或者提高耐力)。③ 其他增强可能只会在出生后采取;这种改良可能只是做些简单的加法(某种类似于人工耳蜗的东西,可以用来扩大人的听觉范围,或是能调节内啡肽水平的胰岛素泵),或者完全替代身体某部分,就像已面世的人造

---

① Francis Fukuyama, "The World's Most Dangerous Idea: Transhumanism," *Foreign Policy* 144 (September-October 2004): 42-43.

② 尽管这种"可行能力"(capabilities approach)的哲学思想可以追溯到亚里士多德对人类繁荣的关切,经济学家阿马蒂亚·森(Amartya Sen)和哲学家玛莎·娜斯鲍姆(Martha Nussbaum)都对这一概念的当代化身和普及化做出了贡献。

③ 比如,ACE(angiotensin-converting enzyme,血管紧张素转化酶)的基因对有四种不同的结构。有两个"长基因"(long genes)的人比拥有两个短基因或一长一短基因的人,其肌肉工作效率更高。在其他条件相同的情况下,有长 ACE 的人的身体条件会更好。

髋部和人造膝盖那样。① 无论如何，它们都存在对个体能力的限制或延展。

福山将超人类主义称作"奇怪的解放运动"，那么作为回应，我们可能会说"没错，确实如此，但它也是件好事"。持之以恒地将自己从祖先的生物学遗传中解放出来，是人类历史的一个要件——从最初的尖棍，到现在的抗生素。福山认为，这种努力是要反抗"生物学的命运，这种命运来自进化过程的盲目、随机变异、适应，然后成为物种"，而我们该畏惧、避免这种行为②。恰恰相反，从人类科技和药物的发展轨迹来看，我们似乎无法避免地会继续突破人类能力、思想、情绪、寿命的极限，这不仅是注定的，我们还有实践它的义务。我们可能永远不会成为格劳孔所说的那种"人间的神"，但尽管如此，人类一直在不断地达到、拓宽这些极限，并且收获良多。

平等与生物学

> 这座城市里可能有八百万人。这些拥挤的人群活着只为一个理由，就是将少数杰出之辈拥上王座。你和我，我们都是不平凡的。
> ——绿魔，《蜘蛛侠》

---

① 2009 年 3 月，*Science Magazine* 宣布创造了一种"人造肌肉"（artificial muscle），它比人类肌肉组织要更快、更有力、更灵活；参见 Ali Aliev et al., "Giant-Stroke, Superelastic Carbon Nanotube Aerogel Muscles," *Science* 323 (March 20, 2009): 1575-1578.

② Fukuyama, "The World's Most Dangerous Idea: Transhumanism".

福山认为,超人类主义会破坏人人平等的传统启蒙原则。他这样写道,

> 权利平等的理念背后隐藏着这样一种信念,我们都拥有着人类的本质,先天的不足只是代表着不同,比如肤色、美貌、智力的不同。这种本质,和个体因这种本质而拥有内在价值的观点,是政治自由主义的核心。而超人类主义计划的核心就是要改造这种本质。①

如果福山是对的,那么人体增强对自由民主制就是一个巨大的威胁,因为对身体的彻底改造会从根本上改变我们的"人类本质"。福山在文中批判着对增强技术使用的拓展,他问道,"如果我们开始将自己改造成更高级的东西,那么这些增强后的生物享有何种权利?并且比起那些未经改造的人,他们又享有了何种权利呢?"他担心"超人类主义的第一个牺牲品就是平等"。②

从历史上看,人体生物学还从没有为政治上的平等观念做出过什么积极贡献。我们只消看看女人被视为财产的情形,还有被强制迁移的土著人(Native People)、种姓制度里"贱民"阶层的存在,以及种族隔离的维系,就能了解性别和肤色是如何成了社会和政治不平等的标记。福山认为,政治自由主义下的平等不仅意味着这样或那样的生物特征,而是拥有道德能动性:政治权利与身体差异无关。这

---

① Fukuyama, "The World's Most Dangerous Idea: Transhumanism".
② Ibid.

样看来，超人类主义似乎同样促进了平等，因为许多人都缺乏参与社会的能力——比如自闭症或者身体残疾——他们或许能够得以健全地参与到社会中去。

福山指出，增强技术很可能会带来分配问题，分配会不均衡地向发达国家和富人倾斜——电力、文化和冶矿业已经出现了这种情况。福山的批评并没有错。但是这种批评并不仅存在于增强技术身上，而是存在于诞生了诸技术的社会经济系统中。这种反驳实际上是将增强技术完全纳入传统的社会正义范畴，即分配和获取人类繁荣所必需的资源。

增强人类，制造怪兽

> 我不会作为怪物而死去。
> ——章鱼博士，《蜘蛛侠2》

我们（至少一部分人）的技术"改进"通常没什么争议，只要最后要么是恢复为正常人（如为退伍军人提供物理治疗和假肢），要么是让他赶上普通人（比如给近视眼提供眼镜，给口吃的孩子提供语言障碍矫正）。对许多人来说，当这些"矫正"涉及了强行改造心理或情绪状态时，事情就开始变得道德混乱了——考虑一下对小学生滥用利他林（Ritalin）的矛盾。当我们运用技术来改造自己，以突破人类能力的正常范畴时，事情就更加混乱了——想想那些被查出因滥用药物而丢掉奥运奖牌的运动员吧,他们使用人工类固醇来增强体质,或是用血液兴奋剂来提高耐力。无论是何种技术,增强在定义上都是一种修改现有系统的形式,因而总是受到早期设计的限制。毕竟,尽管彼得·帕克有了新的蜘蛛侠身体,他还是彼得·帕克。(所以他需要一个面罩!)虽然生物历史可能会限制某些选择(例如,一个未经改造的人类不能"织网,或者像抓苍蝇一样抓小偷"),但它无法决定什么是必然发生的(比如,我们都是 A 型人格,都留着 J. 乔纳·詹姆逊的平头发型)。因此,尽管物理学不会让东京出现哥斯拉(Godzilla),但基本的生物蓝图却可以同时诞生出小型壁虎和 9 英尺长的科莫多巨蜥。

那些担心超人类主义会破坏人类本质的人通常会有这样的想法,即我们的本性取决于人人共有的一组生物特征。所以,我们的躯体是"人类本质"的容器,因而是神圣不可改变的。不幸的是,只消瞥一眼《号角日报》圣诞派对上的员工们,你就会发现,人类基因池绝不是一成不变的——它在代际、人际中都有细微的不同。增强只是改变了程度,而非类别。

或许,对增强技术的担忧正是源于制造怪物的古老恐惧。僵尸,莫里博士(Dr. Moreau)的"孩子们",还有维克多·弗兰肯斯坦的造物,这些存在侵犯了人与非人的界限。尽管这些生物可能有怪物的外表(想想莫比亚斯和绿魔),可这并非他们所必需的。畸形——怪物的诞生——会吓倒我们的原因,正是福山所指出的:它造出的生物看上去像"我们",却拥有"它们"的灵魂。① 但是,任何如福山那样认

---

① 今天,"畸形"(teratogenesis)一词已经很少在医用胚胎学外使用了,它意在研究胚胎生长中产生的缺陷。

为彻底增强会毁灭人类本质的观点都是依赖于一些假设。或许最重要的是,人类本质的确存在,只有那些拥有这种本质的生物才享有平等的权利。由此看来,增强技术会创造出没有人类本质的怪物来——胡狼和蜥蜴博士不仅是超级反派,还是一群恶煞。

在漫威世界中,这样的假设很难得到认可:克里(Kree)和斯克鲁(Skrull)这些非人种族,还有阿斯加德的雷神(the Asgardian Thor)、机器人幻视(Vision)这些非人类——他们都被当作人来对待,就像对待生物意义上的同类一样。那些被机器部件、动物基因或其他任何东西增强的人类,被归为"英雄"和"恶棍"的方式与他们的非人或人类同族无异:行动是检验的标准。不是生物特征让人成为怪物,是行动。

反派的起源故事讲述了许多我们在技术增强人类上看到的风险——我们可以统计一下,与蜘蛛侠敌对的犯罪团伙要为多少死亡、袭击、偷窃、敲诈及其他乱七八糟的事故负责。但让他们成为恶棍的并非增强后的身体——毕竟蜘蛛侠是个好人。恰恰相反,造就绿魔、章鱼博士这些恶人的,是在将超人体增强植入人体时,混入了一些严重的道德瑕疵。

至于福山和格劳孔的第三个担忧——"扮演上帝"的邪恶,难道这不是人类科技一直在做的事情吗?我们为了繁荣而改变世界、改变自己。疫苗、高领毛衣、印刷机都是在掌控自然世界,和机械手臂、南瓜炸弹、杂交基因别无二致。这种想要改变世界(以及改变自己)的冲动,可能就是最接近于人类本质的东西了。

给玛丽·简造一口好牙

> 面对它吧,老虎①……你刚刚中了头奖!
> ——玛丽·简·沃森,《神奇蜘蛛侠》#42,1966

我们可以想象,玛丽·简·沃森并非一直以来都是那个美丽的红发邻家女孩,她和我们大多数人一样,忍受过长满痤疮、穿着吊带的尴尬年纪。为了治好痤疮,她找医生开了异维甲酸(Accutane);为矫正牙缝,她去做了正畸,戴上了中学生最畏惧的东西:牙套。

和沃森爸妈一样,其他家长也希望能改造掉自家孩子身上不好的地方,假如有的人条件允许却不愿意,可能还会遭到谴责。比起让孩子忍受下颌装上牙套的不适,如果物有所值,那么任何有责任心的家长都会选择一种无痛的方式来达到效果。同样,假如基因编辑是可能的,为什么我们不给玛丽·简一口不仅齐整还两倍抗磕的牙呢?或者一口永远不会沾上污渍的牙,无论她喝多少咖啡,在焦虑地等待试镜回复时抽多少烟,都能保持干净整洁。很难想象,为什么给玛丽·简制造一口好牙——或者"超级好牙"——会不合适,或者不那么义不容辞?如果超级好牙不行的话,那么超级力量如何?超级敏捷、超级视力,等等?那超能力呢?

我们会对强行改造感到不舒服,譬如彼得·帕克变成了蜘蛛侠,

---

① 老虎(Tiger)是玛丽·简对彼得·帕克的爱称。——译者注

奥托·奥克塔维斯成了章鱼博士。尽管如此,我们似乎有义务要推动至少一部分人体增强计划,这样梅婶婶、玛丽·简还有其他人或许都能过上更健康、幸福的生活。①

---

① 感谢 Dawn Jakubowski,Jacob Held 和 J. J. Sanford 给本文草稿提出了许多有益的意见。

11
极度克隆：关于克隆人类，克隆传说能告诉我们什么？

杰森·索思沃思 约翰·蒂姆

1994年7月，漫威发售了《蜘蛛侠之网》♯114（*Web of Spider-Man*），从此开启了漫画史上最长的故事——克隆传说（*Clone Saga*）。前情提要中，蜘蛛侠的克隆体传说早已死去，被尘封在世人的记忆中，但他突然活着回到纽约城。故事至少在第一年都还十分激动人心。对他记忆犹新的人想要知道他是如何活下来的；那些不熟悉他的人想要知道他是谁；然后所有人都想看看，他要对蜘蛛侠搞些什么名堂。如果你问今天的蜘蛛侠粉丝怎么看克隆传说，他们估计没什么好话要讲。这一部分要归咎于故事发展到第二年时开始有些拖拖拉拉，但主要是因为它不科学（说这话的可是一群能接受宇宙射线把普通人变成石头人的粉丝！）在这一章中，我们会仔细考察克隆传说是如何处理克隆的，这样一来，科学就从科幻中分离出来了。有了对克隆及其作用原理的清晰认识，我们就可以通过评估克隆传说中不同角色的反应，来揭示他们或他们的爱人是否为克隆体。

格温·斯黛西还活着……然后，呃……？！

尽管克隆传说发生在20世纪90年代，这个故事的根源可以追溯到1975年5月发行的《神奇蜘蛛侠》♯144。这一期漫画以格温·斯黛西的出现结尾——而她早在《神奇蜘蛛侠》♯121（1973）时就被绿魔杀害了！在接下来的几期漫画和《巨型蜘蛛侠》♯5（Giand-Size Spider-Man ♯5）里，彼得·帕克努力想要搞清格温怎么可能还活着。答案最终在《神奇蜘蛛侠》♯148中得以揭晓，内德·里德斯（Ned Leeds）向彼得解释说，这个格温绝对是一个克隆人。随着故事发展，我们明白了内德是对的，是彼得和格温的前生物老师沃伦教授——也就是现在的坏蛋胡狼——克隆了她。似乎沃伦以"做项目"为由让学生们捐献了细胞样本。[①] 无论他最初打算拿它们做什么，沉浸在格温之死的悲痛中的他选择用样本重新克隆了一个格温。随着故事线在《神奇蜘蛛侠》♯149中渐渐收尾，我们知道沃伦还为了向彼得·帕克邀战克隆了蜘蛛侠。这场争斗的结束，源自克隆格温使沃伦教授对自己的行为产生了懊悔之情。然而这懊悔来得太迟，克隆蜘蛛侠和沃伦一起在他事先安排好的爆炸中死去。这条故事线的最后一个场景在《神奇蜘蛛侠》♯151中落下帷幕，蜘蛛侠将克隆的尸体扔进焚化间的烟囱。再见了，克隆蜘蛛侠……至少看起来如此。

---

① *Amazing Spider-Man* ♯148 (1973).

11 极度克隆：关于克隆人类，克隆传说能告诉我们什么？ 169

任何一个蜘蛛侠的长期读者都知道，事情没那么简单，事实证明这次也不例外。许多年来，彼得都以为自己已经摆脱了克隆体的麻烦，但当他去医院探望梅婶婶时，却和自己的克隆打上了照面。① 在例行公事地打上惊天一架后，克隆解释说他现在的名字是本·莱利（Ben Reilly）——混搭了彼得叔叔的名字和婶婶的原姓。② 他们发现彼此可以和平共处，本随即决定要留在纽约。为保护彼得的身份，本给自己创造了一个超级英雄身份——猩红蜘蛛（Scarlet Spider）。在他登场后不久，我们会发现，他并非沃伦教授制造的首个蜘蛛侠克隆体——还有一个叫作凯恩（Kane）的男人。③ 凯恩是一个"不完美的克隆体"，极度畸形，并且他的细胞一直在衰退。为了减缓衰退，他穿着一件经化学处理的战衣。④ 随后，故事线变得愈来愈复杂：玛丽·简怀孕了⑤，还出现了第三个克隆体——灭蛛（Spidercide）⑥，并且有名科学家声称，我们所熟知的彼得·帕克实际上是个克隆，本才是货真价实的本体。⑦

事情的荒谬在极度克隆（*Maximum Clonage*）这条线达到了巅峰。在这个故事里，彼得对自己是克隆体感到极度失望，于是他和胡

---

① *Web of Spider-Man* #114 (1994).
② *Web of Spider-Man* #117, *Amazing Spider-Man* #394, *Spider-Man* #51, *Spectacular Spider-Man* #217 (all 1994).
③ *Web of Spider-Man* #118, *Spider-Man* #52, *Web of Spider-Man* #119, *Spider-Man* #53 (all 1994).
④ *Web of Spider-Man* #120, *Spider-Man* #54, *Web of Spider-Man* #121, *Spider-Man* #55 (all 1995).
⑤ *Spectacular Spider-Man* #220 (1995).
⑥ *Spectacular Spider-Man* #222, *Web of Spider-Man* #123 (both 1995).
⑦ Ibid.

狼联手攻击本·莱利。幸亏在最后，彼得及时醒悟，帮助本一起对付了成百上千的蜘蛛侠克隆军团。① 克隆传说终于迎来了尾声，并向我们揭露：诺曼·奥斯本（绿魔）还活着，而且操纵了克隆传说里所有的事件。本·莱利死于与绿魔的最终大战，他化作了一摊灰烬。② 这让彼得确信自己并非克隆人，他的人生悲剧进入下一阶段，这次与克隆无关。

关于克隆的惊天大秘密

在开始评价克隆传说里关于克隆的观点前，我们得先搞明白克隆究竟是什么。一般而言，克隆意味着制造出与原个体拥有完全相同基因的细胞或组织。克隆分为三种——分子克隆（molecular）、治疗性克隆（therapeutic）和生殖克隆（reproductive）。分子克隆是一种常用的实验技术，主要用于针对DNA片段的实验。分析特定DNA片段在经过分离、扩增后往往会更加容易。一旦确定了基因和它的位置，它就会被从其他DNA中分离提纯出来。接下来，DNA片段会被剪接到质粒里，也就是细菌之间自然传递的一小段环状DNA片段中，这样一来，DNA片段就会进入细菌内。然后，细菌会在培养皿中生长并同时继续复制DNA。当细菌生长到足以产生合适数量的DNA时，它们就会被收集起来进行研究。分子克隆扩增后的

---

① *Amazing Spider-Man* #404 (1995).
② *Amazing Spider-Man* #418 (1996).

DNA有许多用途。比如，可以进行DNA测序来确定核苷酸的确切顺序。这能帮助法医进行基因指纹分析——也就是DNA检测。

尽管在这里，科学元素只是为了维护漫威的伟大传统而非真实性，蜘蛛侠的头号死敌之一，蜥蜴教授的起源，就为解释分子克隆提供了一个相近的例子。蜥蜴教授本名柯蒂斯·康纳斯（Curtis Connors），在军队服役期间失去了一只手臂。他后来成了一名研究技术员，在工作期间，他痴迷于研究爬行动物的断肢再生能力，希望能让自己的断手再生。他开发了一种来源于爬行动物DNA的试验性血清。爬行动物的DNA被分离出来，放入血清，血清又将新的DNA植入他的身体，就像实验中的质粒和细菌那样。柯蒂斯的胳膊在他注射血清后成功再生，但是这个过程也将他变成了一只蜥蜴怪物。[1] 这就仿佛细菌占据了质粒，将克隆的产物和原生DNA糅杂在一起。

治疗性克隆通过制造胚胎以获取研究所需的干细胞。干细胞不是用来克隆成人，而是要学习他们成长的早期阶段，希望能够从中找到治疗阿兹海默症（Alzheimer's）或帕金森综合征（Parkinson's）等疾病的办法。产生治疗性克隆的过程通常被称作体细胞核移植。它是这样运作的：取一颗女性的卵细胞——那些生理卫生课没好好听讲的，卵细胞就是卵子——将它的细胞核移除，包括DNA。接着从同类的成年细胞中取出DNA，将它植入卵细胞中。接着，卵细胞要么经过化学处理，要么给它施加一个小的电荷，假如过程顺利，你就会拥有一个早期胚胎，它可以生长，产生干细胞。干细胞在分裂后不到

---

[1] *Amazing Spider-Man* #6 (1963).

一周内就会成熟,此时的胚胎就是一大团细胞,但它们不会像自然观念里那样接触到子宫。① 研究者会引导这些干细胞生长为多种不同的组织和器官。②

在生物实验室外,讨论最广泛的类型莫过于生殖克隆,克隆传说里出现的就是这类克隆。生殖克隆最著名的案例是克隆羊多莉(Dolly the sheep),她诞生于1997年,恰好是克隆传说结束的第二年。诞生多莉的生殖克隆和治疗性克隆的初始阶段相同:将卵子的细胞核去掉,替代成新的DNA,再加入化学物质或电荷,形成胚胎。几天后,干细胞不会被从胚胎中移除,而是让它生长一段时间,再植入代母的子宫里——代母不需要和胚胎有任何亲缘关系,她可以是自愿代理,也可以是捐卵者。如果成功的话,代母会等到胎儿足月,再将它生产下来。③

---

① 在这里描述细胞的多少并不是想要暗示这个过程的道德性。人类治疗性克隆的道德(不)可接受性建立在三个超出了本文讨论范围的问题之上。首先,这一堆细胞该被视作人类吗? 其次,杀人有没有可能是道德上可接受的? 第三,假如前两个问题的答案是肯定的,那么治疗性克隆是否让杀人变得正当了呢?

② Kathi Hanna, "Cloning/Embryonic Stem Cells," www. genome. gov/10004765, accessed September 20, 2009.

③ Deborah Barnes, "Research in the News: Creating a Cloned Sheep Named Dolly," http://science-education. nih. gov/home2. nsf/Educational + Resources/Grade + Levels/+ High + School/BC5086E34E4DBA0085256CCD006F01CB, accessed September 20, 2009.

游戏生命——克隆传说关于克隆搞错（对）了什么

现在我们清楚了克隆的含义，这和克隆传说有何联系呢？首先，我们得承认克隆传说是一部科幻作品，在它创作的年代，还没有任何记录在案的利用成年哺乳动物细胞进行体细胞核移植的实验。我们不能期待漫画作者在细节上万无一失，但我们可以用故事中的一些科技案例来说明，克隆在真实世界里是如何运作的。

在克隆传说里，胡狼/沃伦教授想办法从彼得和格温身上取得细胞样本，将它们放入一个"克隆箱"里，过了不久，一个有着本体近期记忆——和发型——的克隆原封不动地诞生了。① 我们可以将克隆箱视作某种人造子宫（不管"箱子"的消极含义！），但这是不可能存在的。如果这发生在真实世界，克隆细胞应该要从试管里转移到人类（或母羊）的子宫里，并且胚胎的生长速度应该和它的普通同类相同。这意味着，沃伦要等待9个月才能看见他的克隆体诞生，并且它生出来时应该还是个婴儿。和你预计的一样，那个婴儿的生长速度和它的正常同类相同，这对蜥蜴教授来说，麻烦可真是一桩接一桩。他不仅需要抚养一个小孩，而且当克隆格温长到适婚年龄时，他说不定已经翘辫子或是变成老头子了。抛开年龄问题不算，沃伦没办法保证这个克隆体的外貌会如他所愿。就算是同卵双胞胎，也会在外貌上有些细微的差别，并且基因完全相同的小牛通常也会有不同的

---

① *Amazing Spider-Man* ♯148 (1975).

花纹和斑点。

比起预期克隆体和本体拥有完全相同的外表,更糟的是预期克隆体在继承基因的同时也继承了本体的记忆。记忆不会随着DNA一起传递下去;要不然,我们天生都会拥有父母生活的一部分记忆,还有他们父母的记忆,等等,一直到亚当第一次瞥见夏娃的记忆。格温的克隆会和所有婴儿一样,在成长的过程中建立起自己的身份认知。克隆体之间也不会有神秘的感应,他们不会分享想法,不会做相同的梦。这纯粹只是科学幻想。

你可能没注意到克隆传说还搞错了两件事,即克隆体成功诞生的概率及克隆的代价。这是最前沿的科学,要做的实验多如牛毛,而失败的案例也比比皆是。多莉是277次克隆羊尝试后唯一诞生的小羊之一。① 即便我们预计人类克隆的成功率和多莉一样,沃伦也必须为所有卵子找到捐卵者,当然还要为成功分离的克隆找到代母。这个计划要有保险公司来担保,而且还涉及一辈子的承诺——这可不是你能偷偷摸摸趁周末在大学地下室做成的事。

显然,漫画书创作者的经费是个有意思的话题,比如"快乐的"杰瑞·康威(Gerry Conway),还有他的编辑,"传说中的男人"斯坦·李(Stan Lee),以及90年代那群值得尊敬但又难以形容的创作者们。除此之外,我们还不亦乐乎地纠正了,你们聪明读者眼里那些对克隆愚蠢的误解。也就是说,我们并不是盲目地跟从漫画传奇们的脚步,因为我们每个学期都能在生物课上为大学生们千奇百怪的观点而捧腹。空气中满是关于克隆的误解,所以我们有必要花时间来澄清

---

① Barnes, "Research in the News: Creating a Cloned Sheep Named Dolly".

真相。

我们已经强调了漫画书作者所犯的错,现在是时候说说他们做对了什么,来为他们正名。克隆传说里有个十分戏剧性的场景,科学家揭晓彼得·帕克是克隆体,根据血液检测,本·莱利才是本体。① 对于克隆科学的这一方面,作者们处理得完全正确。每个蜘蛛侠都有相同的核 DNA,但是他们的线粒体 DNA 序列不会相同。线粒体 DNA 来自捐出的卵子,又因为彼得·帕克没有在世的血亲,这个捐卵者不可能与他有相同的线粒体 DNA。如果本和彼得都贡献一份血液样本,拿来和克隆前的蜘蛛侠的样本作对比,该样本的线粒体 DNA 应该很轻松就能与两名蜘蛛侠中的一人匹配上——找到蜘蛛侠的血液样本并不算难,想想他在职业生涯中洒下了多少热血吧。

彼得和他克隆体的相似点是另一个正确之处。克隆和他的本体在基因上互相联系的方式与同卵双胞胎相同,尽管他们处在不同的年纪,线粒体 DNA 也不一样,除非克隆体的代母②是克隆本体的血亲。自然出现的同卵双胞胎从父母双方那里各取一半的核 DNA,而克隆体的核 DNA 全部来自本体。漫画作者没搞错这一点。人见人爱的爬墙者将本·莱利的尸体扔进了焚化炉,说道:"再见,兄弟。"③

---

① *Spectacular Spider-Man* #226 (1995).
② 此处应指捐卵者。——译者注
③ *Amazing Spider-Man* #151 (1975).

克隆的价值

现在我们已经拆穿了大众对克隆的许多错误认知,可以开始评估,当故事人物得知自己或身边人是克隆体时,他们的反应是否理性、是否合理。记住一点很重要:这些角色和现实生活中的人一样,不是为了行动而行动。克隆传说中人物的行为方式,暗示了他们对何为克隆、如何对待克隆的信念。所以,为了分辨谁的行为合理,谁的不合理,我们不能仅仅关注行为,还必须要评价人们的潜在信念。

光谱最消极的一端是凯恩,他是最早的蜘蛛侠克隆体,内心充斥着自我厌弃。在克隆传说中,凯恩唯一的目标就是杀死其他克隆体,以及所有与他的诞生相关的人。凯恩最早的故事可以追溯到一共3期的迷你系列《蜘蛛侠:失落岁月》(Spider-Man: Lost Years)(1996)。其间他一直在追杀本·莱利——这个隐喻在克隆传说里多次出现。他还屡次想要杀死克隆他的沃伦教授。但是,他没有和普通人打架的兴趣。他早期登场时曾逃避了和彼得的战斗,与此同时,尽管他已经作出了好几次杀死本·莱利的尝试。[1] 同样地,他唯一一次追求玛丽·简(一个容易得手的目标)就是为了取得她的卵子,来确认她不是克隆人。[2] 凯恩少量的对话都集中显示了他终结一切克隆生命的根本心愿。在《蜘蛛侠:救赎》(Spider-Man:

---

[1] *Web of Spider-Man* #123 (1995).
[2] *Web of Spider-Man* #124 (1995).

Redemption)♯4(1996)里,这心愿化作了现实。他从着火大厦里救出了所有人,唯独没有本·莱利。凯恩说,他要和本"同归于尽"。

彼得对克隆的态度没有凯恩那么暴力、富有自杀性,但也不怎么积极。当科学家告诉彼得他是个克隆人时(后来证明,这是错的),他怒火中烧。他逃离他的妻子,告诉本他失去了一切。① 彼得痛苦万分,以至于他和胡狼一起去追杀猩红蜘蛛,因为他错误地相信所有克隆人都不应该或不可能是好的。彼得这种信念的进一步证据可以见诸他是如何在《神奇蜘蛛侠》♯149(1975)中对待假死的蜘蛛克隆。彼得通常会认为,所有他以蜘蛛侠身份参与的战斗的死伤都是他的责任,但他唯一只对蜘蛛克隆动了别的念头,他意识到他需要销毁尸体来保护自己的秘密身份。

但是,本和玛丽·简都不认为克隆人有什么错。当彼得沮丧地面对自己是克隆人的消息时,玛丽·简则试图安慰他,告诉他这不会改变什么。他们依然相爱;他们仍然做记忆里会一起做的那些事,这些事才是真正重要的。② 她无数次提议要回到克隆事件之前的生活,因为没有理由不这么做。本和玛丽·简的反应相同。他不想要彼得的人生,他觉得除了自己已有的事物之外,他对别的东西毫无兴趣。

凯恩和彼得、玛丽·简和本,他们之间谁是对的?在《厌恶的智慧》("The Wisdom of Repugnance")中,利昂·卡斯(Leon Kass)对克隆人类提出了一个驳论,它捕捉到凯恩和彼得反应中的哲学基础。

---

① *Amazing Spider-Man* ♯404.
② *Maximum Clonage Omega* (1995).

卡斯首先指出，大多数人对克隆的本能反感是合理的。他认为，人们之所以会作出如此反应，是以为克隆不仅是错的，而且错得离谱，以至于"要表达它，那就超越了理性的力量"。① 在这个意义上，他认为克隆和父女乱伦、兽交同属一类（事实上，卡斯认为大多数克隆都会变成**乱伦**）。如果卡斯是对的，那么就能解释为什么在别人试图和彼得、凯恩讨论克隆时，他们俩只是嘟嘟囔囔、哀号乱叫，而不讲道理了。②

尽管理性无法解释克隆有何不对，卡斯依然继续提出驳斥。他说，克隆否定了克隆体的人生意义，因为克隆人和他们身边的人会意识到，他们的基因"已经活过了"，这会让他们通过参考本体的人生来期待自己应该如何生活。假如是这样，那么克隆人会认为自己的人生没有独特的意义，而是假借了他人的意义。无法建立起自己的人生意义是如此之恶，以至于卡斯坚持认为，克隆人绝不能被制造出来。③

对于卡斯来说，他人对克隆体的期待同克隆体对他自身的期待密不可分：

> 这个孩子被赋予了一组早就生活过的基因，它对过去生活的蓝图有着完整的期待，而这期待本应基于未来。克隆本质上就是独裁的，它想要按照某人自己的模样（或者他所选择的模

---

① Leon R. Kass, "The Wisdom of Repugnance," *New Republic* 216, no. 22 (June 2, 1997): 17-26.

② Ibid.

③ Ibid.

样)来制造自己孩子(或别人孩子)的模样,孩子的未来也全部以他的意志为转移。有时,别的事情也可能是恶意满满、彻底残暴的。但是独裁——用自己的意愿控制别人——它必然如此。①

当克隆人的行为方式存在于他人的期待中时,他会想要去实现这些期望,假如他碰巧与本体有相同的爱好或愿望,这会让他人更加期待二者行为的相似性。② 这种身份混乱引起的痛苦是如此之大,以至于在卡斯看来,让这种人诞生是极度的错误。

彼得和凯恩的反应背后,深藏着与卡斯观点相似的东西。凯恩想要杀死所有的彼得克隆,但他不想彼得受伤,他认为,自己和其他克隆人的使命就是效忠彼得。同样地,当彼得被告知自己是克隆体时,他认为自己失去了一切。无所谓他是否有个爱他的妻子,也无所谓他是否一直以来都是个英雄。彼得的人生忽然之间属于了本。凯恩和本选择和卡斯站在一边,但他们拓宽了卡斯的结论,不仅克隆人不该出生,杀死或攻击克隆人也是道德上可允许的。

但是,本和玛丽·简对克隆没有意见,阅读当代哲学家格里高利·彭斯(Gregory Pence)的作品可以帮助我们理解他们的想法。彭斯不同意卡斯关于克隆的基因已经生活过了的观点会对克隆构成反驳。为了说明这一点,彭斯设想了两个同卵双胞胎,他们 99.9% 的基因都相同。卡斯所说的那种人们加于克隆人身上的期待,也存

---

① Leon R. Kass, "The Wisdom of Repugnance," *New Republic* 216, no. 22 (June 2, 1997): 17-26.

② Ibid.

在于双胞胎身上。许多(愚蠢的)人相信,同卵双胞胎肯定会有同样的喜厌、品位,也会对未来有相同的期望。如果卡斯的观点正确,即这种期待使克隆人不该被制造出来,那么似乎他也应该会赞成,一旦母亲怀上了同卵双胞胎,就该立刻终止妊娠(或者他至少要承认,生双胞胎是不对的)。问题不在克隆人本身,而是在那些对他们指手画脚的人身上。这些人将个体的基因和身份混为一谈了。

在彭斯看来,卡斯的驳论也未能考虑到克隆人对自身的期待。一个相信自己应该和本体有同样喜厌、品位和未来期望的克隆人是不可理喻的,就像相信同卵双胞胎会有相同的信念一样荒谬。① 当玛丽·简告诉彼得他是个克隆体并不会改变生活中一切时,彼得混淆了这些区别。本表现出的震惊暗示着,彼得似乎认为,假如自己是本的克隆体,那么自己的生活就掌握在本的手中了。

根据彭斯的观点,任何企图区分克隆人价值和本体价值的尝试都会落空,因为真正严肃的区别是关乎本源的。然而,这个理由无法合理地说明为何要区别对待二者。卡斯那种想法——克隆是不对的,普通人会为此困扰,会对他们有不合理的期待——就和认为跨种族夫妇不该生孩子一样。这种类比是很清晰的。有些人会抵触混血儿童,会对他们有基于错误认知的预期,但那是种族主义者的问题,不是混血儿和他们爸妈的问题。克隆人也是一样。

这个论证可以进一步扩展,覆盖到卡斯对克隆人的担忧。他担心他们会对自己有相似的感受。这些克隆人就像混血儿,有着消极

---

① Gregory Pence, *Medical Ethics: Accounts of the Cases That Shaped and Define Medical Ethics*, 5th ed. (New York: McGraw Hill, 2008), 147.

的自我认知。我们不会认为这种错位的自我认知真的要在本质上归咎于他们的混血,而是希望他们能有朝一日克服消极的自我意识。这样一来就十分明晰了,卡斯所有的担忧都存在一个问题,即他并没有说明为什么克隆人或者克隆本身有什么不对;相反,他只展示了对克隆的无知会导致不合理的期待,这会带来有害的后果。这使得花时间来纠正错误的信念更加重要了,譬如我们先前讨论的那些,无论它们听起来有多蠢。①

凯恩和彼得厌恶自己,认为自己低等、毫无价值,这是因为他们对道德价值的认识是歪曲的。玛丽·简和本意识到,一个人的人生成就了什么才是重要的,基因来源与道德价值无关。他们意识到,凯恩和彼得的自我厌弃是不理性的。如果克隆不对,那么我们就必须跳出克隆传说,看看别的论证是什么样的,然后搞清楚它究竟为何不对。

游戏结束

所以,忠实的信徒们,我们学到了什么呢?对于初学者来说,我们知道杰瑞·康威在20世纪70年代创作克隆传说原著时,对克隆人的理解出乎意料地正确。的确,沃伦教授可以获取足够多的基因样本来制造格温和彼得的克隆。他还正确地理解了彼得和克隆人之

---

① Gregory Pence, *Medical Ethics*: *Accounts of the Cases That Shaped and Define Medical Ethics*, 5th ed. (New York: McGraw Hill, 2008), 143.

间的关系——兄弟。他犯的一部分错也无可厚非。比如,人造子宫是可行的,尽管它们目前还没被发明出来。我们还知道,考虑到克隆传说的出版时间已经很晚了,20世纪90年代的克隆传说作者们弄错了挺多事情。比如,认为克隆人会加速生长到本体的年纪就有些荒谬了。鉴于彭斯十分轻易地就反驳了卡斯的观点,我们还明白凯恩和彼得在得知自己是克隆人后的反应是不理性的。然而,这并不意味着生殖克隆人类在道德上是允许的这件事已成定论。

本章仅仅展示并回应了一种对人类生殖克隆的反驳——尽管它是最常见的反驳之一。除此以外,还有许许多多的反对意见。有些人认为这不自然,所以不道德;另一些人从神学角度出发,认为我们不该僭越上帝创造的繁衍过程;还有些人认为,克隆会为社会带来一些被他们视作有害的影响,比如同性恋和单身女性可以更轻易地拥有后代,或许还会出现人兽杂交的产物。

但是,还有些观点认为人类生殖克隆不仅是可允许的,而且还会带来真正的道德福祉。这些福祉包括让不孕不育的夫妇拥有后代,确保孩子不会患上父母的遗传性疾病。自由主义者还呼吁,人们想拿自己的基因怎么样与政府无关。这个议题的正反方观点都有无数的漏洞。

研究这些论证和驳论并决定孰对孰错是你自己的事。假如只是我们两个人站在斯坦·李肥皂盒(Stan's Soapbox)里教你如何思考,那还有什么意思呢?①

---

① 我们想要感谢 Ruth Tallman,她对这篇文章提出了许多出色的建议。

第五部分

你友好的邻居蜘蛛侠

12
正义还是爱情：蜘蛛侠可以在维护正义的同时和玛丽·简谈恋爱吗？

查尔斯·托利弗　特利西娅·利特尔

> 我是谁？你真的想知道吗？我的人生故事可不是说给胆小鬼听的。如果有人说它是个快乐的小故事……如果有人告诉你，我和你们一样是个普通人，无忧无虑地活在世上……那他一定在说谎。
>
> ——彼得·帕克，《蜘蛛侠》

在漫画(从《神奇蜘蛛侠》♯42开始)和电影(从第一部《蜘蛛侠》开始)中，玛丽·简·沃森(MJ)给彼得·帕克带来了一系列挑战，这不局限于作为彼得自己的彼得，也涉及作为超级英雄蜘蛛侠的彼得：奉正义之名的英勇战斗，彼得/蜘蛛侠和玛丽·简浪漫、稳定的伴侣关系，这二者是否兼容？一旦蜘蛛侠的敌人意识到玛丽·简是他的伴侣，她就会立刻陷入危险。所以，让MJ处于如此危险的情形是否公平、是否正确？

为正义而战的使命是否比浪漫、稳定的伴侣关系更重要？电影和漫威漫画都没能给出一个清晰的回答。1987年的答案似乎是"没错",因为在《神奇蜘蛛侠》第1卷年刊♯2里,彼得和玛丽·简喜结连理(她把自己的姓改成了沃森-帕克)。可他们的生活和幸福时常受到威胁。2007年,蜘蛛侠半信半疑地同梅菲斯特(Mephisto)达成交易以挽救梅婶婶的性命,玛丽·简关于婚姻的记忆(显然)被清除了。我们甚至会怀疑,这段婚姻真的发生过吗?《神奇蜘蛛侠》♯545就讲述了一段不同的过往,在这里,我们的英雄和玛丽·简被告知,他们从来就未曾成为夫妻。

如果我们转向电影,《蜘蛛侠3》的结尾显示,在蜘蛛侠将MJ从沙人手里解救出来不久后,他们似乎又重归于好。尽管玛丽·简和彼得破镜重圆,两人可能都在思考这段关系究竟能否走到最后。或许毒液这样的人会再次绑走玛丽·简。或许蜘蛛侠没能成功救下她,或许他打击犯罪失败了,又或许他会在另一项家庭责任上失职:照顾梅婶婶。玛丽·简和蜘蛛侠还可能会有孩子,他们也有可能会成为蜘蛛侠敌人的目标。

蜘蛛侠和玛丽·简在爱情和对正义的追求之间苦苦挣扎,这就是南非最著名的种族隔离反对者内尔森·曼德拉(Nelson Mandela)谈及的普遍问题的一部分。曼德拉坚称,每个人都对她的家庭有义务,同样的,也对她的共同体有义务。在一个正义的社会里,曼德拉认为这两种义务都能得到履行。但是在不正义的社会里,同时履行二者是极端困难的,甚至有时是天方夜谭。蜘蛛侠和玛丽·简为不同义务(潜在)间烦不胜烦的张力提供了例证。

正义优先

> 你总是这么神秘兮兮的。告诉我,如果让玛丽·简知道了你有多在乎她,那不是很危险吗?
> ——梅婶婶对彼得·帕克说,《蜘蛛侠》

> 你现在明白为什么我们不能在一起了。蜘蛛侠总是有敌人。我不能让你冒这个险。我永远都会是蜘蛛侠。我们永远不能……
> ——彼得·帕克对玛丽·简说,《蜘蛛侠2》

想象你深深地爱上了帕·沃森(一个中性名字,我们称他/她为PW),而且这感情不是单箭头。你或许不是个超级英雄,但你娴于武术。某天晚上,你俩溜达在去你公寓的路上,手牵手,然后目睹了一场激烈的争吵。你认出攻击者是个亡命之徒,手握尖刀,还曾手刃过他人。他正在袭击你多年的同事克里斯。你和克里斯**并非朋友**;你们也不讨厌对方,只不过没有什么强烈的友谊或羁绊罢了。

现在请考虑三个场景。

选项A:你和PW继续往前走,但是立马报了警。你不知道警察是否会及时赶到救下克里斯。

选项B:为了确保PW的安全,你前去营救克里斯,并将攻击者缴械。警察赶来后,你把他交了出去。很显然,因为警察来得很慢,如果你没有介入,克里斯可能已经被杀害了。

选项 C:为了确保 PW 的安全,你前去营救克里斯。你设法让克里斯成功脱逃,但是在此之中遭到了致命一击。你仍然设法控制住了攻击者,这样一来警察就能逮捕他,但是之后你死在了 PW 的怀里,他/她告诉你他/她深爱着你。

选项 A 大概是道德上可接受的。在基蒂·吉诺维斯(Kitty Genovese)案里,你会做得比那些旁观者更好。当她被杀害时,他们只是默默看着,没有人报警。选项 B 显然是最好的,因为它的效果最佳,既救了人又行使了英雄主义,但我们无法在现实生活中确保它的后果。你有多大把握能确保(手无寸铁的)自己击败持刀的歹徒?即便如此,这种为正义而战的愿望或使命虽然是以成功为目标(B),但难道不是同时意味着要冒死亡(C)的风险吗?如果结局是 C,那么 PW 和他人不是自然地会视你的牺牲为英雄行径吗?

若是如此,那么这就是一个爱情次于正义的例子了。救下一个和你毫无浪漫关系的无辜民众大概(如果你是英雄主义)不可避免地要牵涉牺牲生命,还可能会牺牲掉你和 PW 长期的恋爱生活。我们相信,英雄会把 B 当作目标并且接受 C 的可能,无论你是否有能力行使正义,无论这能力是主动习得(多年的训练培养了你的武术技巧)还是偶然获取(高中时你被蜘蛛咬了,并非出于已愿,你突然间拥有了战斗技能)。我们都会说,这是"英雄的决定",尽管选项 A 没有错,我们还是会认为,对那些只是想做正确事的人来说,选择 B 同样也是正确的。

正义有时会胜过爱情,因为做正确的事可能会将爱情置于危险之中。如果你选择 B 但以 C 收尾，PW 可能余生都会仍然爱着你（所以，在某种意义上，她的爱情仍然存在），但你和 PW 共同的爱情生活就要走到尽头了。

蜘蛛侠的力量和能力有时让他在玛丽·简和拯救生命间别无选择。在第一部电影里，蜘蛛侠设法同时救下一电车的儿童和玛丽·简，而不是去面对可怕的二选一。他先救下孩子们，但结果居然还有时间去把玛丽·简也救下来。我们的英雄总是如此幸运吗？考虑一下，我们这些普通人可能会碰到的道德困境。想象一座桥要塌了，你正和你的恋人 PW 在一起。一辆载满儿童的校车眼看就要开进河里，但想象一下，你是唯一一个能够跳进驾驶座把车安全驶离的人。可如果要这样做，你就必须将 PW 留在后果莫测、危险重重的环境里，他/她可能会丧命。在这种情况下，你没有超能力，但你难道不认为仍然有一些理由要先救孩子吗？想象一下，那里有至少 20 名儿童，他们很可能会溺死（除非你干涉）。虽然 PW 处于危险中，但他/她至少会游泳。

有时，英雄就是要作出牺牲，这样他人就可以享有那些英雄自己无法享受的好处。比如，考虑一下《魔戒》(*The Lord of the Rings*) 里的弗罗多（Frodo）。他对山姆（Sam）说，"我试过拯救夏尔（Shire），它被拯救了，而我自己却没有。事情往往就是如此，山姆，当事物处于危险中：有的人必须要放弃、要失去，这样他人才能保守住所要保守的"。在《蜘蛛侠 3》中，彼得一度不愿意继续向玛丽·简求婚，这一部分是因为他视正义重过爱情。

梅婶婶：玛丽·简怎么样了？

> 彼得·帕克：我不知道。
> 梅婶婶：你从来没和我说过。你求婚了吗？
> 彼得·帕克：你曾说过，丈夫应该把妻子看得比自己更重要。[把戒指放在她手中]
> 彼得·帕克：我还没准备好。

就像弗罗多把夏尔的利益置于自己的利益之前，彼得所面临的，是要将玛丽·简的利益（比如安全、幸福）置于自己之前。

现在让我们考虑相反的立场，也就是爱情比为正义而战更加重要的情形。

爱情优先

> 她每天都看着我。玛丽·简·沃森。噢天哪！如果她知道我的感觉就好了。但是她永远都不能知道。我已经选择了为责任而活。她永远都无法成为这种人生的一部分。我是谁？我是蜘蛛侠，我有工作要做。我是彼得·帕克，我也有一份工作。
>
> ——蜘蛛侠，《蜘蛛侠2》

有些文化似乎认为婚姻比正义更重要，或是认为婚姻价值的重要性逾越了公民义务。比如在古以色列，当一个男人结婚了，他就无须参军，也无须履行任何别的公民义务。《申命记》(*Deuteronomy*)说，"新娶妻之人，不可从军出征，也不可托他办理什么公事，可以在家清闲一年,使他所娶的妻快活"(《申命记》24:5)①。尽管只有一年,并且目的是为了取悦他的妻子,以及留出充足的时间繁衍后代。尽管不是所有的婚姻都以爱情为重,希伯来传统里却预设了浪漫爱情的存在,《雅歌》(The Song of Songs)和其他地方(比如《箴言》5:15-19)都有记载。《圣经》格言里并未暗示新婚男子只能在最安全的时期延迟入伍。有的人可能认为,免除兵役其实是共同体义务的一部分:确保妻子怀孕,这样未来的军队就能后继有人,以免男人还没诞下子嗣就战死沙场了。这的确有可能,尽管我们可以想象无数种鼓励生育的其他方法(婚姻调查、简化兵役,等等)。

爱情的优先地位可见于以下几种情形。请你再想象一下,你爱上了PW,而且百分之百不是单箭头。你设想了两种职业道路:成为打击犯罪精英小组的成员,无比荣耀,信守准则;或是成为外科医生。想象你无论从事哪种工作,都有相应的良好技能。再想象一下,两种职业都能救下差不多数量的人,但如果你去了精英小组,基本上就注定要冒着致残、牺牲的风险。给定一个数据,假设精英小组有20名成员,每年都至少有1名成员牺牲。再想象一下,PW向你请求:"老虎,我知道你想成为一名长官,打击犯罪,拯救无辜,但是我求你了,去当医生吧。当然,做手术可能不如拯救人质、阻止绑架、追捕杀人狂那令人向往,但是我爱你,我需要你。我想要依赖你,需要你健康!如果你当了外科医生,或许我们有更大的可能性可以共同生活,抚养后代!听着,如果你无意中遇见有人抢银行,而你可以阻止他,那就去做吧!但是只要那个精英小组有足够的装备和人手,你就算

---

① 原文选自新美国标准版《圣经》,中译文选自《圣经》和合本。——译者注

没有选择这条救死扶伤的道路，也不是个懦夫。如果你选择了当医生，你就是选择了有我的人生，亲爱的。"在这种情况下，爱情难道不该超越了为正义而战的渴望吗？

我们相信回答是"好的"，无论你是有外科或打击犯罪的天赋，还是被外界灌输了相应的职业技能——比如，被一只放射性蜘蛛咬了。（附带说一下，在我们的例子中，为正义而战包括了使用暴力或肢体武力，但是相同的困境也存在于非暴力的情况中。PW 可能会请求你去当医生，而不是去远离前线的警察局行政部门工作。）

考虑正义次于爱情的另一种情形。假如一个曾被你抓获的恶棍越狱了，他向你复仇，杀死了 PW 亲爱的老父亲。或许你（大义凛然地）感受到了正义的呼唤，要以 PW 的名义逮捕那个恶棍，但同时，你还要以文明的方式帮助 PW 重建支离破碎的生活，帮她接受父亲的逝去。或许你有证据显示那个恶棍已经逃去了另一个时空，无法再造成更多伤害了。想象一下，PW 请求你忘掉那个恶棍，和她一同专注于你们的感情；PW 请求你多多关注你们未来的计划，这可能也包括了她父亲的计划。在这些条件下，爱情难道不该比响应正义的呼唤更重要吗？这个例子类似于曼德拉所描绘的家庭责任（在此，我们想象这个家庭责任建立在爱情的基础之上）是如何与一个人对共同体的义务相抵触的。

我们认为，在这种情况下，爱情战胜了正义。彼得·帕克的情况可能就是如此，他显示出自己并不总是被仇恨驱使着。彼得起初被新力量（超级力量、发射蛛网、爬墙，等等）冲昏了头脑，想要为本叔叔的死复仇，但后来他意识到，他应该将自己的力量用来做好事。

浪漫的正义，或纯粹浪漫

> 我知道你觉得我们不能在一起，但是你为什么不能尊重我，让我自己做决定？我知道会有很多风险，但我想和你一起面对。我们不该迁就地活着……不该只有一半的自己……我爱你。所以我来了——站在你门前。我会一直在你身边。拯救你的人生，难道不只是一个时间问题吗？
>
> ——玛丽·简·沃森对蜘蛛侠说，《蜘蛛侠2》

我们考虑了许多情景，有时正义超越了爱情，但有时爱情又比正义的呼唤更重要。我们相信，为了爱情，你应该接受爱人的请求成为一名医生，但我们也相信（在第一种情形里），如果你和PW陷入了克里斯的情形里，你应该（如果你是个英雄）将为正义而战放在首位。这些情景的差别部分地在于，你是在选择职业道路，还是在应对突发情况。爱情不允许你主动寻求一份直面赤裸裸的危险而行善的工作，但它无法免除你（如果你是个英雄）在没有别人伸出援手时拯救无辜的义务，即便你和你的爱人要牺牲甚多。

所以，那蜘蛛侠和玛丽·简呢？像我们起初承认的那样，答案并不清晰。假如彼得和玛丽·简还在一起，而且彼得的蜘蛛侠身份已广为人知，那么玛丽·简就会面临危险（正如我们所看到的那样）。在这些情形下，彼得难道不是应该要为将她置于危险中而负责吗？或者，玛丽·简可不可以请求彼得用打击犯罪之外的方式来行善（就像第二个情景）？甚至,假如彼得不同意,也没能找到另一份更安全的工作,那么即便他没有蜘蛛侠的能力也没有秘密身份,玛丽·简还会爱着他吗？我们不会把这些情形纳入真正的选择范围内。

最后,我们认为蜘蛛侠和玛丽·简在是否能成功结婚的问题上有不可避免,又并非二人所想要的矛盾,但在他们的情况里,这并不是正义和爱情之间的冲突。如果玛丽·简真的爱着彼得——蜘蛛侠——她不会说服他去放弃自己所要献身的事业。毕竟,他对正义的献身就是她爱他的原因之一。蜘蛛侠也不会停止为正义而战又自信地认为世界（包括玛丽·简）会平安无事。如果他真的爱着玛丽·简（浪漫地）,他就需要为正义而战,这样玛丽·简就可以安全地生活下去。这样一来,爱情还会让为正义而战的使命变得更加强烈。

回到我们题中的问题:蜘蛛侠可以在维护正义的同时和玛丽·简谈恋爱吗？我们的回答是:有可能,只不过难度很大,而且还需要很多运气。这是恋人双方的共同选择,不是蜘蛛侠自己能决定的（比如第一部电影的结尾）。蜘蛛侠在营救他第一任女朋友格温·斯黛西时就没那么幸运了,她被绿魔所杀害。那个魔鬼把格温从桥上扔了下去。当蜘蛛侠前去救她时,她坠落的速度太快,以至于当他用网将她拉起时,她的脖子被扭断了。这里,我们看到蜘蛛侠为了拯救自己的爱人而维护正义,却捞了个二者皆空。鉴于这样的悲剧,我们没办法对文章提出的问题给出一个肯定的、无条件的"是"。

不过,让我们重新组织一下这个问题:蜘蛛侠可以在维护正义的同时爱着玛丽·简吗？我们的回答是:当然可以！实际上,他觉得无论发生什么,自己都有维护正义的责任,其中的一部分原因就是爱情。如果他停止捍卫正义了,那这并非英雄的失败,而是爱情的失败:他让玛丽·简的世界变得更危险、更无趣了。①

> 是我,彼得·帕克。你友好的邻居——你懂的。自打我还是那个被蜘蛛咬伤的男孩后,已经过去了很久。那时,一切对我来说都很糟糕,但现在人们真的很喜欢我。这个城市安然无恙,猜猜我为此做了多少贡献。我的本叔叔会为我骄傲的。我还是会去上学,我成绩名列前茅,而且我恋爱了,和我梦中的那个女孩。
>
> ——彼得·帕克,《蜘蛛侠3》②

---

① 我们感谢 Charlie Biskupic 和 Samuel Dunn 对蜘蛛侠、正义与爱情给出了建设性的意见和探讨。

② 全部引文来源于互联网电影资料库(Internet Movie Database)(www.imdb.com)。(英文原文中,作者错将 IMDb 的全称写作全球电影资料库[International Movie Database],中译本予以纠正。——译者注)

13
爱、友谊与成为蜘蛛侠

托尼·斯潘考斯

这只爱说俏皮话的小虫,怎么就成了我们的"友好邻居蜘蛛侠"?他是蜘蛛侠,这部分很显然,尽管蜘蛛侠的内涵比表意更深。至于邻居,尽管他无数次拯救了世界,彼得·帕克还是皇后区那个低调的极客男孩。真正的谜题在于:他为什么是友好的,是因为他和蔼可亲吗?还是说,他是所有人的朋友?难道说,是友谊驱使他冒着生命危险去拯救他人,包括那些想杀他的人?这种友谊和他与玛丽·简·沃森、哈里·奥斯本的友谊有什么区别?究竟什么是友谊?

哲学家长久以来将友谊视作爱的形式之一,所以我们的问题实际上是:彼得、MJ 和哈里爱着彼此吗?艾迪·范·海伦(Eddie Van Halen)和萨米·黑格(Sammy Hagar)这样的哲学家问道,"假如万事俱备","那么"这为何不能是爱?"但是什么叫万事俱备?在基督教传统里,我们考虑两种主要的爱,一种是 *philia*(古希腊语,友爱,发音为菲—利—亚),一种是 *agape*(古希腊语,圣爱,发音为阿—噶—皮①)。

---

① 许多英美学校的古希腊语学习者会念成"啊—噶—培"。

友爱指伙伴间相互的爱,圣爱指对所有人无私奉献的爱。古希腊哲学家让友爱声名远扬,而早期基督教护教士则让圣爱为人所知。我们从蜘蛛侠身上学到的爱和友谊都与这两种爱密不可分。当然,我们能学到什么取决于我们看的是哪条故事线——故事许许多多,而且不全是连续的。为了将任务控制在可完成范围内,我们会关注电影《蜘蛛侠3》(S3)和几部漫画:《玛丽·简》(Mary Jane)(MJ),《玛丽·简:返校日》(Mary Jane: Homecoming)(MJH),《蜘蛛侠爱玛丽·简》(Spider-Man Loves Mary Jane)(SMLMJ),《格温·斯黛西之死》(The Death of Gwen Stacy)(DOGS)。

一位好朋友

亚里士多德(公元前384—前322)曾说,"一个孤立的人——他要么无法分享政治共同体的福祉,要么无须分享,因为他已经自足了——这样的人不属于城邦,他要么是畜生,要么是上帝"[1]。人类与兽群、蜂群不同,他们是理性的动物,人类生活在一起不仅是出于需求,还因为共同生活可以带来理性的福祉。Philia(友爱),可译为"友情"或者"友谊",让共同福祉成了可能。

亚里士多德相信,友爱有三种形式,每种形式的动力不同。[2] 友

---

[1] Aristotle, *Politics*, trans. Ernest Barker (New York: Oxford University Press, 1971), 1253a, 1-3.

[2] Aristotle, *Nicomachean Ethics*, trans. F. H. Peters (New York: Barnes & Noble Books, 2004), Book Ⅷ.

谊的存在可以是因为两个人从彼此身上找到了快乐,也可能是因为这段关系是双赢的。这两种友爱是不完全、不完美的,因为它们将便利和暂时的因素作为基础。

第三种,也就是最完整的友爱,存在于两个共同仰慕高尚的生活,并因此欢欣鼓舞的人之间,他们想要一起做善事,将对方看作"另一个自己"。这种友爱让两个个体变得更好,如果共同体中有更多这样的友爱,整个共同体都会因此受益。

超级英雄能成为我们的朋友吗?亚里士多德考虑了朋友中的一个比另一个更优越的情形,无论优越的是力量、道德还是身份,亚里士多德认为爱能超越不平等,"在所有不平等的友谊中,双方的爱应该基于比例——我是指,二者中更优越的人……收获的爱应该比给予的更多;因为当收获的与应得的相配时,某种意义上的平等就产生了"①。这就是亚里士多德的比例原则(principle of proportionality);它认为,朋友里次优越者应该给予更多的爱;它要比更优越者给予次优越者的更多。但这可能不适用于蜘蛛侠这类例子,因为超级英雄更像亚里士多德所说的古代的诸神或女神,他写道,"诸神……在所有美好的事物中拥有最大的优越……如果朋友间的差距大到像诸神与人之间的差距那样……那么友谊也就不复存在了"②。比例原则无法类推到这种情形中。

所以,这个被放射性蜘蛛咬伤的男孩该怎么做?玛丽·简可以爱他吗?那为什么哈里又如此恨他?

---

① *Nicomachean Ethics*, 1158b, 25 - 29.
② Ibid., 1158b, 40 - 1159a, 7.

自我牺牲的爱

基督教的 *agape*，和 *philia* 一样，都被译作"爱"，但它和亚里士多德的 *philia* 又大不相同。圣巴西流（St. Basil）(330—379)解释说，圣爱要求我们居住在社区中以服侍彼此。**友爱**让朋友彼此吸引，而**圣爱**让我们服侍遇到的所有人。① 圣约翰（St. John the Evangelist）最贴切地将**圣爱**描述为，"不是我们爱神，乃是神爱我们，差他的儿子，为我们的罪作了挽回祭，这就是爱了"②。亚里士多德的比例原则在这里颠倒了。

这两种爱的区别更明显地见于耶稣对他门徒所说的话，"你们要彼此相爱，像我爱你们一样，这就是我的命令。人为朋友舍命，人的爱心没有比这个大的。你们若遵行我所吩咐的，就是我的朋友了"③。基督教的爱不仅不同于异教的爱，它还转换了 *philia* 的含义。亚里士多德理想的友爱是平等的人的**友爱**，基督却称呼他的门徒们为朋友，*philous*，尽管他们的地位差别巨大——人类和上帝的差别。

---

① Saint Basil, "The Long Rules," in *Saint Basil Ascetical Works*, Vol. 9, of *Fathers of the Church: A New Translation*, trans. Sr. M. Monica Wagner (Washington, DC: The Catholic University of America Press, 1950), 240.

② I John 4:10. Translations of biblical passages are from *The Orthodox New Testament: The Holy Gospels Volume 1: Evangelistarion* and *The Orthodox New Testament: Acts, Epistles, and Revelation Volume 2: Praxapostolos* (Buena Vista: Holy Apostles Convent, 2003).

③ John 15:12-14.

但是,这种友谊要求对他人展现**圣爱**,就像耶稣对他们所做的那样。

C. S. 刘易斯(1898—1963)在《四种爱》(*Four Loves*)里区分了**圣爱**、**友爱**和另外两个关于爱的古希腊词汇:**亲爱**(*storge*)(依恋)和**情爱**(*eros*)(肉欲的爱)。对于**友爱**、**亲爱**和**情爱**来说,"只有那些可爱的人才会自然地被爱"。① 我们会被那些吸引人的东西吸引,而不会被讨厌的东西吸引。我们向朋友寻求友谊,而非那些相处不来的人;我们向那些撩拨心弦的人寻求**情爱**,而非毫无感觉的人。但是只有"神赐的爱(agape)才能让人爱那些天生不可爱的人;麻风病人、犯罪者、敌人、蠢货、阴郁的人,还有优越的人和受鄙视的人"②。

蜘蛛侠可能不是基督徒,但"能力越大"带来的"责任越大"就基于奉献自己、成就他人的观念,这是世俗版本的**圣爱**,强调对他人无条件的爱。自我牺牲的英雄保护了他自己的敌人,这种观念深深植入流行文化,包含在漫画书中。蜘蛛侠的创作者和粉丝们重视**圣爱**,尽管他们没有意识到它的基督教本质。③

玛丽·简爱蜘蛛侠

MJ,*MJH* 和 *SMLMJ* 这三部漫画以玛丽·简为主角,讲述她

---

① C. S. Lewis, *The Four Loves* (New York: A Harvest Book, 1988), 133.
② Ibid., 128.
③ Sharon E. Sytsma, "Notes and Fragments: Agapic Friendship," *Philosophy and Literature* 27 (2003): 428 - 435. 早期教父(the Fathers of the Church)不会接受这样一种世俗化的、与上帝无关的圣爱概念。

和利兹·艾伦(Liz Allen)的友谊。她们一起讨论男孩,争风吃醋,其中一名男生恰好就是我们友好的邻居蜘蛛侠。在 MJ 的开头,玛丽·简梦见自己在和蜘蛛侠约会,可现实中追求她的是她的好朋友哈里·奥斯本,他突然想要跨越朋友的界限。

利兹建议玛丽·简"不要每天意淫那个红蓝紧身衣男了"。玛丽·简为自己辩护道,"嘿!每个女孩都有意淫的权利"①。真的如此吗?亚里士多德可不会将意淫算作"爱",他有两点理由:首先,意淫意味着意淫对象和意淫者的距离很远,他们不可能成为朋友。也就是说,他们不可能成为对方的"另一个自己"。其次,这种关系里不可能存在**友爱**,因为**友爱**的形成需要时间和陪伴。所以,意淫与友谊无关。②

二人在系列里有一次短暂的交集,第一册中,蜘蛛侠救下了玛丽·简,然后带她荡回了皇后区的家,这让她不禁问道,"你怎么知道我住在哪里?"他结结巴巴地解释说,这是他的一项超能力,而这让他俩的鸿沟越来越深,远超真实的距离。③ 之后,玛丽·简发现浪漫、成熟的哈里会是另一个理想的约会对象,但她坦白说,"我不觉得哈里是我的真命天子,你懂吗?"他是个好人,但她希望蜘蛛侠能做自己的"返校日男伴"。④ 可以理解,但这仍然属于意淫。神秘客(Mysterio)会说这是件好事,亚里士多德可不这么认为。

---

① MJ #1, April 2004.
② 这可能与**情爱**(eros)相冲突,情爱是一种更加感性的爱,它更激烈,更容易使人背离重视"善"、追求"善"的理性生活。
③ MJ #1.
④ MJ #1.

哈里随后意识到这个情况,他说,"你什么都不用说,玛丽·简。我知道。你喜欢我很好。我们是好朋友……但我永远不会是你心里最重要的人。你的心属于蜘蛛侠"①。结果这反而打动了她,他们交往了。但是对蜘蛛侠的迷恋并未消失,当她某天早上看到蜘蛛侠从学校离开时,她邀请他来参加返校日活动。他拒绝了,但她仍然希望知道他是谁。蜘蛛侠不想透露自己的身份,说他不知道自己能否相信她。

蜘蛛侠坦诚地交代了他的不信任,坚持不在同她的任何一次见面中泄露自己的秘密身份。他感觉 MJ 不能成为他的"另一个自己"。因为超能力和超级英雄的责任,他必须远远地爱着她。此外,尽管他知道二人心意相通,却还是选择了保持距离,因为他只想做正确的事(保护她的安全,保护皇后区)。换句话说,他的爱基于奉献,而非欢愉,但这里没有**友爱**现身的空间。

在 *MJH* 里,玛丽·简梦见蜘蛛侠答应做她返校日的男伴,而她却拒绝了,说自己要和男朋友哈里一起去。这个梦展现了玛丽·简内心幻想与现实的挣扎,但 *MJH* 系列的主线并非蜘蛛侠,而是利兹和玛丽·简的友谊。尽管玛丽·简还是会在市场等各个地方遇见蜘蛛侠,这个故事的中心在于闪电(Flash)对玛丽·简的迷恋,以及利兹被最亲密的朋友背叛的愤怒。不过,对玛丽·简影响最深的是彼得·帕克,而非蜘蛛侠。彼得和她进行了一番少见的对话,这次对话甚至比玛丽·简和利兹、哈里、闪电之间的那些亲密交谈的影响更深远。

---

① *MJ* #2, July 2004.

13 爱、友谊与成为蜘蛛侠

玛丽·简对她朋友圈的问题感到十分沮丧,所以她跑去和彼得这个局外人聊天。他们聊到了蜘蛛侠,一个彻底的局外人。她问道,蜘蛛侠究竟是如何做到游刃有余的。彼得看起来似乎也很崇拜蜘蛛侠,蜘蛛侠本可以用自己的力量冲人撒气,但他没有这样做。他说,"好像他太在乎了,不想看到任何人受伤"①。这里,帕克/蜘蛛侠走上了追求美德的道路,但很不幸的是,如此一来,他就无法拥有"另一个自己"了。如果不是这样,他本可以对玛丽·简说出自己的秘密身份。

那么玛丽·简对蜘蛛侠的爱呢?蜘蛛侠是她爱着的意淫对象,在亚里士多德看来,她的爱关乎欢愉和效用。蜘蛛侠救了她许多次,是她的逃生出口。她对哈里不是那样的感情;闪电也没发现她不喜欢他;利兹则不相信玛丽·简对自己的男朋友闪电没兴趣。这个女孩该怎么办?

无论玛丽·简对自己的朋友如何,或者她的品性如何,她对蜘蛛侠的感情不是关乎美德,而是出于自私。实际上,在 *SMLMJ* 第 5 册里,蜘蛛侠和玛丽·简约过一次会。在第 7 册里,蜘蛛侠说他可以成为她的朋友,在接下来几期里他一直聆听着她的烦恼。他看出她很不安,问她想不想聊聊,她说,"假如我有很多事要解决,那就再好不过了……但现在,一切都很好"②。转瞬即逝的友谊是最好的。彼得对她的爱基于美德,但他不想和玛丽·简建立友谊。他总是逃避,不允许自己有机会去拥有"另一个自己"。这是恰到好处的自我牺牲和

---

① *MJH* #4, June 2005.
② *SMLMJ* #11, October 2006.

痛苦，但相反，在我们眼里，它往往看起来很不公平。说到不公平……

你算什么朋友！ 你抢了我的女孩！ 杀了我的父亲！

听起来真是糟糕透顶了，不过它们并非同时发生，也不是故意为之。那么哈里还有怨恨蜘蛛侠的权利吗？DOGS 交代了彼得·帕克的第一次真爱如何收场，哈里·奥斯本如何渐渐走向心理崩溃。①这一切始于玛丽·简过分挑逗了彼得来让哈里吃醋，哈里和彼得的友谊遭到了考验。

当闪电挖苦彼得是个书呆子时，哈里维护了他的朋友，可现在，哈里感觉自己受到了威胁。哈里说，"好吧……我们了不起的美国情人怎么样了？你真是个好兄弟……那样调戏玛丽·简"②。随后，争吵渐渐恶化。

哈里：你现在满意了吧！

彼得：啊？你什么意思，哈里？

哈里：你知道我什么意思！玛丽·简把我赶走了——因为你！

---

① DOGS 还有一些烂透顶的"斯坦·李-杰瑞·康威式"青少年对白。*The Amazing Spider-Man*: *The Death of Gwen Stacy*，(1999 [1971])。

② DOGS, chap. 2.

13 爱、友谊与成为蜘蛛侠

  彼得：你搞错了，先生……而且我可不想再当你的替罪羊了……这不能怪我……啊……哈里……我……我不是那个意思。

  哈里：谁要管你什么意思了？我受够你了！滚去大街上吧，聪明人……你滚吧。①

突然之间，彼得最好的朋友兼室友不再信任他了，还把他从公寓里赶了出去。但彼得的顾虑最终让他把昔日的朋友带去了医院，探望他，并且最终保护哈里免于绿魔（当然了，就是哈里的父亲）的侵扰。

绿魔杀了格温后，愤怒的蜘蛛侠差点结果他。② 但他及时悬崖勒马，"天哪……我究竟在做什么？我刚才差点杀了他！我差点成了他那样的人……一个杀人犯！"③尽管被仇恨冲昏了头脑，彼得也没有放弃对美德的追求。尽管他短暂地失去了理智，但他又回归了平常和他人的相处模式，即基于美德和责任。

彼得早先的独白，让我们更深入地了解了他和朋友们的关系，尤其是和哈里。他说，

  当格温失去父亲的时候……她认为这都是蜘蛛侠的错……

---

 ① *DOGS*, chap. 2.

 ② 格温·斯黛西的死法有一些争论。物理学家詹姆·卡卡里奥斯（James Kakalios）质疑绿魔的说法，即格温是死于坠桥（参见 http://en.wikipedia.org/wiki/Gwen_Stacy）。

 ③ *DOGS*, chap. 5.

格温……她就是我的整个世界。但现在……我必须打压我最好最亲密朋友的父亲……我为什么总是给最爱的人带来悲剧？自从获得了蜘蛛力量，我一直想用它来做好事。我试着用它来做好事！可事情总是出差错。或许我可能只是在欺骗自己！或许我一直都太自私了——太关注自己的问题，我自己的烂摊子。①

彼得可能是个暴躁的青少年，满腔怒气，但他最终总是会做正确的事。尽管对周围的环境感到失望，他还是一直无条件地牺牲自己去保护那些攻击他或背叛他的人。他爱着那些道德低劣的人，胜过他们爱他。

哈里真的能够成为彼得的"另一个自己"吗？他能否像彼得爱他那样爱着彼得，哪怕没有超越彼得对他的爱？完全没有。我们知道他会继承父亲仇恨的遗产，成为恶鬼和绿魔二代，痴迷于摧毁蜘蛛侠。但在此之前，值得注意的是，在他成为超级反派前，他不仅没有向彼得展示更多的**友爱**来弥补彼得对他的**圣爱**，而且他的友谊有着与彼得截然不同的动机。

哈里对彼得的迷恋似乎建立在亚里士多德所说的短暂之事上，这是一种更低级的友谊，比如陪伴（朋友、室友）、欢愉和效用（作为导师），而不是建立在想与他人分享美德的愿望上。这段友谊经受了无数次的考验，哈里失败了，这表明哈里对彼得的感情是暂时的。亚里士多德可不会感到高兴。

更糟的是，因为哈里比彼得的道德水平更低，那么哈里应该爱彼

---

① *DOGS*, chap. 2.

得胜过彼得爱他,他可以对彼得更加忠诚,做一个好的倾听者,或者找办法助他渡过难关。可哈里的做法恰恰相反——比如在《蜘蛛侠3》里试图杀掉彼得。可彼得的反应呢?他将哈里送去医院,确保他得到妥善的治疗。

记忆受损的哈里告诉彼得,"我一直很感谢你高中时帮了我那么多"。听起来不错,不过它证实了彼得是个有用的书呆子。其余时候,他们会一起缅怀打篮球的日子,还有童年的快乐时光。哈里和彼得的友谊,即使在最好的时候,也是建立在欢愉和利用的基础上的。这不是一件坏事,但是亚里士多德告诉我们,这样的友谊是不可能长久的——尤其是,为死去的绿魔父亲复仇的愿望萦绕在你的心头时。

尽管从哈里身上接二连三地感受到了恶意,但当玛丽·简被毒液和沙人抓走时,彼得仍然前去为玛丽·简寻求哈里的帮助,这是看在他们昔日友谊的份上。而且,忠实的信徒们,哈里为救彼得献出了自己的生命!这难道还不能算什么吗?也许哈里毕竟没那么坏,但亚里士多德会说,他对彼得的爱还远远不够完美,即使最后完成了补偿。然而,当彼得对哈里说,"我不应该伤害你……"哈里回答说,"没关系。你是我的朋友。我最好的朋友"。哈里此时没有撒谎,彼得是他最好的朋友。他们只是关系非常不平等的不完美的朋友。

但是,哈里的自我牺牲难道丝毫不道德高尚吗?亚里士多德相信,**友爱**必须建立在习惯性的美德上——它需要许多时间和练习——**圣爱**却不同:它是转化性的,可以自发性地出现。**圣爱**不仅包括自我牺牲,也包括悔改,就像哈里一样。就像基督在受难和死亡时宽恕了那些处死他的人一样,哈里曾误会彼得伤害了他,而他已经宽恕了这伤害,为深爱的人舍命。"人为朋友舍命(**友爱**),人的爱心没有比这更大的(**圣爱**)"，如果确实如此，那么哈里已经通过指望更大的爱(**圣爱**)克服了同彼得和玛丽·简友谊(**友爱**)中的不完美。他的圣爱让他终于和彼得平等了。

舍身的超级英雄们

当然，在其他故事线里，哈里就没有这么英雄主义了，玛丽·简则更懂得自我牺牲。无论如何，蜘蛛侠故事万变不离其宗的就是彼得过着高尚的生活。这让他值得最高形式的**友爱**，尽管他总是被迫孤独地荡来荡去，徒劳地寻找着可以陪伴自己的朋友。这个朋友偶尔会是玛丽·简，但大多数时候，他主要想和托尼·史塔克、美国队长、黑猫、幻影猫(Kitty Pride)这些人建立真正的友谊。但这些友谊总是不够坚固，他从未找到能够同他共享完美的亚里士多德式**友爱**的人。他的朋友们爱他，但他们的爱在亚里士多德看来是不完整的，也没有为他们道德上的"低劣"做任何补偿。

从《蜘蛛侠3》的哈里身上，我们明白了一件事。即便他们都有自己的缺陷，但每个为蜘蛛侠所感动的人都可能会以惊人的方式效仿他的高尚。在那时，蜘蛛侠还是一如既往地以自我牺牲的**圣爱**的方式爱着他们。

圣爱的潜能掌握着我们转变为英雄的关键。当我们像蜘蛛侠甚至哈里一样，为了朋友，为了那些陌生人，甚至为了敌人而牺牲自我的时候，这种潜能就会实现。如果那些强调**圣爱**的教会神父是对的，那么要实现这种潜能，就必须要接受第一个开辟这条舍身之路的人的帮助。尽管我们可能很少(如果有的话)展现出**圣爱**，但我们在其中认识到了一些超出亚里士多德想象的东西——一些能让我们这些普通人效仿我们友好的邻居蜘蛛侠的东西。①

---

① 感谢乔纳森·J. 桑福德、罗柏·德尔菲诺(Rob Delfino)、芙提尼·斯帕纳科斯(Photini Spanakos)和马克·D. 怀特(Mark D. White)提出的建议。

14
蜘蛛侠纠结的责任网络：
和朋友作对，以及堕落的同伴

克里斯托弗·罗比肖

超凡蜘蛛侠？神奇蜘蛛侠？ 如果对超级英雄的评价以敌人水平为准，那我们友好的邻居爬墙者似乎不过是个小人物。他的英雄生涯几乎没有面对过什么头号超级反派：没有外星坏蛋行星吞噬者，没有大头目（Leader）那样的超级天才，甚至没有万磁王（Magneto）这样的突变怪人。他每天的战斗对象都是吸血鬼、蜥蜴人，天哪，还有会思考的衣服①。他战斗的对象要么是沙做的，要么是水做的，还有熔化了的铁。蜘蛛侠身边的流氓都是什么样的人——有个投掷南瓜炸弹的自大狂，有些人自卑，还有人能操纵致命的电流，还有一群挥舞着致命触角或尾巴的疯子。更糟的是，这些恶棍通常没有统治世界、征服宇宙，或是奴役人类这种经典的伟大抱负。相反，他们只想做一件事——干掉蜘蛛侠。

---

① 指共生体毒液（Venom）。它附身在彼得·帕克身上时，变成了一件黑色的蜘蛛战衣。——译者注

但他们不仅是为了追杀而追杀;这关乎私事。**正儿八经的私事**。考虑一下绿魔二代哈里·奥斯本,还有最后成了毒液的共生体。这些冤家认为蜘蛛侠愧对了自己,因此他们要让他付出代价。他们仅仅是精神错乱了吗?这种可能性过于简单了。毕竟,他们之所以会变成这样,蜘蛛侠也难辞其咎。彼得是哈里最好的朋友,但他一直向哈里隐瞒着自己的超级英雄身份,尤其是蜘蛛侠与诺曼·奥斯本的死脱不了干系。至于那个外星共生体,在超越者(Beyonder)的角斗星(Battleworld)里,蜘蛛侠是第一个无意间和它产生了共生关系的人。这件会思考的衣服并没有让蜘蛛侠堕入邪恶(至少漫画里没有)。它只不过让他有些虚弱——还给了他新的力量——以保全自己的性命。但是,蜘蛛侠毫不犹豫地拒绝了这件新战袍,也没有尝试作任何沟通,就把它抛弃了。这导致了毒液的诞生。

如果蜘蛛侠要为绿魔和毒液的诞生负责,那是否意味着,他在道德上对这些人有所亏欠,而对其他反派却并非如此?蜘蛛侠要如何跟自己的朋友、堕落的同伴作对?

结一张欺骗的蛛网

隐瞒有时相当于欺骗。如果惊慌失措的梅婶婶问彼得他去哪儿了,他回答说,"跟玛丽·简出去了",他很可能没有说谎:他和玛丽·简出去了,然后跟恶鬼大战了好几个小时。彼得没有对梅婶婶说谎,但他欺骗了她。为什么?因为彼得选择了隐瞒,他想赋予梅婶婶一个错误的信念——他出门只是和 MJ 待在一起。如果这算是欺骗梅婶婶，那么哈里·奥斯本就有正当理由抱怨彼得向他隐瞒了真实身份，尽管彼得从来没对他说过谎。

彼得不公平地对待了自己的朋友吗？哲学家伊曼努尔·康德（1724—1804）肯定会这样想。康德认为，我们的行为应该由绝对命令（categorical imperative）来检验，绝对命令的一种说法认为，我们对待他人时，必须总是将他人视作目的，而非手段。① 对康德来说，当我们欺骗他人以达到不可告人的目的时，我们就仅仅把他人当作了手段。这样一来，我们就没有用正确的态度待人——我们没能给予他们作为理性的道德行动者所应有的尊重。

但是，完全禁止欺骗行为又太过分了。硬性规定需要和常识相结合。蜘蛛侠在**内战**故事线中公开了自己的真实身份。康德会认为彼得·帕克做得对；他不再继续欺骗大众了。但是设想一下，**很多**坏事会随之而来。彼得的家人和朋友会因此遭到骚扰、绑架，甚至丢掉性命。假设J. 乔纳·詹姆森接连对彼得提起了诉讼，让他无法在合法为自己辩护的同时打击犯罪。如果彼得公开自己的蜘蛛侠身份会带来这样的后果，那么就有理由认为他没有必须公开的义务。

康德认为，结果和道德可行的动机无关。因此，无论坦白会带来多大的伤害，欺骗都是绝不允许的。但常识告诉我们，欺骗有时是道德上可接受的——道德上可接受的意思是，它不是件错事——假如坦白真相会带来**许多**伤害。这并不等于在说，如果坦白会带来任何

---

① Immanuel Kant, *Groundwork of the Metaphysics of Morals*, ed. and trans. Mary Gregor (Cambridge, UK: Cambridge University Press, 1998), Section II.

一点伤害,欺骗都是可允许的。这也并不等于说,撒谎有时是正确的。

效果论(*Consequentialism*)反对康德的观点,认为能带来最好的整体结果,才是正确的事。然而,认识到后果在道德评价中的作用并不意味着你就是个效果论者。效果论太过火了,从完全不关心结果(就像康德那样)变成过分关心结果。毕竟,如果蜘蛛侠杀掉了那些疯子反派,而不是让他们被捕/入狱后逃跑后重新犯罪,这样的结果可能更好。即便如此,让蜘蛛侠杀了他们似乎也不太对劲。换句话说,决定我们道德责任的并不仅仅是结果。关于欺骗,我们需要一些温和的道德指引。我们需要**反思平衡**(*reflective equilibrium*),合理地平衡道德准则和常识判断。

这些思考让我们有办法知道,彼得为什么不该向朋友和爱人隐瞒自己的蜘蛛侠身份。[1] 彼得为自己一直以来的欺骗行为辩护道,如果大家知道了他是蜘蛛侠,会有很多坏事发生。这可能是真的,但是让所有人知道和亲密的人知道可大不一样。除非彼得认为他亲近的家人和朋友都是不值得信任的人,那就是另一回事了,他没能履行对亲密个体所负有的特殊的道德责任。

但或许,哈里理应被蒙在鼓中?主要原因是,知道彼得的超级英雄身份无疑会给哈里带来极大的心理创伤。哈里**痛恨**蜘蛛侠,因为他觉得自己老爸的死都是蜘蛛侠的错。彼得可以解释,但解释又会

---

[1] 我在"With Great Power Comes Great Responsibility: On the Moral Duties of the Super-Powerful and Super-Heroic," in Tom Morris and Matt Morris, eds., *Superheroes and Philosophy* (LaSalle, IL: Open Court, 2005), 177-193 中讨论了类似的情节。

给哈里带来另一次冲击：关于自己父亲，第一代绿魔的真相。彼得还想要尊重诺曼的遗愿，不要让哈里知道他的另一个身份。彼得处境两难。一方面，他对朋友有特殊的责任，就是要在重要的事情上直言不讳，要彼得力争成为一个称职、诚实的朋友自然不是错事。另一方面，彼得也不想给哈里带来心理创伤，也不想违背逝者的遗愿。这可怎么办？

要合理地平衡所有考虑，彼得只能向哈里摊牌。最特殊的责任——比如直言不讳——因为他们的友谊而显得格外重要。虽然最终帮助彼得决定的是：尽管摊牌会对哈里造成心理创伤，但不摊牌就等于将哈里置于更大的危险当中。哈里对蜘蛛侠的仇恨日渐溃烂，在《蜘蛛侠2》里，当他以为复仇胜券在握时，他发现了真相。哈里脆弱的心理防线崩溃了，让他堕落成了第二代绿魔。想要阻止哈里崩溃的愿望也让彼得放弃了诺曼·奥斯本的遗愿。无论诺曼临终前是怎样的好意，比起赤裸裸的真相——在合适的情况下由朋友说出口——他的请求更加将自己的儿子置于不必要的痛苦中。

外星共生体——非典型烂摊子

那彼得是否也亏待了毒液，或者那件后来成了毒液的外星战衣？要回答这个问题，我们先来回顾一下彼得和外星共生体联结后的情形——漫画情节，不是电影。第一次秘密战争（Secret Wars）期间，蜘蛛侠在超越者的角斗星上发觉自己急需一件新战袍。[①] 他使用了一台特殊的机器，本以为它会纺出正常的新线来。恰恰相反，它吐出了一个外星生物，并迅速地包裹了彼得的身体。结果呢？黑色蜘蛛侠诞生了：全新的纺线，而且不止于此。"不止于此"包括这件战衣可以源源不断地吐丝，这样蜘蛛侠就再也不用反复填充他的发射器了。它还能随意变成便服，辅助增强蜘蛛侠的其他能力。因此，彼得几乎每时每刻都带着这件战衣，和它在身体上、心理上相互联结。彼得前去拜托神奇四侠（Fantastic Four）研究一下他的战衣，他们告诉他，这是一个有意识的外星共生体。彼得被吓坏了，他立刻请求神奇四侠将它与自己的身体分离。共生体沮丧至极，开启了成为毒液的第一步。

当然，彼得并不知道共生体在脱离他后还能活下来，更不用说成为毒液了。据他的了解，这件战衣一经脱下就会毁灭。丝毫没有问过里德·理查兹（Reed Richards）的意见，就这样将一个寄生外星生物的生命置于危险，这在道德上是可接受的吗？常识告诉我们不是，因为那件外星战衣其实是一个有知觉的生命体，而且彼得知晓此事。如果某物有知觉，那么它就能知觉周遭的环境，体验快乐和痛苦。这些特征足以让许多道德哲学家认定，对待能知觉的生物需要一定的道德考量；能知觉的生物有痛苦的能力，这决定了我们能对它做什么。

听起来很正确，但它究竟是什么原理？这里有个思考的办法。尽管我们可以说，石头是没有知觉的，拿石头砸另一块石头无须道德

[①] *Secret Wars* #8, 1984.

证成。在极少数情况下,这样对待一些有知觉的生物也是道德上可接受的——比如老鼠,但是它们在我们眼中的道德地位需要我们道德证成自己的行为——我们不能没有**理由**就随意处置其他生灵。

宣称所有能知觉的生物都需要道德考量,并不是说所有能知觉的生物都有相同的道德地位,明白这一点很重要。猫是有知觉的,人也一样。猫和人都有道德地位,但道德考虑不同。如果蜘蛛侠要选择在一栋着火的建筑里救猫还是人,必须二者取其一,在其他条件都相同的情况下,他有救人的道德义务。承认猫和人之间存在不平等,这和猫仍有一定的道德地位并不矛盾。如果火场里只有猫,那么蜘蛛侠就可以很轻松地救下它,而不会让它活活烧死,否则他可就大错特错了。但如果他让椅子活活烧没了,我们不会说他哪里不对。这是因为他无需对椅子进行任何道德考虑。

这些思考显示出,鉴于彼得很清楚外星战衣有知觉,做出抛弃它的举动就再错误不过了——**仅仅**把人家当作一件衣服。这些观察证实了这一观点。这件战衣给彼得带来了快乐,更重要的是,他还从中得到了好处。无可否认,他无视了其中的代价不为过分。然而,在拒斥了对方后,彼得有意无意地抛弃了一个依赖他的存在。正因这种依赖性,彼得至少需要更负责、更谨慎地选择脱下它,而不是在发现它有生命的那一刻就草率地弃之不顾。

在继续讨论前,我们需要明白一件事。仅仅因为彼得不公正地抛弃了一个外星共生体,并不意味着冒着杀死它的风险移除它也是错的。我们所说的只是,鉴于他当时所知的,以及他和那件战衣所产生的关系,他至少有责任要看看有没有可能在不伤害它的情况下将它移除,或者寻找什么类似的办法。

坏人来了！

我们已经见识了彼得是如何亏待哈里和外星共生体的。那么这样一来，成为绿魔和毒液就值得赦免了吗？老话说得好，"人家错了不代表你有理"。显然，仅仅因为彼得没能对他们尽责就自己主动转变为超级坏蛋，这在道德上是难以接受的。也就是说，他们有正当理由要求彼得弥补过错。他们有当着他面要求补偿的道德权利，并且不仅限于一句抱歉。但是，他们不能骚扰、恐吓彼得和他爱的人们。这很明显。而不显然的是，他们还有什么道德上可接受的其他选择呢？除了让自己陷进坏事的旋涡中，还有什么别的办法？

从某个角度来说，我们有理由认为，哈里**以绿魔的身份**面对蜘蛛侠是可接受的。这不等于他是**以坏人的身份**面对蜘蛛侠。相反，哈里可以服用绿魔血清，穿上绿魔的战甲，以这样的面貌面对蜘蛛侠。为什么？蜘蛛侠有超能力，而哈里一开始可没有。而且据哈里所知——以电影叙述为据——蜘蛛侠确实和他爸爸诺曼的死脱不了干系。彼得从未坦白当时发生了什么。不仅如此，当哈里发现彼得就是蜘蛛侠时，他意识到这段时间里，他最好的朋友一直隐瞒了某件对他来说极度重要的事。所以，哈里前去质问蜘蛛侠到底和诺曼的死有何干系，为何要一直骗他。出于自卫的考虑，哈里有理由成为绿魔。

但是，如果他穿上绿魔战甲、服用血清的目的不是出于自卫呢？如果他成为绿魔只是想要复仇呢？这会让他的转变在道德上可接受吗？对这个问题的回答将揭示道德哲学的一个重要立场。康德后继的一些哲学家们认为，我们行为的动因会影响这个行为的道德性。其他哲学家，譬如效果论者们认为，行为的道德价值独立于行为动因。对康德的支持者们来说，哈里"绿魔化"自己的行为究竟是好是坏，抑或道德中立，要取决于他是出于自卫还是复仇。换句话说，同样的行为可能有不同的道德价值，这取决于它背后的动因。直觉告诉我们，这很有道理。所以，尽管哈里成为绿魔是可接受的，这个可接受性还要取决于他这样做的理由。

同样的分析也适用于外星共生体，它逃脱后寄生到了一个憎恶彼得·帕克的宿主身上——艾迪·布洛克（Eddie Brock）。这强烈表明，成为毒液的举动是道德上难以接受的，所以我们应该认定，哈里·奥斯本和外星共生体分别成为绿魔和毒液的举动是错误的，并且他们想要消灭蜘蛛侠更是大错特错。

和堕落的朋友作对

现在，蜘蛛侠要面对两个棘手的敌人，他们都想用各种方式置他于死地。这样一来，他对他们又有什么道德权利和责任呢？我们可能会忍不住想，他们和蜘蛛侠面对的其他坏人没有区别。这在某种程度上是对的。比如，为了在敌人的进攻前自卫并保护他人的安全，伤害他们是道德上可接受的。假如绿魔滑翔进城里，将阴影投在我们友好的邻居爬墙者身上，而他恰好也在巡逻。蜘蛛侠一开始没注意到，但绿魔朝他掷出炸弹的那一刹那，蜘蛛感应警告了他。有着蜘蛛般的本能，蜘蛛侠一个后转体，用一大坨蛛网击中绿魔。他知道这很可能会让绿魔摔下去，有可能会带来极大的伤害，那这是道德可以接受的吗？是的。通常我们相信，在自卫时可以伤害他人。在这个例子中，被南瓜炸弹炸飞对蜘蛛侠来说可不是儿戏；如果那个炸弹击中目标，他就要经受剧烈的痛苦，很可能还会丢掉性命。可想而知，唯一能够阻止它的办法就是用网击中绿魔。

绿魔追杀蜘蛛侠会影响我们的评价吗？仔细考虑过后，它似乎没有看起来的影响那么大。考虑一个略微不同的场景。绿魔还是在跟踪蜘蛛侠，但他不是为了伤害他。他只是想要追上蜘蛛侠，向他自首，寻求专业帮助。只不过在去见蜘蛛侠的路上，他的滑翔机突然失控撞向一大群人。假设他撞上了人群，就会有许多人丢掉性命，但他自己将虎口余生。察觉到此事的蜘蛛侠，发现唯一能够阻止滑翔机的办法就是发射一张蛛网，虽然撞上蛛网很可能会摔断绿魔的脖子。这样一来，蜘蛛侠用蛛网射击绿魔似乎又是可以接受的了，尽管他心知肚明绿魔是来自首的，并且他能够在撞上人群后死里逃生——虽然其他人会因此丧命。

哲学家们常常诉诸所谓的双重效应理论（the doctrine of double effect）来为此类情形的结论辩护。双重效应理论认为，有时，做一件明知会伤害他人的事情在道德上是可允许的——大多数情况下，这种行为是错误的。在这些特殊情况下我们的行为不能算错：(1) 所带来的危害和好处在道德上有相同的权重。(2) 行为就其本身而言，是好的或中立的。(3) 危害不是达成福祉的手段。(4) 我们预见到危害,但并不意在带来危害。①

信息量太大了!不过,这里有个可以帮助你理解推论过程的例子。假设毒液又开始惹是生非了,蜘蛛侠将他引到了另一座钟楼。声波有望能让共生体从艾迪·布洛克身上脱离下来,蜘蛛侠清楚这一点。但是,假设他也知道他们的寄生关系十分紧密,如此一来,共生体可能会因分离立刻死去,而艾迪的精神会彻底崩溃。那么,蜘蛛侠是否可以用钟声分离二者,阻止毒液继续猖獗?双重效应学说会说可以。积极影响在于,这能结束毒液的恐怖统治。消极影响在于,它可能会杀掉共生体,还会让艾迪·布洛克崩溃。假设毒液太过于作恶多端,那么积极和消极影响就有相同的道德权重。(如果毒液只是通过言语辱骂惹恼蜘蛛侠,那就完全是另一回事了。)这满足第一个条件。

第二个条件也满足了。因为处于钟声周遭本身是一件道德中立的事。钟声并没有什么特别邪恶的地方。共生体的毁灭和艾迪的心理崩溃不是阻止毒液肆虐的手段;手段是钟声,简单明了。所以第三个条件是满足的。最后,艾迪的崩溃和共生体的毁灭是可预见的,但蜘蛛侠并不意在要这样做。蜘蛛侠当然更愿意让艾迪远离他的命运,如果可能,甚至远离共生体。因此,根据双重效应理论,蜘蛛侠可以把毒液引去钟楼,让它来完成剩下的任务,即使这会造成可预见的伤害。

---

① 中世纪哲学家托马斯·阿奎那被认为是第一个正式提出双重效应学说的人。研究这一理念的当代哲学家有 G. E. M. 安斯库姆(G. E. M. Anscombe)、弗朗西斯·卡姆(Frances Kamm)、沃伦·奎因(Warren Quinn)和菲利帕·福特(Philippa Foot)。

搭把手——或者，搭个网

一旦我们承认了，在许多情况下，蜘蛛侠都可以像对待其他敌人一样对待绿魔和毒液，我们能否得出结论——他在所有情况下都有相同的责任，就像对待他的其他反派敌人那样？

不是这样的。回想一下，我们对亲密的人有特殊的责任——朋友、家庭、依赖我们的人。我们对他们所有的义务就是帮助他们**更茂盛地生活**，尽量帮助他们成功，帮助他们成就人生目标，还要在他们遭遇挫折、障碍的时候成为后盾。这些义务都来自康德的绝对命令（还有神圣命令理论、美德伦理学，以及其他道德理论）。请记住，康德的定律说，我们永远不该将他人当作手段，而要当作目的。诚然，我们明白这个定律不像它看起来那么容易；它的前半部分要求对欺骗和其他许多事情的绝对禁止。仍然，许多哲学家都对绝对命令抱以同情的态度，即便事到如今，绝对命令不得不做出改变了。

但究竟什么是将人当作目的？流行的观点将其视作给予了我们**行善**的义务，诸如刚刚所讨论的那些一样。对康德来说，我们每个人都有责任以不同的形式帮助他人。但是康德还意识到，如果这被解释为**我们对每个人都负有这些义务**，那么要求就太苛刻了。因此，他的诠释有一定的灵活性，可以让我们选择何时向谁提供帮助。简单地说，我们必须帮助某些人，但我们没有义务帮助每个人。也就是说，解释我们对某些人负有**特殊**义务的一种方式是，通过我们与他们的关系来理解，哪些人正是我们必须为之履行一般行善义务的人。

对哈里和共生体来说，这意味着什么呢？撇开我们看过的一些极端案例不谈，蜘蛛侠通常不必对他所面对的敌人作出生死抉择。相反，他主要是运用自己的技巧和智慧抓住坏人，并将他们交给当局，在理想情况下，这使得对敌人和其他人带来最小的伤害——包括他自己！——成为可能。作为一名超级英雄犯罪斗士，一旦蜘蛛侠抓住了坏人，他对他们的道德责任就或多或少完成了。

然而，当涉及哈里或共生体时，情况就不一样了。他与他们的关系使他有责任尽他所能，来帮助哈里和共生体远离他们邪恶的生活方式，改变他们的生活。他可能会失败，但轻易地放弃则是绝不能接受的。这可能包括帮哈里获得专业治疗。也可能涉及帮共生体找到一名自愿的宿主，这样一来他们的关系就是互利互惠的，而不是共同堕落。涉及的事情太多了。然而，最主要的是，蜘蛛侠与电王、蝎子乃至章鱼博士都不一样，他对绿魔二代和毒液的责任并不止于擒拿到手。相反，由于他们之间的关系，当他们落网时，蜘蛛侠还对他们负有一些特殊的责任。

所以，蜘蛛侠的对手可能不是一流的坏蛋，但他仍然面临着和所有超级英雄一样艰巨的任务。虽然在坏人造成太大伤害之前就把他们抓起来显然很有挑战性，但改造他们就更有挑战性了。这正是蜘蛛侠在面对绿魔二代和毒液时所要做的。毫无疑问，我们友好的邻居爬墙者有一份量身打造的工作，但蜘蛛侠毫无疑问地胜任了这项挑战，这才是他真正了不起的地方。

第六部分

会说话的神奇蜘蛛：笑话、故事与我们的选择

15
妙语连珠：蜘蛛侠笑话中的道德观

丹尼尔·P. 马洛伊

别再说笑了！

——秃鹫，《神奇蜘蛛侠》#7(1963)

看看这怎么样！我都**不知道**我有了新武器！我的**蜘蛛嘴遁**！

——蜘蛛侠，《神奇蜘蛛侠》#23(1965)

假设你是漫威纽约城的一名罪犯。假设你被逮捕了。是谁抓住你的？好吧，你正在读一本关于蜘蛛侠的书，所以我猜就是他。但想想其他的可能性：惩罚者、夜魔侠、奇异博士、雷神托尔、美国队长、钢铁侠，几乎所有 X 战警或复仇者，还有可能是普通的老纽约警察。我不清楚你怎么想，但我宁愿被他们中的任何一个击败（除了惩罚者，因为某些显而易见的原因），也不愿碰上蜘蛛侠，我来告诉你为什么——看，任何一个漫威蒙面英雄都会把我打得屁滚尿流，然后依法拘留（再说一遍，惩罚者除外），但蜘蛛侠不仅会揍我、逮捕我，**还要一直拿我开玩笑**。这简直是雪上加霜。其他人可能会(狠狠地)揍我一顿,但他们是用严肃的态度对待这种情况:我触犯了法律,现在必须受到惩罚。(求求上帝!我不想面对惩罚者!)而蜘蛛侠会把整个邂逅变成即兴剧场的开麦之夜。

蜘蛛侠爱开玩笑的习惯会挫败他的敌人,同样也会挫败他的同僚——和法律站在一边,不代表就能随意语露锋芒。那他为什么要这么做?当人们想要杀死你、侮辱你的同僚时,花时间逗乐子至少不是件明智的事。蜘蛛侠确实会拿他的同僚开玩笑,实际上,他这样做是想让敌人冷静下来,或者转移他们的注意力,这似乎与认为他在说"垃圾话"的指责背道而驰。那么,蜘蛛侠的笑话有何目的?他为什么不闭嘴呢?

蜘蛛侠,有什么好笑的?

有些人天生就是讲笑话的好手。还有些人仿佛总是抓不好时机,要么就是抖不好包袱。除了讲笑话的能力不同,我们接受笑话的能力也不同。有的人似乎一点幽默感都没有。除开这些人(很难想象他们会对这一章感兴趣),我们的笑点也千差万别。有些人的幽默感阴暗、扭曲;有些人喜欢双关和冷笑话;有些人喜欢拿别人取乐,但又不爱被开玩笑。但我们说着相同的语言:笑话、笑声、幽默。鉴于我们对好笑的见解大相径庭,自柏拉图以来,哲学家们意料之中地一直在争论幽默的本质和目的。他们讨论的并不总是笑话,但让我们发笑的究竟是什么?哲学史上那些愉快、可辨的背景小冲突里,总也少不了这个基本问题。

最古老的幽默理论是优越论（superiority theory），由柏拉图（约公元前428—前348）在《菲利布篇》(Philebus)中提出。简单来说，优越论认为，笑话之所以有趣、之所以好笑，是因为我们莫名其妙地认为自己比那些可怜的蠢货、白痴要更优越。托马斯·霍布斯（Thomas Hobbes，1588—1679）对此作了一番著名又简洁的描述，他写道："突如其来的荣耀是一种激情，让狰狞变成了欢声笑语；要么是出于自身某个好笑的举动；或是出于对个别畸形物的恐惧，相比之下，他们从中看出了自身的优越。"[1] 有很多方式可以让我们感到优于他人，每种方式都能解释某种类型的幽默。例如，滑稽戏的幽默往往是基于观众对笨手笨脚的傻瓜的优越感。

所以，当蜘蛛侠自嘲时——比如"追求事业！没有假期！没有补贴！连薪水都没有！"——我们之所以觉得好笑，不是因为认同或同情我们友好的邻居蜘蛛侠。[2] 相反，我们之所以发笑，是因为它让我们觉得自己比蜘蛛侠优越得多。在这种情况下，我们的优越仅仅就是比他人过得更好。优越论也可以很大程度地解释蜘蛛侠的魅力——自打初次登场，蜘蛛侠一直都是个可爱又经典的失败者。能感觉自己比超能力者更优越，人们心里自然格外美滋滋。

在更晚近的时候，弗朗西斯·哈奇森（Francis Hutcheson）（1694—1746）首次提出了乖讹论（incongruity theory），部分否定了霍布斯式的优越论。经典乖讹论认为，幽默建立在期望落空上——

---

[1] Thomas Hobbes, *Leviathan* (New York: Cambridge University Press, 1996), 43.
[2] *Amazing Spider-Man* #11 (1964).

听起来是不是有点可笑？伊曼努尔·康德(1724—1804)解释说："笑是一种由高度期望突然转变为虚无的结果。"①笑话预设了一定的期望——它有一个符合逻辑的先后顺序。笑话包袱打乱逻辑顺序，挫败我们的期望来制造乐趣。然而，这仅仅是乖讹论的诸多版本之一。这个理论不过是在广义上认为，幽默建立在某种期望和满足之间或概念和经验之间的不协调的基础之上。

它在某种意义上仍然可以解释蜘蛛侠的魅力。蜘蛛侠的诸多典型特质都有显而易见的不和谐处：比如，他喜欢在性命攸关时开玩笑。除此之外，作为一个无所不能的超能力者，他的私生活却不尽如人意，这二者也是不协调的。

至少，蜘蛛侠的某些笑话可以这样解释，正如他回应 J. 乔纳·詹姆森的警告那样："先生，我**爱死了**警告！实际上，下回我就要为《读者文摘》(Readers' Digest)写一篇文章，题目就叫《最难忘的警告》。"②他用同样的方式回应了阴谋家(the Schemer)③的警告："大家**总是**警告我！他们**关心**我真是太好了！"④这两个例子之所以引人发笑，是因为警告及其代表的危险和蜘蛛侠的态度之间产生了冲突。蜘蛛侠说了什么俏皮话并不重要，重要的是态度。蜘蛛侠被警告了，他应该感到害怕。而恰恰相反，他以此逗乐子，所以不协调就出现了。

---

① Immanuel Kant, *Critique of the Power of Judgement*, trans. Paul Guyer and Eric Matthews (New York: Cambridge University Press, 2001), 209.
② *Amazing Spider-Man* #7 (1963).
③ 阴谋家(the Schemer)，即理查德·菲斯克(Richard Fisk)。——译者注
④ *Amazing Spider-Man* #85 (1975).

第三种幽默理论是缓释论(the relief theory)。其最著名的论证来自西格蒙德·弗洛伊德(1856—1939)的《诙谐及其与潜意识的关系》(*Jokes and Their Relation to the Unconscious*)。缓释论认为,笑本质上来源于某种压力的释放。在弗洛伊德的理论中,压力是无意识的,它来自社会规范的内在化及其与自然冲动的冲突。当这种紧张关系得到缓解时,我们就会感到放松——比如,下流笑话就能让我们忽视这些规范。其他版本的缓释理论则关注压力或紧张的不同来源。

同样,不难看出缓释论如何可以适用于蜘蛛侠的那些笑话。毕竟,和罪犯、疯子还有魔鬼作对着实让人紧张,而紧张时,没有什么比笑话更让人放松了。怪不得他们称之为"喜剧性调剂"。当红骷髅——他不是蜘蛛侠平日里要对付的人,但依然异常凶狠——对蜘蛛侠的回归表示惊讶时,他回答道:"你说'回归'是什么意思?我**一直都在**呀!"①很明显,他是在试图转移注意力,很可能是让自己分分神,别去想当下凶险的处境。

这些理论各有不同,也各有缺陷。优越论让笑和笑话显得天生残忍、傲慢。不同版本的乖讹论都设法囊括所有奇特、古怪,有时甚至骇人的不和谐处,但它从来都与好笑无关。缓释论也有一些反例。弗洛伊德式的缓释论大概不出意料地对下流或黄色笑话的幽默很有解释力,却难以处理双关语和冷笑话——至少是那些健康的笑话。

这些理论都能解释蜘蛛侠的笑话为何好笑,但不是所有理论都能解释蜘蛛侠为何要讲这些笑话。乖讹论也许可以解释双关语为何

---

① *Amazing Spider-Man* Annual #5 (1963).

好笑,但它不能解释人们为何要说双关语。优越论和缓释论让我们对为何要说笑话有了一丁点儿认知。正如我们将看到的,某种优越论格外适合回应我们的问题,它认为,所有的笑话,包括蜘蛛侠的笑话,都是道德的。

我逗你玩呢,坏蛋!

幽默和道德之间存在着张力。事实上,二者常常相互冲突。我们会被一个笑话逗笑,但之后才意识到自己不该笑——我们为自己被下流段子逗乐而感到内疚。同样地,我们都曾经历过开玩笑开得太过火——可能是在悲剧发生后,立马说了个笑话。我们都知道那种不舒服的感觉。道德感告诉我们,因某些事情发笑是有问题的——但我们还是笑了。然而,尽管幽默有时和道德相冲突,它常常也有助于增强道德。讽刺作家,如尤维纳利斯(Juvenal)、乔纳森·斯威夫特(Jonathan Swift)和莫里哀(Molière)都用幽默来鼓励人们行道德之事。在生活中,我们也能看到幽默的这种功用。朋友之间就常常会取笑彼此的小缺点和道德瑕疵。

一部分优越论认为幽默的功用不仅是一种功能——事实上,它是好笑的事之所以好笑的原因。亨利·柏格森(Henri Bergson)(1859—1941)的论文《笑》(*Laughter*)是最有影响力的优越论之一。柏格森的理论认为,我们嘲笑他人,主要是因为他们不够优雅,缺乏社交礼节。近来,F. H. 巴克利(F. H. Buckley)在他的著作《笑的美德》(*The Morality of Laughter*)中完善了这一理论。[1] 巴克利的优越论由两个相互关联的命题组成,积极命题和规范性命题。积极命题认为,说笑话的人相信他们自己在道德上优越于取笑对象。所以,在蜘蛛侠的例子中,巴克利的第一个命题就是在说,蜘蛛侠认为他比他侮辱、取笑的对象要更优越,无论他们是坏人还是英雄。而规范性命题则更强,它认为,说笑话的人不仅是**相信**自己比他的取笑对象在某方面更优越,而且他们**的的确确**要更优越。也就是说,当蜘蛛侠取笑乔纳利·乔纳脾气差时,这个笑话之所以好笑,一部分是因为蜘蛛侠有资格开这个玩笑,他在这方面比詹姆森更优秀。虽然这个命题更强,但它可能比积极命题更容易接受——至少在蜘蛛侠的例子中是这样。积极命题可能意味着蜘蛛侠只是一个傲慢的混蛋;规范性命题意味着他是一个真正的英雄。

尽管巴克利的观点只是基于他自己的观察和对各种笑话的阐释,但也有一些社会学和人类学的证据可以支持他。这些领域对幽默的研究通常不是从讲笑话者的角度进行,而是来自那些听笑话的人。这些研究表明,许多笑话都有社会功能。[2] 尤其是那些取笑蠢人的笑话可以增强社会凝聚力。当说笑话的人指出听众和蠢人的不同,还有蠢人做了什么蠢事时,观众们从中获得了一种凝聚感。所以,当我们和蜘蛛侠一起开怀大笑,其实就是在重申自己合法公民的身份。当我们嘲笑蜘蛛侠的敌人——或同僚——我们就是在经历基

---

[1] F. H. Buckley, *The Morality of Laughter* (Ann Arbor: University of Michigan Press, 2003).

[2] 比如,参见 Richard M. Stephenson, "Conflict and Control Functions of Humor," *American Journal of Sociology* 56, no. 6 (1951): 569–574。

于优越感之上的那种,霍布斯所说的"突然的荣耀"。

尽管巴克利的理论十分诱人,而且还有经验证据的支持,它仍然存在一些问题。比如,巴克利要摒弃很多种笑话,才能让他的理论行之有效——对巴克利来说,任何笑柄不是道德行为者的笑话都不算笑话。所以双关语,关于动物的笑话,或者好笑的垃圾话,无论多么有趣的,都不能算作笑话。巴克利说:"除非动物让我们想起人类,我们就不会嘲笑它。"[1]如果巴克利是要重新定义笑话,这也许是可接受的,但他没有这样做。相反,他更加坚定地宣称,我们只会因有蠢人的笑话而发笑。现在,我不否认我最喜欢关于蠢人的笑话,可我认为动物笑话和普通的双关也很好笑。

鉴于这些不足,我们面临两个选择:要么全盘抛弃巴克利的优越性理论,要么进行修改以适应对它的批评。尽管接受批评意味着要削弱他的理论,我还是选择这条道路。所以,为了解释蜘蛛侠笑话的目的,我必须在一个重要的方面修改巴克利的理论。即我否定了巴克利理论的适用范围;并非所有的幽默都建立在比别人优越的基础上;换句话说,不是所有的笑话都需要把蠢人作为笑柄。我主张缩小它的适用范围,即所有关于蠢人的笑话都是基于某种道德优越感的。让我们加上这个推论:取笑蠢人的笑话是为了让蠢人改变特定的习惯。

---

[1] Buckley, *The Morality of Laughter*, 17-18.

蜘蛛教授和坏人们

蜘蛛侠的笑话基本上嘲笑三类人：坏蛋、英雄同僚们，还有乔利·乔纳·詹姆森。是的，老 J. J. 是个混蛋。不过《号角日报》的编辑还没有坏到能被看作恶棍（尽管他在这个方向略有尝试，譬如他就助推了蝎子[Scorpion]的诞生），而他当然也不是个英雄（尽管他自己是这么认为的）。蜘蛛侠最喜欢嘲笑的就是恶棍。他费了许多功夫去对付那些凶险的恶棍——更不用说平日缠斗的那些街头混混。有时，他会直截了当地嘲笑对方的道德缺陷，有时又肆意谈论对方的无能，偶尔还会直接侮辱。例如，在对付金并（Kingpin）时，蜘蛛侠总是取笑他肥头大耳。身材羞辱通常很伤人，但金并的例子可以算个例外，因为他是坏人。

标准的优越论认为幽默总有一丝残忍。我们因为某人在某方面不如自己而笑话她——被笑话的人要么失败，要么有某种缺陷。我们的快乐建立在失败上。这就是为什么大多数优越论者，从柏拉图到霍布斯，都不鼓励过度的笑。他们很可能不会喜欢蜘蛛侠的俏皮话。然而，我对巴克利理论的诠释解决了这一问题，让我们可以放心地开怀大笑——因为我们取笑的是那些坏人。蜘蛛侠嘲笑金并的体重、秃鹫滑稽的样子，还有神秘客头上戴的那只奇怪的碗，这些笑话听起来都很伤人，其中一些甚至莫名其妙。但假如我们将其视作挫伤对手傲气的手段，就不难理解了。它们在道德上是可接受的，因为它们其实并不刻薄。这些坏人想要成就道德沦丧之事，而蜘蛛侠则想要他们回头是岸。

分析蜘蛛侠的一些笑话可以更清楚地发现其中的道德讯息。蜘蛛侠通常都在鼓励他的敌人们改过自新,尽管他的方式不是很严肃。例如,第二次遇见秃鹫时,蜘蛛侠一刻不休地提及那些艾德里安·图姆斯(Adrian Toomes)显然并不具备的道德品质。长翅膀的恶棍典型地进行了一番浮夸的自吹自擂,随后蜘蛛侠立刻回击说,"我就喜欢你的**谦虚**"。又或者,当两人同时从高处摔下时,秃鹫恳求蜘蛛侠救他一命,蜘蛛侠解释说自己没法把他一同救下,因为"我正忙着欣赏你低调的勇气!"①又或者,当章鱼博士说他这次不会对蜘蛛侠手下留情时,蜘蛛侠回答说:"你说'这次'是什么意思?你之前可**从没**这么弗罗伦斯·南丁格尔(Florence Nightingale)!"②显然,蜘蛛侠是在鼓励章鱼博士回头是岸,别再那么残暴。在许多类似例子中,蜘蛛侠的笑话都传递了明显的道德讯息。他不会直接说"别再犯法了!"——承认吧,这一点都不好笑,而且可能并不会让人悔改。相反,蜘蛛侠笑话中的道德讯息鼓励着他的对手去过美德的生活。每一次,蜘蛛侠都在鼓励他的敌人培养那些他们所缺少的美德:谦虚、勇气和同情心。谁知道呢?或许一点儿幽默就可以把他们从恶中唤醒。

其他时候,蜘蛛侠的笑话并没有明确的道德讯息。它们有时看起来就像是莫名其妙的辱骂——尤其是嘲笑那些无意识的东西时。尽管如此,他的大多数笑话都有鼓励**社会**公德的意味。社会公德与美德略有不同。美德是说,作为人,我们该如何表现。社会公德是

---

① *Amazing Spider-Man* #7 (1963).
② *Amazing Spider-Man* #12 (1964).

说,为了和他人相处,我们该如何表现。勇敢是一种美德,但勇敢的人——起码假如我们对"勇敢"的定义不太挑剔的话——有时可能是反社会的,甚至是彻头彻尾的卑鄙。想想看:蜘蛛侠的一些敌人就非常勇敢,却很不友善——有些甚至是彻头彻尾的粗鲁。这就是蜘蛛侠许多笑话的目的:纠正粗鲁的行为。当蜘蛛侠问甲虫(Beetle):"啧啧!你进门前从来不敲门的吗?"这不仅是在诙谐地描述甲虫穿墙而入的行为①,还是蜘蛛侠鼓励社会认可行为的方式。不过,这些笑话并不仅限于阻止无礼。它们还能阻止恼人的行为,比如重复自己说过的话。比如他问秃鹫:"你确定你从来没把**唱针**当成针头用过?"②

好吧,你说,之所以蜘蛛侠开坏人的玩笑是为了某个奇怪的浪子回头计划。你说得不错。但蜘蛛侠的妙语连珠并不仅限于恶棍。J. 乔纳·詹姆森或许是个讨厌鬼,但他算不上恶棍——可蜘蛛侠取笑他的次数不比他的敌人们少。当然,乔利·乔纳同样是个粗鲁的家伙,还是个妄想狂。他对优越论没什么威胁,但蜘蛛侠的玩笑并不局限于他显而易见的道德和社交瑕疵。他还开另一些人的玩笑,那些牺牲自己拯救他人的——英雄!他甚至拿美国队长开涮!这似乎就有点问题了。蜘蛛侠并不比漫威宇宙中那些被他开涮的英雄们更优秀——他自己也不会这么认为。譬如,在美国队长发表了一场特别激动人心的演讲后,蜘蛛侠问他是否能帮这名星条闪耀的复仇者携

---

① *Amazing Spider-Man* #21 (1965).
② *Amazing Spider-Man* #7 (1963).

带书。① 所以,优越论有一个明显的疏忽。

蜘蛛侠劝诫超级英雄

或许,我们能接受将优越论应用于蜘蛛侠那些关于恶棍和乔利·乔纳的笑话。他有权利认为自己更优越:他是我们**友好的**邻居蜘蛛侠,而那些人基本上都是混蛋。蜘蛛侠笑话混蛋们合情合理——但他的笑柄不总是这些人。当蜘蛛侠遇见自己的朋友和同僚时,他也会取笑他们,就像取笑混蛋们那样。有时这或许是因为蜘蛛侠和他的朋友们站在了对立面。我们无须想象《内战》那样戏剧性的情况。有时,几个超级英雄要是在方圆1公里内碰见了对方,就能打上一架。不过,在打斗之后,他们通常会联合起来对付其他的威胁——而且,蜘蛛侠还会继续开他的玩笑!他似乎就是控制不了自己。

至少,有一位举足轻重的哲学家是这么说的。亚里士多德(公元前384—前322)警告那些爱开玩笑的人说,他们有成为小丑的危险。亚里士多德将其归因于优越论,可他并不是反对这类玩笑。他明白开玩笑的好处甚至必要性,但亚里士多德警告我们,开玩笑要在合适的时间、合适的地点。聪明人清楚这一点,而小丑不明白。正如亚里士多德所描述的那样:"小丑忍不住要去引人发笑,要是他能逗乐子,他就绝不放过别人,也不会放过自己,即便是说些智慧之人绝不会说

---

① *Amazing Spider-Man* #537 (2006).

的话,说些智慧之人绝不想听的话。"①

亚里士多德会认为蜘蛛侠就是个小丑,但我认为这种评价有失公允。没错,他的确爱开玩笑。别人不想笑的时候,他也依然乐此不疲。什么人什么事都能成为他开涮的对象——比如队长和托尔——别人可不敢开他们的玩笑。但和真正的小丑不同,蜘蛛侠在情况需要时会克制自己。比如在格温·斯黛西死后,或者面临真正巨大的困难时,蜘蛛侠也会是严肃的。

当然,当我们希望他表现得严肃点儿时,他就偏不如此——比如在战斗的高潮中。当某人要杀掉你,毫无疑问你会被期待有个严肃、庄严的回应和态度。我们已经见识过一些说明蜘蛛侠为何不严肃点儿的理由——他想要纠正恶棍们的行为。但是问题在于,蜘蛛侠还会和他的同僚们一起开玩笑,甚至取笑他们。一种可能的解释是,蜘蛛侠的笑话能缓解紧张的气氛。有可能蜘蛛侠只是一个不合群的人,当他和其他英雄们一起行动时,他需要讲些笑话来让自己不那么尴尬——也让别人少尴尬些。他的队友们(取决于他们是谁)基本上都能很好地回应他的笑话——这是一个让队伍立即团结起来,保持放松的好方法。在一场生死攸关的斗争中,你最不愿意看到的就是每个人都视死如归——这样一来,一定会有人崩溃。蜘蛛侠对其他英雄们开的小玩笑——至少其中一些——可能是某种生存策略。

尽管这可能不无道理,可一旦分析分析蜘蛛侠是如何取笑那些英雄同伴们的,就会发现他仍然在传递道德讯息。现在很明显,他无

---

① Aristotle, *Nicomachean Ethics*, trans. Terence Irwin (Indianapolis: Hackett, 1999), 66, 1128a, 35 - 1128b, 1.

须指导他的英雄同伴们（在大多数情况下）如何品行端正地生活。偶尔会有一些例外，不过他们早已知道如何生活。但蜘蛛侠能教会他们的是公共美德。"我一直认为自己是城里**最可爱**的小英雄。"①他这话并不过分。比起他那些穿紧身衣的同伴们，蜘蛛侠一般更有人缘。所以，他有资格教育他们礼节。比如在和那个可爱的蓝眼石头人（Thing）并肩作战时，蜘蛛侠劝格瑞姆先生（Mr. Grimm）来点原创的段子，不要每次都重复他那句臭名昭著的口头禅了。"别说那个，本杰明！"蜘蛛侠说。"求求你！说点**别的**吧！**什么都可以！**"②蜘蛛侠一般就是这么拿他的英雄伙伴开涮的。他们常常关注自己的态度或说话方式，却极少关注自己的行为。某次，铁拳（Iron Fist）说了一些格外灵异的话，蜘蛛侠对他说，"太棒了。你真是个行走的**签运饼**③"④。要么就是调侃奇异博士夸张的道别方式，蜘蛛侠说，"愿你的阿戈摩托护身符永不发痒"⑤。奇异博士和托尔是蜘蛛侠最爱纠正的那类人。

无论是不是出于好的意愿，蜘蛛侠的嘲讽不总是能够得到同辈们的认可。当然，石头人确实很努力克制自己不要说"是痛击的时候了（clobberin' time）"，但没有成功。不过大多数时候，蜘蛛侠的英雄伙伴们不会理会他的建议。他们通常都忙着为自己搏命，没时间说笑。所以他的建议无人理会，他的笑话无人欣赏。听起来确实是这样——蜘

---

① *Amazing Spider-Man* #43 (1966).
② *Marvel Team-Up* #47 (1967).
③ 签运饼（Fortune Cookie）是海外中餐馆常有的一种饼干，里面藏有预测运势的字条。——译者注
④ *Marvel Team-Up* #31 (1965).
⑤ *Amazing Spider-Man* Annual #2 (1963).

蛛侠过着一种吃力不讨好的生活。在某种程度上,他的玩笑和整个打击犯罪的职业生涯都有同一个核心问题:他为什么要自找麻烦?

笑　点

蜘蛛侠的笑话有许许多多种其他解释。或许我之前搞错了,蜘蛛侠真的就是个亚里士多德式的小丑。或者他的笑话只是他在面具下享受自由和匿名性的方法。或许只是为了缓解紧张,让旁观者和伙伴们安心,分散敌人的注意力。这些心理原因都能很好地解释蜘蛛侠为什么嘴碎,但它们无法解释笑话本身——而只能解释为何要说笑话。这些笑话的真正目的是传递道德讯息——鼓励蠢人们通过接纳一些美德、社会公德来改变自己的生活方式。

现在唯一剩下的问题就是,笑话能多有效地影响行为。在蜘蛛侠的例子中,回答似乎是:不是很奏效。无论他有多少次"鼓励"章鱼博士和电王改过自新,他们总是会变本加厉。对于那些被蜘蛛侠当作笑柄的英雄们来说,情况也大同小异。托尔还是用那种自诩为神的语气讲话。但蜘蛛侠仍不放弃。

和其他许多事一样,笑话在日常平凡生活中往往比在蜘蛛侠身上更管用。想想你自己的经历吧:我们都不喜欢被嘲笑。我们想笑话别人,而不是被笑话。所以,我们会想要去改变那些成了笑柄的习惯。因此,我们不仅有资格享受偶尔的玩笑,我们还有积极的责任去开玩笑!这是促进彼此进步的最好办法,而且还是最有趣的办法。所以,出去惹恼几个人吧!这可是为了他们好!

16
《再多一天》背后的争论

马克·D. 怀特

可以肯定,2007 年,在《再多一天》("One More Day")发行后,许多蜘蛛侠粉丝都把漫威主编乔·奎萨达(Joe Quesada)从圣诞贺卡名单里拉黑了。[1] 彼得·帕克在《内战》中向全国观众揭晓了自己的身份,这之后不久,梅婶婶中枪。而在《重披黑衣》("Back in Black")里,彼得为追捕凶手重新穿上一袭黑衣。由四部分组成的《再多一天》表现出彼得是如何急切地想要挽救婶婶的性命。他向托尼·史塔克(曾是他的导师,目前负责超级英雄注册,且想要将彼得拉拢至己方战线)求助,但遭到拒绝。他又向许多有超能力、懂魔法的朋友求助,包括奇异博士。奇异博士同他一起重临了梅婶婶被枪击的现场,这次逗留至关重要,可没有人能帮得上忙。由于年事已高,再加

---

[1] 《再多一天》分四部分发行:*Amazing Spider-Man* #544(November 2007),*Friendly Neighborhood Spider-Man* #24(November 2007),*Sensational Spider-Man* #41(December 2007),and *Amazing Spider-Man* #545(January 2008)。2008 年,又发行了合订平装本。(这条故事线后,*Friendly* 和 *Sensational* 被砍掉了,*Amazing* 被收至《崭新之日》["Brand New Day"]旗下,每月发行 3 次,直到 2010 年 11 月。)

16 《再多一天》背后的争论

上子弹造成的创伤,梅注定命不久矣。彼得很可能永远都无法走出这份愧疚和负罪感,在他向全世界公开身份时,他将梅婶婶置于了如此致命的危险中。①

正当似乎一切尽失,彼得和玛丽·简都已经准备好接受梅婶婶注定死去之时,机会来了——他的名字是梅菲斯特(Mephisto),漫威宇宙里的撒旦(Satan)化身。梅菲斯特向彼得和玛丽·简提议:他叫以改变历史,让两个人的婚姻不复存在,并且抹去所有人关于彼得身份的记忆,这样梅就不会时时刻刻性命攸关。玛丽·简先同意了这个提议,在深思熟虑、几番讨论后,彼得也点头说好。

但是粉丝们当然**不会**买账。互联网讨论区几乎一致态度消极,这还是稍微温和点的说法。许多蜘蛛侠的铁杆粉丝宣布脱粉。然而许多没脱粉的也对"崭新之日"时期开启的新发展并不满意,它抹消了二人的婚姻,让身份公开事件从没发生过(每个人都记得他们看到了,却没有人记得事情的主人公是谁——**哈**?),这仿佛是在忽视、践踏故事耗费多年建立起来的连续性。② 多年以后,人们仍然对故事线中的剧烈变化感到不悦,但是**为什么**粉丝们会对彼得和玛丽·简的婚姻反应如此剧烈?为什么如此多粉丝会因彼得个性反常的举动如此心烦?

---

① 关于彼得公开身份及其背后的伦理问题,参见我在本书第三篇《"我叫彼得·帕克":揭开正义与善的神秘面纱》中的解读。

② 后来的《在这一瞬间》("One Moment in Time")故事线(尽可能地)解释了这一点,参见 Amazing Spider-Man #638-641 (September-October 2010)。

我们有没有个性？

当我们说某人有"个性"时，通常是指这个人意志坚强、诚实或可靠。显然，这是个褒义词，但某人当然也可能个性很差——意志薄弱、谎话连篇、不靠谱。我们可以从对**个性**一词两种截然相反的应用里推测出：它们都预设人格有相当稳定的特征，或**个性特点**。比如，如果诚实是一种个性，又假如梅婶婶只在某些时候说实话，或只在符合她利益的时候说实话，我们可不会认为梅婶婶拥有这种个性。她必须得时刻诚实，或至少大多数时候诚实，即便说谎符合她的利益。只有这样，我们才能放心地说她是个真正诚实的人，或有着诚实的个性。同样，如果我们看见她厚颜无耻地撒谎，我们很可能会认为她的行为"与个性不符"，因为这和我们对她个性的明确认知产生了冲突。

认为人们具有某种个性特点似乎是非常自然的假设，并且人们会因身上好（或坏）的品质而被"定性"。梅婶婶诚实，玛丽·简可爱，哈里·奥斯本风趣，J. 乔纳·詹姆森——你懂的。这不仅是件平常小事——还是哲学家们讨论的话题。一个著名的道德哲学流派，美德伦理学（virtue ethics），通过判断某人的个性来评价她的道德品质：她是否有诚实、勇敢、善良等美德？美德伦理学很少关注某人做了什么，或者她行为的影响，而是关心她是什么样的人。①

但是有很多证据表明，个性特点没我们想象得那么稳定。某人在特定情况下的行为，其实可能与那些我们与之联系的个性特点（比如善良或诚实）完全无关。那么，或许描述一个人的"个性"完全是无端的。心理学家们的实验表明，环境的微小变化可以导致道德行为的剧烈转变。例如，一个在付费电话附近进行的实验显示，当人们发现电话里有硬币时，他们随后帮助陌生人的概率略大。如果个性特点如我们（和美德伦理学家）认为的那样稳定，那么某人是否愿意帮助陌生人，就不该取决于他们有没有在付费电话里找到硬币。情境主义者（Situationists）认为，相比稳定的个性特点，决策和行动对当前情境的细节更加敏感，这为我们关于个性的共识和美德伦理学的基础提出了一个问题。②

我们姑且认为，"美德伦理学家联盟"（League of Virtue Ethicists, L. O. V. E.）的成员们并没有接受"坚决反对刻板个性的情境主义者"（Situationists Hard Against Fixed Traits, S. H. A. F. T.）的批评。（接招吧，神盾局 S. H. I. E. L. D.）L. O. V. E. 的成员们认为，情境主义者的实验不是捕捉一个人长期以来的表现，而只是简单地记录人们对同一情境的不同反应。性格的表现不在某个孤立的行为，而是贯穿一生的行事，是一致的、有原则的抉择，包括那些更重大

---

① 关于美德伦理学的全面介绍，参见 Rosalind Hursthouse, "Virtue Ethics," *Stanford Encyclopedia of Philosophy*, at http://plato.stanford.edu/entries/ethics-virtue/。

② 关于情境主义最详尽的处理，来自这个领域的领军人物之一，参见 John Doris, *Lack of Character* (Cambridge, UK: Cambridge University Press, 2002)。

的、改变生活的抉择,而实验很难模拟出这些。此外,这种行为模式并不一定是完全一致的——没有人是完全诚实或完全勇敢的,所以当人们偶尔偏离他们的个性特点时,我们不应该感到惊讶。最后,美德伦理学家将个性特点的概念,诸如诚实和勇气构建得十分精巧、复杂。诚实并不简单意味着无论发生什么都说真话,而勇敢也不仅意味着无畏——这些特点远不止于此。所以,简单的实验很难完全说明这些多面的个性特点。①

聊够了普通人——那么超级英雄呢?

让我们给 S. H. A. F. T. 一点儿爱吧(作为回礼,给 L. O. V. E. 一点支持),并且承认,要在现实中的人身上识别出稳定的个性特点,至少是麻烦丛生的。那么,像漫画角色这样的虚构人物呢? 毕竟,彼得·帕克、玛丽·简、梅婶婶,甚至梅菲斯特都不是真人。(我知道你认为自己去年 7 月在圣地亚哥见过他们,但那其实只是 cosplay②。)我们之前对个性特点的讨论,要如何应用到虚构人物身上呢?

在很多方面,我们都会期待漫画人物的个性比我们认识的人更加一致。为什么? 一个原因是,现实中的人更复杂(是的,男的女的

---

① 关于情境主义理论一个可读性很强的批评,参见 Kwame Anthony Appiah, *Experiments in Ethics* (Cambridge, MA: Harvard University Press, 2008),尤其是第二章。

② 每年 7 月,圣地亚哥(San Diego)都会举办漫展。许多粉丝会在漫展上将自己打扮成虚拟人物的形象,这种行为被称作 cosplay。——译者注

都复杂），通常表现出许多不同的个性特点，有些强硬，有些软弱，有些令人钦佩，有些则不然，而且这些特点总会相互冲突。然而虚构人物，甚至那些连载了几十年的漫画人物，他们的个性都要简单得多，而且通常为几个核心个性所定义。美国队长光荣、勇敢、诚实；钢铁侠务实、聪明，有时意志薄弱；神奇先生在科学上才华横溢，却对人际关系一无所知（尤其和他的妻子）。如果一个超级英雄的大致轮廓能够被清晰地勾勒、建立，他的个性因这些特点而为人所知，那么，任何偏离这些特点的行为都会被认为是创作上的失败，或是"与个性不符"。假如美国队长偷了小朋友的糖果，钢铁侠下象棋输给了浩克，神奇先生变得像菲尔博士（Dr. Phil）①那样通情达理，那么粉丝们当然会想，这些作者到底有什么毛病。②

角色的连续性能让读者明白，自己应对故事中的英雄或恶棍有怎样的期待。我们可能不确定自己的朋友在特定情况下会怎样行动，但超级英雄们不一样。你从《美国队长》里看见一个光荣、高尚的英雄是如何饱经极端情况考验的；你在《钢铁侠》中看见头脑是如何战胜力量的；你阅读《神奇四侠》，想看看苏·理查兹能和她丈夫在一

---

① 菲尔博士（Dr. Phil）是美国的一档访谈类节目，主持人菲尔·麦格劳（Phil McGraw）擅于在节目中运用心理学知识。——译者注

② 多个作者、编辑同时运作同一个角色会让事情变得更复杂（说的就是你，金刚狼）。举一个最近的例子，在两部据推测发生时间相差无几的漫画中，绿灯侠（Green Lantern）（也就是哈尔·乔丹[Hal Jordan]）对蝙蝠侠（布鲁斯·韦恩）之死表达了两种截然不同的情绪，这让粉丝们困惑不已。（参见"漫画最棒！"["Comics Should Be Good！"]博客中一个极富启发性的讨论：http：//goodcomics. comicbookresources. com/2009/09/05/character-personality-consistency-in-team-books-do-you-care/。）

起多久。① 漫画、电视剧(尤其肥皂剧)或连载丛书的粉丝常常觉得自己了解这些故事角色,胜于了解自己的朋友、家人。

假如只是因为这些角色的个性特点比现实中的人更明确,而创作者们往往会在为角色创作新对话、新动作时遵守这些严格的界限,从这个非常实际的意义来讲,粉丝们确实更了解虚拟角色。因此,角色对粉丝来说变得很"可靠":他知道美国队长会做正确的事,钢铁侠会想出拯救世界的办法,而神奇先生会忽视他可爱的妻子(只是通常不会过分到把她气跑)。

这部分解释了为什么粉丝们对彼得和梅菲斯特的交易如此不满:起初彼得·帕克就一直被塑造为一个善良、负责任、正直的人。就像他的偶像美国队长一样,彼得总想要做正确的事,无论生活扔给他什么,他都从不走捷径,也不选择轻松的道路。正如本叔叔那句著名的教导,"能力越大,责任越大",当彼得身负重任,他希望内心能确定自己在做正确的事。② 而其中的问题是:在一个怎样乱七八糟、猫狗和平相处、诺曼·奥斯本剪了炫酷发型的世界里,**和恶魔做交易**会是件正确的事?就算不谈正确与否,这也绝不是个明智的抉择——如果你认为这很明智,那我只好卖给你一个能许愿望的猴爪③。

这是否意味着,个性永远不会改变、成长、发展或习得?当然不是,但这种过程是缓慢的(我们不会期待里德·理查兹一夜之间变成

---

① 好吧——还想看看那句"是痛击的时候了!"("it's clobberin' time!")(口头禅是建立角色连续性的一个简单办法,尽管它不会特别深刻。)

② 我在本书第三篇《"我叫彼得·帕克":揭开正义与善的神秘面纱》中对这个主题进行了更深入的讨论。

③ 嘿,孩子们:这是个文学典故!《猴爪》[*Monkey's Paw*]是一部小说,讲述了对有魔力的猴爪许愿后,事态一发不可收拾的故事。——译者注

完美丈夫)。而且,它通常始于某种和某人个性相符的方式(里德终于决定要分一点心思去理解他妻子的感受)。如果没有某个改变人生的转折,或是一次醍醐灌顶,我们就不会指望虚构角色——或现实中的人——突然无缘无故地改变他们根深蒂固的行为方式。考虑到彼得·帕克在蜘蛛侠生涯中经历过太多稀奇古怪的事,即便是婶婶将要去世,梅菲斯特又意外前来交易,似乎也不足以引起这样剧烈的转变,也不足以为其证成。

所以,谁要为粉丝们的愤怒埋单?

如果你做了与个性不符的事,很可能有人会认为这是你的责任。但是如果我们认为彼得在《再多一天》中的行为与他个性不符,我们显然不能说是他的错(尽管漫威宇宙中可能会有人这样认为,假如他们能记得起发生了什么的话)。那些真正的"幕后黑手"、操控彼得的人,就是创作者们:《再多一天》的作者和编辑们。① 为了简单起见,也因为他是这个有争议的故事线的公众代言人,同时又是漫威的老大,我就把乔·奎萨达视作那个幕后黑手好了。②

---

① 是指蜘蛛侠[和《巴比伦5号》(*Babylon 5*)]的长期作者J. 迈克尔·斯特拉辛斯基(J. Michael Straczynski)(通常被称作JMS)和漫威主编乔·奎萨达。JMS创作了前三部分,然后奎萨达接受了最后一期(因为他不同意JMS对故事结局的处理)。参见《再多一天》的维基百科词条,以及里面的参考文献:http://en.wikipedia.org/wiki/Spider-Man:_One_More_Day。

② 他也草拟了这个故事和它的封面,我认为他在这个方面做得挺棒,所以就不因此减分了!

不管是否公平，假如粉丝们对漫威的故事或其他东西不买账，他们就会认为这是奎萨达的错（包括那些他没法控制的事，譬如漫画书价格和电影选角——这我站你，乔）。但是，给《再多一天》亮绿灯可不是一个普普通通的决定，这和让布莱恩·迈克尔·本迪斯（Brian Michael Bendis）发行一本《快乐复仇者》(*Happy Avengers*)，或者让死侍（Deadpool）去当神盾局（S. H. I. E. L. D.）老大不是同一个级别。这也不是角色连续性上的小失误，就像让艾玛·弗罗斯特（Emma Frost）亲吻一只小狗，或让马修·默多克（Matt Murdock）恋情美满一样。① 彼得·帕克和恶魔做了交易，要让他消除整个世界的记忆，改变历史；这不是我们认识的彼得。

粉丝们对《再多一天》并不买账，但奎萨达发行它有**错**吗？我们可不可以说，他有责任要向粉丝保证自己忠于彼得·帕克这个角色？他这样做的**理由**为何重要？可以肯定的是，奎萨达和他手下的编辑、作者们有合法权利对漫威角色做他们想做的事。然而，道德权利和法律权利不同；查德可以合法地向他的朋友们撒谎，告诉他们为什么他把她落在了纽约的漫展上，但他没有这样做的道德权利。（坏查德。）这个问题还可以这样提：当奎萨达让彼得这样彻底地违背自己的个性时，他是否违反了自己对粉丝们的道德责任？

我们可以从讨论读者为何重视个性的连续性入手。普通粉丝可能只是想看看一个红蓝紧身衣男在城市里用网荡来荡去的故事，但如果蜘蛛侠仅仅只是这个样子，那恐怕他很快就要过气。一段时间过后，我们会想要开始了解紧身衣下的那个人，并且随着了解的增

---

① 福吉不算数。

多,我们会希望他在自觉的情况下表现一致。因此,作为粉丝,假如我们把辛苦挣来的钱拿去买一部主角是别人的漫画,我们会觉得自己被骗了——同样的名字,同样的战衣,同样的秘密身份,但是表现得像个完全不同的人。

彼得突然的转变不是角色自然演变的一部分,而被视作是创作者们想要将他扭转回早先的状态,即一个更简单的蜘蛛侠,他更容易亲近,也会吸引新的粉丝。奎萨达在许多采访中证实了这一观点,他说,有很多故事需要蜘蛛侠单身,而已婚的蜘蛛侠就无法参与这些故事了。不管这背后的动机是什么,总体让人感觉故事情节本身处理得并不好。假如漫威老大想要彼得和玛丽·简分开,就应该找到一种符合他们既有个性的方式。相反,他们让彼得和 MJ 与魔鬼做交易——这可绝对不是本叔叔所说的责任!

你可能会问(就像大多数粉丝那样):为什么不直接让他们离婚呢?奎萨达的解释是,他们不想让彼得的背景故事里留下离婚的污点。假如我们客气点,可以将其理解为考虑到角色的个性。也许奎萨达认为,彼得是那种没法接受离婚的人。先不谈离婚的伦理问题,也不谈如今离婚有多么普遍,我们可以肯定地说,在彼得那个年代,离婚并不会带来多少污点,尤其是他们连孩子都没有。更重要的是,假如彼得没法接受离婚,**和恶魔做交易**难道不是更成问题吗?"对不起,离婚已经过时了,但是和恶魔讨价还价很酷哦!"

神秘的解读

有可能奎萨达和他的神奇朋友们只是对彼得·帕克的真实个性和我们有着不一样的理解。毕竟,个性不像身高或眼睛的颜色;理性的人可以不同意某人的某行为是否不符合个性。① 判断某人的个性是一种解读:你观察他们的行为,试图从中归纳出个性特点。创作虚构作品系列——比如漫画、电视剧、系列小说[《星际迷航》(*Star Trek*)或《吸血鬼猎人巴菲》(*Buffy the Vampire Slayer*)]——的独特挑战在于,原创故事,其中的角色要和创作者对他们的解读相一致。② 一个《美国队长》的新作者,读过队长所有的早期故事,那么他就不应该——如果他要保持角色的连续性——把美国队长画成死侍、霹雳火或电王那种性格。相反,他创作队长时,应该能让那些忠实的读者认出他或她是多年以来的同一个英雄,尽管队长面临的问题是新的。

当然,每个人对角色解读都有不同的见解,但这不会意味着每种

---

① 比如,粉丝们对钢铁侠在内战中的行为算不算违背角色个性有着广泛不同的意见。我暗自认为,这些行为是符合钢铁侠个性的,参见我的文章"Did Iron Man Kill Captain America?" in Mark D. White, ed., *Iron Man and Philosophy: Facing the Stark Reality* (Hoboken, NJ: John Wiley & Sons, 2010), 64 – 79。

② 这个观点来自当代法哲学和政治哲学家罗纳德·德沃金(Ronald Dworkin),他将司法裁决和这种文学过程进行了比较;参见他的论文"How Law Is Like Literature," in *A Matter of Principle* (Cambridge, MA: Harvard University Press, 1985), 146 – 166。

解读都同样合理。某人可以将诺曼·奥斯本解读为一个可爱、让人喜爱的家伙，最喜欢拥抱和小白兔，但我们都知道这是个很差劲的解读，因为这和奥斯本的言行举止完全不相符。假如我们能提出一些独立的判断标准，就可以评价各种解读。以老诺米为例，漫画本身就是最好的证据，漫画显示出他不是一个好人——他一点儿也不可爱，也别拥抱他，更不要让你的兔子和他独处。当然，漫画本身是可以被解读的（"他并不是**有意**要杀死格温，真的！"），但如果漫画写得很清楚，它们为判断角色的解读提供了强有力的支持。

那么，如果我们认为奎萨达是无辜的，并且假设他认为和梅菲斯特做交易并不违背彼得·帕克的个性（根据他的解读），这是否意味着我们必须接受他的解读呢？黑猫（Black Cat）害羞吗？当然不是，菲丽西亚（Felicia）绝对是个交际花，我们也当然可以反对任何人对任何角色的解读——即便这个人是漫威的主编。老粉丝们都清楚，根据最显而易见的解读，蜘蛛侠总是试图做正确的事，从不走捷径，而和地府最高领袖做交易显然不符合这一人设。比起奎萨达，这种对彼得个性的解读似乎更符合蜘蛛侠几十年来的故事发展，所以即便我们认为奎萨达是出于好意，也仍然有批评的余地。①

假如再多一天的是你？

先前我说过，角色的连续性更容易在虚构人物身上实现，譬如漫

---

① 而我的确热爱批评！

画人物,因为他们没那么复杂,行为也受到作者的直接控制。现实生活中的人要复杂得多,包括你和我(还有那个在你肩膀上偷看的诡异家伙——哦,对不起,奎萨达先生)。然而,即使 S. H. A. F. T. 最终取得了胜利,L. O. V. E. 似乎仍然值得一试。① 换句话说,即使我们不能保证个性特点的稳定,难道我们不该至少**试着**表现一致吗?如果我们接受这一目标,将自己视作自己生活的叙述者,那么我们是否有类似于"粉丝"的责任来保持一以贯之的个性——尤其是我们将自己视作自己的粉丝时?

保持行为的连续性是个有价值的目标。个性连续性的另一个说法是**正直**,哲学家们长久以来将正直视作最主要的美德之一。② 在这种情况下,正直意味着在不同的情况下人格稳定,或是表现出同样的个性,无论我们面临什么样的具体情况。假如人们通常认为吉姆很诚实,而他说谎了,或者人们通常觉得他善良,可他却对人无礼,那么他就让那些指望他做**自己**的人(或者他们依据他先前的行为,相信他是这样的人)失望了。一般来说,假如某人的行为和人们期待中的个性不符,那么这些人就会对他失去信心,认为他不是他们以为的那个样子:他们要么会改变对他个性的期待,要么直接完全放弃理解他——二者对建立友谊来说,都是一场灾难。

---

① 毕竟,是谁身处险境还绝不退缩?即便是 S. H. A. F. T. 有时也可以成为 L. O. V. E. (出自艾萨克·海耶[Isaac Hayes]的金曲 "Theme from Shaft")。(好极了。)

② 在哲学中,"正直"其实有不同的含义,但是所有含义都和"个性与美德"有某种联系;参见 the entry on "integrity" by Damian Cox, Marguerite La Caze, and Michael Levine in the *Stanford Encyclopedia of Philosophy*, http://plato.stanford.edu/entries/integrity/。

更重要的是,我们应该对自己保持正直。我们都对自己是谁(我们的身份)、代表什么、重视自己的什么有概念。有多少次你对自己失望,因为你没有达到自己的个人标准? 如果我相信自己是个诚实的人,那么我会为对自己说了谎感到失望,即便没有别人会知道。通常,他人比自己更容易原谅我们个性上的失败,或许是因为我们比他们更了解对自己的期望。正如莎士比亚(Shakespeare)写的那样,"忠于自己",至少取决于你相信自己是什么样的人。假如我们真的立志达到个人标准——或者坚持自己的品质——那么,我们就可以称之为 L. O. V. E. 。

17
蜘蛛侠与讲好故事的重要性

乔纳森·J.桑福德

"我是谁？你真的想知道吗？我的人生故事可不是说给胆小鬼听的。"山姆·雷米的《蜘蛛侠》三部曲就此拉开序幕，而且没错，我们当然想知道。自1962年他在《神奇幻梦》#15（*Amazing Fantasy* #15）初次登场，蜘蛛侠在他整个辉煌的电影生涯里，一直致力于厘清自身的意义。毫无疑问，他的自省有时囿于自恋，但那些劝你不要反思人生意义的建议基本都是一堆狂妄自大的废话。恰恰相反，不反省自己的人生才会注定让你变得悲惨。

要自省以及反思人生，其中一种办法是关注你讲述自己人生的方式。讲述自己的人生就和听见笑话发笑一样自然。但也有糟糕的笑话，也当然有讲得差劲的人生故事，所以，仅仅是讲述人生并不足以使你快乐。① 通过思考蜘蛛侠的故事，我们可以看出人类如何天生就爱讲故事，并且理解人类只有在学着讲好自己故事的前提下才

---

① 关于不同幸福感的哲学讨论，参见本册第一篇由尼尔·缪塞撰写的《彼得·帕克过着善的人生吗？》

能变好。

我们总有选择吗？

说起蜘蛛侠和故事，我们可有许多选择。在这一章中，我们会关注雷米电影的故事线，因为所有类型的蜘蛛侠粉丝对它都不会陌生，而且电影故事很连续，能够看到角色的发展，且蜘蛛侠美德的进步也可见于其中——尽管电影有些明显的瑕疵。让蜘蛛侠做自己生活的叙述者，使得他的道德进步成了可能；也就是说，他得以更好地理解自己——什么激励了他，什么诱惑了他，什么让他恐惧，他肩负着怎样的责任，以及他想从生活中获得什么——更好地理解自己，能让他成为更好的（蜘蛛）人。

我们的选择清晰地反映了人生的曲折。大多数选择让我们停留在既定的道路上，另一些选择则标志着人生新的篇章。诺曼·奥斯本决定追求无尽的力量与复仇，还给了蜘蛛侠与他结盟的选择。玛丽·简先是决定和彼得·帕克分道扬镳，后又选择迎接挑战，去爱着身为蜘蛛侠的彼得。章鱼博士先是决定无视聚变反应堆不稳定的警告，之后又选择摧毁反应堆，这样他就不会"作为怪物死去"。哈里先是决定重走父亲的老路，之后又为了朋友和昔日的敌人而牺牲。弗林特·马可决定不听本叔叔的话乖乖把枪放下回家，随后又选择向彼得·帕克自首，接受他的宽恕。

彼得的故事引人入胜，惊险刺激的抉择一个接一个：他一劳永逸地接纳了新力量，又将它弃之不顾，最后又重新拾起；他要报复弗林特·马可、哈里·奥斯本、玛丽·简、小爱德华·T. 布洛克（Edward T. Brock Jr.），随后转而宽恕了他们，宽恕了自己，接着又去追求更大的善。这选择毫无疑问就是听从本叔叔"能力越大，责任越大"的劝诫。这为他的道德品质奠定了基石，尽管他有时试图摆脱这种品质，可本性终究难移。①

在雷米的《蜘蛛侠》三部曲结尾，彼得总结了他在讲故事中汲取的智慧："无论遇见什么，无论我们内心有怎样的斗争，我们总有选择。我的朋友哈里教会了我这点，他选择做最好的自己，选择成就了我们。并且我们总是可以选择去做正确的事。"正如梅婶婶在《蜘蛛侠2》里告诉彼得的那样，我们总可以选择正确的事，即便这意味着放弃那些我们最爱的事物。（我想梅婶婶的意思是，我们应该去爱那些最正确的事物。）我认为蜘蛛侠的智慧站得住脚，但哲学家们的坏习惯就是分析观点。现在，让我们来点逻辑解剖吧。

我们**总**有的选吗？我们似乎可以选择有意做什么，或有意不做什么。在《蜘蛛侠2》中，彼得故意不肯帮助一个被抢劫的人，可他后来又冲进火场去救一名女孩，尽管那时他的超能力已经不管用了。许许多多这些都是他的决定。但是，想想他生命中那些无法选择的重要部分吧。他选择不了自己的父母，成为孤儿也不是他的决定。被本叔叔和梅婶婶抚养长大也由不得他，他选择不了对那个可爱的邻家女孩渐生情愫，他选择不了天生的才智，他选择不了被蜘蛛咬伤、获得超能力。但是，这里每个事件都至关重要地影响了他成为什

---

① 关于这句道德宣言的一些暗示，参见本书第六篇由菲利普·塔隆撰写的《"能力越大，过失越多"：蜘蛛侠需要为本叔叔的死负多大责任？》。

17 蜘蛛侠与讲好故事的重要性

么样的人,什么样的超级英雄。

这些无意、非自愿却深刻影响他的事件,同时也带来了巨大的代价:它们分别赋予了彼得一些生命中最重要的责任。因为本叔叔和梅婶婶对他倾注了爱和关心,他有责任要爱着他们;他有责任要照顾他暗恋的女人;正如章鱼博士提醒他的那样,他有责任用自己无与伦比的才智造福全人类;他还有责任要背负超能力带来的天赋与诅咒。

早在他下决心前,这些非自愿的责任就决定了彼得·帕克**应该**成为什么样的人。他之所以成为现在的自己,首先是因为那些无法控制的因素:他的生活、家庭教育、与生俱来的和超自然的力量。某人生活中这类不能控制的因素,就和我们作出的选择一样,都声称自己"成就了我们",这二者都让蜘蛛侠变得独一无二。我们和彼得一样,都是独一无二的个体。可不该惊讶的是,我们之所以能成长为这样,仅仅是通过模仿他人,就像彼得以本叔叔为榜样,你以蜘蛛侠为榜样。我们的个性往往在对他人的依赖中形成,所讲述的私人故事,总是从他人那里获取灵感,也包含了他人的故事。

你可能会欺骗自己,让自己相信你只有责任去做那些你承诺过的事,仿佛你是一个完全独立的个体,通过意志行为创造自己的身份。但你随后意识到自己昨晚忘了给妈妈打电话,你还要在姐姐生日那天寄贺卡,你不得不铲净门口台阶的积雪、撒盐化冰,以免隔壁的老人家滑倒。你的的确确没有选择这种责任,要照顾自己、家人和邻居,以在各种行为中追求好和正确的东西——但是这些责任毫无疑问决定了你是什么样的人。假装这些责任不存在并不会让你变得强大、独立,相反,你会变得无情又愚蠢。只有当自由选择的时刻与非自愿招致的责任相遇,当你要抉择如何回应基本的责任时,你才能积极地成就自己。对彼得·帕克来说也是如此,他有足够的智慧去意识到,自己作为人的成功与否取决于履行责任的方式。

当然,还有一类责任的产生也来自非自愿责任和自由选择的结合,在这些结合的方式中,我们决心履行自己的责任。比如在《蜘蛛侠2》的结尾,蜘蛛侠选择回应玛丽·简的爱,这个选择招致了一大堆对她的责任——其中有很多责任他都没能在《蜘蛛侠3》的开头履行,比如没能倾听她职场上的失意,对格温·斯黛西使用了玛丽·简专属的倒挂吻,不必要地让她萌生醋意。同样地,梅婶婶选择把小彼得收养进自己和本的家中,她因而有责任像爱亲生儿子一样爱着彼得·帕克,而且,她选择原谅了彼得在自己丈夫的死中扮演的角色。我们常常关心自愿的责任,而把非自愿的那类排除在外。我们辩解说,如果对他人承担责任不是出于自愿,那么这种责任就根本不存在,可我们心里却很清楚,这些非自愿的责任就是我们自愿责任的基础。

其他几类情况也深深触动着我们:我们希望自己有的选,但希望却落了空。梅婶婶希望本叔叔还活着,玛丽·简希望自己有个尽养育之责的父亲,J.乔纳·詹姆森希望玛丽·简能做她儿媳妇——或者,她至少不要在祭坛边抛弃他的儿子,落得个尴尬的收场。这类愿望源于那些我们没能干涉的事,我们为此懊悔。① 彼得懊悔他要为本叔叔的死负责,哈里懊悔他愧对了彼得和玛丽·简,弗林特·马可懊悔他杀了本叔叔,懊悔自己成为沙人胡作非为。这些事情一旦酿

---

① 关于懊悔与愧疚,参见本书第二篇由塔内利·库科宁撰写的《赎罪的代价? 彼得·帕克与无穷无尽的债》。

成,就无法挽回。生活就是如此。我们再次回到彼得那句伟大的道德真理:我们的确可以选择**当下**的行为。彼得可以全心全意地践行本叔叔传授给他的智慧,哈里可以选择帮助他的朋友们。马可则能选择向彼得自首,真正地过上归隐的幸福生活。

所以,假如选择意味着能够决定我们的基本责任或是行为的后果,那么我们并**不总是**有选择的余地,但是我们的确总能选择要如何回应基本责任以及过去的错误。我们能像哈里那样,选择做"最好的自己"。(但愿我们能比他更及时!)要做到这一点,我们需要对自己有足够多的了解,以确定"最好的自己"是什么样的,而这——你是不是在想,我到底什么时候才能做到——就要仰仗讲故事的力量了。

什么是讲故事

故事是什么? 亚里士多德(公元前 384— 前 322)对此的回答可能是他所有著作里最简练的话了。故事富有整体或完整性,有"开头、经过和结尾"。[1] 艺术,包括讲故事的艺术或技艺,是对生活的模仿。[2] 故事是好的,无论它是戏剧、小说、漫画还是电影,因为它用一种引人入胜又让人信服的方式模仿生活,教会我们关于自己人生的

---

[1] Aristotle, *Poetics*, trans. I. Bywater, in Jonathan Barnes, ed., *The Complete Works of Aristotle*, vol. 2 (Princeton, NJ: Princeton University Press, 1984): 7, 1450b, 26.

[2] 亚里士多德的名言"艺术模仿自然"暗示了这一点,因为所有活着的东西都是自然的。(*Physics*, II, 2 194a, 21; 199a, 15-19.)

道理。亚里士多德解释说,引人入胜的故事能带来巨大的快乐和价值,不仅是因为表演的情感效应,还因为我们从表演对人类行为和个性的模仿中学到了东西。我们对故事的情感参与让这种学习成为可能。① 即便是荧幕上那些不愉快的情节,也对我们了解人性有弥足珍贵的价值,比如彼得决定放弃蜘蛛侠身份后抛弃了那些需要帮助的人——它们还教会了我们界限、可能性、诱惑,还有那些我们可能做出的光彩的举动。

就像我们通过关注戏剧性的故事,以了解整体的人性、理解独特的个体,我们也通过讲述自己的生活故事开始了解自己。正如艺术模仿生活,自省的生活也模仿艺术。也就是说,我们学着把讲故事的技艺运用到将发生的故事或者自己生活的繁杂故事中去。蜘蛛侠电影描述了彼得的人生,而讲述故事的人是彼得,他用画外音介绍,偶尔还评论两句。这是彼得的故事,这也是彼得讲述的故事。他可以把我们当作听众,因为他已经练习得太久,难以再向自己复述。通过这种练习,他学会了拣选生活中最重要的部分,那些对他成为现在的自己有重大影响的时刻,这样他就能够在人生的中央回顾起初,同时面向生命的结尾。

故事和人生一样,有开头、经过和结尾。我们不是从石头缝里蹦出来的,因为我们有父母和其他养育我们的人。我们有自己独一无二的才能、愿望和遗憾。我们要面对人生中那些重大挑战的时刻。我们通过预期这一切的意义来理解它们——也就是说,要对生活中那些宏伟的目标略知一二,才好去努力实现。在史诗故事和传说中,

---

① *Poetics*, 4, 1448b, 5 - 1448b, 24.

对目标的预期是追求目标的基本要素之一,我们应该学习这些故事,只有明白自己在追求什么,才能理解我们的生命历程。

当代哲学家阿拉斯戴尔·麦金太尔(Alasdair MacIntyre)比任何人都致力于将亚里士多德的洞见运用到对生活的叙事上。麦金太尔极具影响力的作品《追寻美德》(*After Virtue*)反驳了他称之为当代伦理学中那些占据统治地而消极有害的特征,除此之外,他还对亚里士多德式道德观进行了极富创造性的重新审视。[1] 麦金太尔试图通过他的作品来修复一个至关重要的文化问题,即错误地认为我们都是独立的个体,有理由提倡自己所偏好的道德规范。麦金太尔称这种错误的理论为**情绪论**(*emotivism*)。情绪论者认为,没有什么可辨别的、可辩护的道德标准来指导我们的生活,所以我们应该想怎样就怎样。麦金太尔论证说,情绪论是一种关于人类生活的错误理论,但它的确是一种在我们文化中占主导地位的道德观,因为它的半真半假极富吸引力。麦金太尔认为,我们并不是真正独立的个体,追求一种不受约束的自我偏好的伦理观,只会阻碍我们为实现真正的善做出努力。

为了看清个人主义(individualism)和情绪论的真面目,也为了讲好自己的故事,我们需要重新寻回一个概念,即我们每个人自己的故事都和无数他者的故事相互联结,这张故事网也联系着长远的历史过去。比如,彼得告诉我们,他的故事"就像任何值得讲述的故事一样,是关于一个女孩的"(《蜘蛛侠》)。那个女孩是玛丽·简,当彼得

---

[1] Alasdair MacIntyre, *After Virtue*, 2nd ed. (Notre Dame, IN: University of Notre Dame Press, 1984 [1st ed., 1981]).

讲述自己的故事时,他不可能回避他们的故事是如何交织在一起的。然而,这也是一个关于他婶婶、叔叔、朋友和敌人的故事,他们都有自己的故事,电影和漫画向我们交代了其中的一部分。反过来,他们的每个故事都与其他故事相互关联,等等。当然,这些都是虚构的故事,不过请记住亚里士多德的话——艺术是对生活的模仿(还要加上一点修饰!)。

麦金太尔写道:"人在行为和实践中,如同在他的虚构中一样,本质上是一种讲故事的动物……只有回答了'我属于哪个故事?'我才能回答'我该怎么做?'"①我们在相互关联的人生故事里扮演的角色,很大程度上已经由我们自己编写好了剧本,但如何扮演这些角色则取决于自己。衡量我们所扮演角色的内在品质——女儿、学生、母亲、朋友、公民、木匠、商人等——是衡量真正成功的标准。我们还可以回顾曾扮演的角色,以及它们是怎样成为我们整个统一的生活(有开头、经过和结尾的整体)的一部分。我所说的"结尾"不是指生命的终点,我指的是目标或目的的完成。亚里士多德告诉我们,当我们对行为进行理性分析时,后果就是分析的起点。②

假如没有目的、目标或者好处(这些词在这里是同一个意思),我们就无法指引自己去做什么。当我们反思基本的伦理问题时,同样的实践推理结构也在起作用。"我应该怎样生活?"③我们会追问:

---

① MacIntyre, *After Virtue*, 216.
② Aristotle, *Nicomachean Ethics*, Ⅵ, 12 1144a, 30-32.
③ 这是柏拉图笔下的苏格拉底教导我们去提的问题。参见《理想国》和《高尔吉亚篇》(*Gorgias*),尤其是《理想国》中苏格拉底和特拉西马库斯(Thrasymachus)的对话,和《高尔吉亚篇》中高尔吉亚和波拉斯(Polus)的对话。

17 蜘蛛侠与讲好故事的重要性

对人类整体或个人来说,目的或好处是什么?我们用语言和行动报以回答,这样一来就形成了对人生的叙述。麦金太尔在谈到我们的追求时,写道:"人类生活的统一性是叙事追求的统一性。追求有时会失败、受挫、放弃或分心;人类的生命也可能在所有这些方面失败。但作为一个整体,衡量一个人一生成败的唯一标准,也就是一场已叙述或即将叙述的探索中成败的标准。"①

彼得在追求一种负责任地使用力量的生活。他遇到了挑战,有时几乎在追求中失败,但他通过重新专注于目标纠正了自己的错误。在那些几近失败的时刻,彼得忘记了自己是谁,比如《蜘蛛侠3》中他在爵士俱乐部的表现。在这样的时刻,自己与其他叙事之间交互的重要性变得清晰起来——无论是梅婶婶及时的智慧还是教堂的钟声,都召唤他清除心中的仇恨——因为这些帮助让蜘蛛侠回想起了自己的追求。在回想追求时,他又想起了自己。彼得成为蜘蛛侠并不是受人雇佣,但如果他不扮演蜘蛛侠,他的生命将在浪费与毁灭里告终。只有扮演好自己的角色,他才能收获幸福。

但是等一下!彼得·帕克因为有了超能力,而不得不面对如此多的挑战,这样公平吗?有些人有义务照顾生病的母亲而不能去上大学,这样公平吗?有些人有义务在社区、大学、教会或企业里担任繁重的领导职务,这样公平吗?不,不公平。可那又如何呢?抱怨扮演各种角色时强加给我们的义务,不会起到任何作用。我们每个人都有自己独特的角色、义务和任务要完成。如何回应它们决定了我

---

① MacIntyre, *After Virtue*, 2nd ed., 219.

们人生的成功与否,即我们的行为有多**道德**。①

不是每个耀眼的行为都是道德的

正如我们能够且应当区分虚构作品的好坏,我们也能够而且应当区分不同的生活方式——尤其要注意区分生活中的好、坏和丑陋。

例如,学生是我们的身份之一,那么我们要做的事就包括了阅读、记笔记和反思。**实践**这些事是学习的一部分。假如我们追求、实现学习的益处,即为了学习知识本身而学习,并且达到能够传授给他人的地步,那么我们就能算是好学生了。在这里,学习本身就是一件好事,而假如你学习只是为了通过考试,那么即便拿到了优秀,你也不能算个好学生。作为一名坏学生,你同样可以和好学生行相同的事,但从决定你是否是好学生的角度来看,你的动机不纯这一事实十分重要。在这里,正确的标准是好学生**内在的**好,而非别有用心的好或外在的好。想通过考试没什么错(当然没错了!),好学生和坏学生都想取得好成绩;差别在于,好学生的行为主要不是由外在好处**驱使**的。

仅仅为了正确的理由做正确的事是不够的,我们这样做还应该**因为**我们正是这样的人。然而,以错误的理由去做正确的事,实际上——从整个行为道德价值的角度来看,包括执行它的行为者在

---

① 在本书中,斯宾塞和怀特(第十六篇《〈再多一天〉背后的争论》),都思考了美德理论的不同方面。

内——是在从事某种欺骗，而且往往是一种自欺。① 我们应该努力成为品格一贯优良的人，成为他人可以信赖的人，成为那些在人生故事里不断深化和成长的人。

蜘蛛侠是如何达到标准的？这一标准就是，做正确的事出于正确的理由，并且还因为拥有善良的品格。我们从未见过蜘蛛侠行事**恶毒**，假装努力在做正确的事，可其实难言正确——这是恶人的行为。但是，我们的确见识过他偶尔的**失控**（也就是不能控制自己），让复仇的欲望遮蔽了正当的理由。② 通常，我们会见识到他的**节制**（也就是自我控制），为正确的理由做正确的事，但在这个过程中，他也要和自己的激情作斗争。这一点，最明显地体现在——他努力要全面地接受自己的人生追求，即在放弃他所渴望的其他事物的同时，利用自己的超能力为更大的善而奋斗。然而，总的来说，这正是我们最喜爱的紧身衣男子真正吸引人的地方，我们看到，蜘蛛侠在三部电影中发展出了真正的**美德**。③ 他的性格变得更加深沉，变得更加诚实、聪明、公正、慷慨，富有同情心，并且勇敢。

---

① 柏拉图从交易假币来讨论这种自欺；参见《斐多篇》(Phaedo)，69a - 69b。这会带来美德的假象，而非真正的美德。

② 亚里士多德是第一个将道德行为用恶、不节制、节制和美德来分类的人。参见 Nicomachean Ethics Ⅶ, 7, 1150a, 9 - 33。

③ 关于亚里士多德对节制和美德之间区别的讨论，参见 Nicomachean Ethics Ⅶ, 2, 1146, a10 - 21。

蜘蛛侠故事的美德

扮演好自己的角色、履行好义务、完成好任务都需要美德。事实上，彼得已经拥有的美德和正在发展的美德，使他能够追求真正永续的好处，这些好处对他人生故事的重要特征来说，是内在的。麦金太尔描述了美德如何使之成为可能：

> 因此，美德应当被理解为某些气质，它们不仅能维系实践，让我们得以获取内在于实践的好处，而且通过让我们克服伤害、危险、试探和分心，来支持我们对善作出相关的探索，并且向我们提供日益增长的自我认知和对善的知识。①

我们当然会发现彼得在与伤害、危险、诱惑和分心作斗争。然而我们也会看到他对美德的依赖，包括他已经拥有的美德和他正在努力获取的美德，这些美德支撑着他忠实地履行蜘蛛侠的职责。

可以肯定的是，我们喜欢想象自己爬上建筑物，在林荫大道上荡来荡去，向坏人发射蛛网。然而，我们真正钦佩的是彼得已经取得的道德进步，以及他为此作出的不懈努力。讲述他自己的人生追求促进了这一过程，讲述故事也让他理解了自己的人生。为了过好自己的生活，他学会去实现那些人生追求（也就是尽可能成为最好的蜘蛛

---

① MacIntyre, *After Virtue*, 219.

侠)中内在的好处。他所拥有的美德和正在习得的美德,都让他更加接近好好地生活。最后,阅读蜘蛛侠不仅是为了娱乐。蜘蛛侠通过讲述自己的故事来取得道德进步,他教会了我们如何讲好自己的故事,也告诉了我们它为何重要。

作者简介：
复仇者集合

亚当·巴克曼(Adam Barkman)在阿姆斯特丹自由大学(Free University of Amsterdam)获得了博士学位,现在是救世主大学学院(Redeemer University College)的哲学副教授。他创作了《C. S. 刘易斯与作为生活方式的哲学》(*C. S. Lewis and Philosophy as a Way of Life*)、《透过寻常事》(*Through Common Things*)和《最重要的》(*Above All Things*),还与他人合编了《漫画与哲学》(*Manga and Philosophy*)和《李安的哲学》(*The Philosophy of Ang Lee*)。尽管看了一大堆宗教学著作,巴克曼还是认为,《动感蜘蛛侠》♯40(*The Sensational Spider-Man* ♯40)是他读过最棒的书之一。

米根·P. 戈德温(Meaghan P. Godwin)是玛丽伍德大学(Marywood University)人类发展学的博士生。她从2004年起在几个哲学系和宗教研究系教课,常常思考穿着橡胶衣倒挂在摩天大楼上是什么感觉。她目前正在研究教育、态度和习惯,希望在此基础上,假如哈里和彼得最终能够成功,那么我们剩下的人也就同样抱有希望。

J. 基平（J. Keeping）小时候被一只放射性的哲学小虫咬了一口，长大后就成了（差不多可以这么说吧）加拿大多伦多约克大学（York University）人文系的副教授。他发表的学术论文不计其数（假设你们无聊了，数到 6 就累了），论题从尼采的权力意志（will to power）到猫的现象学。他还创作了《〈守望者〉与哲学》(Watchmen and Philosophy) 的其中一章，他邀请读者们来推理，《守望者》(Watchmen) 中的哪个超级英雄是尼采式的超人。他用另一个秘密身份"J. F. 基平"写作科幻，并且已经在《格兰特维尔公报》(Grantville Gazette) 和《飞向仙女座》(Andromeda Spaceways Inflight Magazine) 这类杂志上有所发表。

塔内利·库科宁（Taneli Kukkonen）曾被评选为维多利亚大学（University of Victoria）哲学系的加拿大首席科学家（Canada Research Chair），然后在芬兰于韦斯屈莱大学（University of Jyväskylä）教授历史学，最近他成了奥塔哥大学（University of Otago）宗教研究系的高级讲师。他的下一站是：在智利教化学！塔内利的写作广泛地涉猎了阿拉伯哲学的各个主题，并且正在忙碌地写作一本关于安萨里（al-Ghazālī）[①]的书，但当他试图想象美好的生活时，他想到的全是约翰·罗密塔（John Romita Sr.）笔下的那些画面。

特利西娅·利特尔（Tricia Little），一名来自美国中西部大陆的作家兼职业摄影师。她协助编辑并管理了许多受哲学启发的书籍和文章。她喜欢在沙滩边散步，去全世界旅行。目前她正在完善自己

[①] 安萨里（al-Ghazālī）是一位著名的波斯裔学者。——译者注

的蛛网发射技术。

丹尼尔·P. 马洛伊(Daniel P. Malloy)是阿巴拉契亚州立大学(Appalachian State University)的哲学讲师，他主要研究伦理学问题。他发表了许多流行文化和哲学交叉领域的论文，尤其关注有关阐释电影、漫画和电视剧中的伦理问题。在研究哲学前，丹尼尔曾短暂地为《号角日报》的幽默板块供稿。因为公开支持蜘蛛侠而被开除。或许他也喜欢管 J. 乔纳·詹姆森叫"老蜜蜂"。

尼尔·缪塞(Neil Mussett)还没空完成他在纽约州立大学布法罗分校(State University of New York at Buffalo)的哲学博士学位。在成为蜘蛛侠的头号死敌前，他绝不放弃。他使出了浑身解数，包括编程、平面设计、法务会计、近身格斗术绿带，当然，还有业余哲学家。

罗恩·诺维(Ron Novy)是中阿肯色大学学院(University College at the University of Central Arkansas)哲学和人文学系的讲师。他对本系列中苏斯博士(Dr. Seuss)、蝙蝠侠、钢铁侠、绿灯侠和超级恶棍这几册均有贡献。罗恩最近在大学里讲授形而上学(metaphysics)、马克思和伦理问题；他很喜欢在哲学导论课上引入漫画。据说，诺维博士拥有神秘客的战衣，他每隔一周都要在他的临时藏身处尝试集结险恶六人组。

克里斯托弗·罗比肖(Christopher Robichaud)是哈佛肯尼迪政治学院(Harvard Kennedy School of Government)的一名伦理学和公共政策讲师。他最早对蜘蛛侠的记忆，不仅包括他在 20 世纪 70 年代实景电视剧中抛蛛丝的把戏，还有碰巧在当地商场跟友好的邻居爬墙者合了个影，以及学着如何囫囵吞枣地阅读《神奇蜘蛛侠》(*Amazing Spider-Man*)和《超凡蜘蛛侠彼得·帕克》(*Peter Parker,* the Spectacular Spider-Man）。直到今天，每当拜访纽约城时，他都会紧紧盯住高楼大厦，希望能瞥见他最喜欢的超级英雄。

乔纳森·J. 桑福德（Jonathan J. Sanford）是斯托本维尔圣方济各会大学（Franciscan University of Steubenville）的教授和哲学系主任。他研究并讲授形而上学、道德哲学问题，以及古典和中世纪哲学家。他最近不得不放弃攀爬建筑物和发射蛛丝，但是你每天晚上都能看到他和孩子们在一块儿抛球玩。

托尼·斯潘考斯（Tony Spanakos），自从发现了"能力越大，责任越大"，他就开始研究政治科学与哲学，希望找到办法为自己的无责任辩护。许多年来他一直在追寻各种各样的昆虫和蜘蛛，希望能被它们咬上一口，他接受自己成了彼得·帕克本来要当上的普普通通的大学教授。他现在是蒙特克莱尔州立大学（Montclair State University）的副教授和纽约大学（New York University）的兼职教授。他最近发表的论文关注政治经济学（political economy）和拉丁美洲的民主化，他还为《〈蝙蝠侠〉与哲学》（Batman and Philosophy）、《〈守望者〉与哲学》（Watchmen and Philosophy）、《〈钢铁侠〉与哲学》（Iron Man and Philosophy）和《〈复仇者联盟〉与哲学》（Avengers and Philosophy）创作了文章。

马克·K. 斯宾塞（Mark K. Spencer）穷尽一切哲学家所行之事，他是纽约大学布法罗分校的博士候选人，还是凯尼修斯学院（Canisius College）的兼职教授。他专长于中世纪哲学、形而上学和现象学，在这些领域及其他领域都发表了文章。他稍微年轻一点儿的时候想过要成为章鱼博士那样的疯狂物理学家，但后来为了温良谦谨的学术荣耀放弃了这一想法。

杰森·索思沃思（Jason Southworth）是堪萨斯州海斯市福特海斯州立大学（Fort Hays State University）的兼职哲学教授。他为哲学与流行文化系列中的好几册都撰写了文章，包括《盗梦空间》（*Inception*）《X战警》（*X-Men*）和《蝙蝠侠》（*Batman*）。他早就对梅婶婶的死做好了心理准备。她半辈子都在医院里，而且已经半只脚踏入鬼门关，结果却奇迹般的痊愈了。梅婶婶逐渐老去，所以让我们期待她的谢幕，或者期待她被放射性高地人咬伤①。

查尔斯·托利弗（Charles Taliaferro）是圣奥拉夫学院（St. Olaf College）哲学教授，他还是17本书的作者、编者或合编者，包括和吉尔·伊万斯（Jil Evans）合写的《意识中的画面》（*The Image in Mind*）。和彼得·帕克一样，查尔斯也有一个无比支持他的婶婶，但他在别处又和彼得毫不相同，他承认自己大多数时候都缺乏蜘蛛侠那样的灵活性。

菲利普·塔隆（Philip Tallon）在圣安德鲁斯大学（University of Saint Andrews）获得了博士学位，目前是阿斯伯里神学院（Asbury Theological Seminary）哲学与宗教系的合作教授。他创作了《恶的诗学》（*The Poetics of Evil*）（即将由牛津大学出版社出版②），还与大卫·巴格特（David Baggett）合编了《夏洛克·福尔摩斯的哲学》（*The Philosophy of Sherlock Holmes*）。和彼得·帕克一样，他的妻子是一名时尚模特。和彼得·帕克不同，他没有蜘蛛感应来警告自己什

---

① 高地人症候群（Highlander Syndrome），又名"不老症"的患者生长和衰老都会十分缓慢。——译者注

② 该书已于2011年出版。——译者注

么时候会和妻子闹矛盾。

安德鲁·泰耶森(Andrew Terjesen)在杜克大学(Duke University)获得了哲学博士学位,目前在弗吉尼亚大学(University of Virginia)法学院攻读法学博士学位。他是华盛顿奥斯汀学院(Austin College)、李伊大学(Lee University)、罗德学院(Rhodes College)哲学系的访问助理教授。安德鲁的研究兴趣包括道德心理学、近代哲学、中国哲学和商业伦理学。他在学术期刊发表了许多相关领域的论文,同样也为哲学与流行文化系列创作了文章,包括《守望者》《X战警》《钢铁侠》《绿灯侠》和已经上市的《复仇者联盟》①。他喜欢蜘蛛侠超赞的蜘蛛感应,而不喜欢他做慢动作或是练习武术。

约翰·蒂姆(John Timm)是密歇根州安娜堡市密歇根大学(University of Michigan)的生物学家。山姆·雷米和他们公司的人认为,青少年发明出超强黏着物及发射它的设备是不可思议的,可是,一个男孩的前臂可以一夜之间长出产生黏着物的腺,并且还能从手腕上一个看不见的洞里把它发射出来,这在雷米他们看来却又是合情合理的。约翰表示对此感到惊奇。

马克·D. 怀特(Mark D. White)是史坦顿学院(College of Staten Island)和纽约城市大学(CUNY)政治经济与哲学系的教授和主任。他教授经济、哲学与法学的综合课程。他是《康德伦理学与经济:自主性、尊严与个性》(*Kantian Ethics and Economics*: *Autonomy, Dignity, and Character*)的作者,还编辑(或合编)了本系列中的《蝙蝠侠》《守望者》《钢铁侠》《绿灯侠》和《复仇者联盟》。他觉得卡莉·

---

① 该书已于2012年出版。——译者注

库珀(Carlie Cooper)比玛丽·简更适合彼得;总之,玛丽·简需要的可能是一名大学教授,或许就是那个讲授经济、哲学与法学综合课程的……

索 引

（索引中的页码为原著页码，检索时请查本书边码）

Action Philosophers #2(2005)战斗哲学家 #2(2005)，11

actions 行为
 consequences of 的结果，202
 identity and 同一性与，128
 moral permissibility of 的道德可接受性，202-3，208-11
 reasoning about 的理性，251
 standards for 的标准，252-54

Adam (in Bible) 亚当（圣经人物），64-65

Adams, Marilyn McCord 玛丽莲·麦考德·亚当斯，97

After Virtue (Alasdair MacIntyre)《追寻美德》（阿拉斯戴尔·麦金太尔），250，251，254

agape (sacrificial love) 圣爱（牺牲的爱），189-91，197，198

agent regret 行动者遗憾，94，96，98

alien symbiote 外星共生体
 destruction of 的毁灭，210-11
 identity and 身份与，119-21，127，128
 obligations to wrongdoers and 对犯罪者的责任与，207，210-11
 Peter's treatment of 彼得对待，201，204-7
 See also Venom (Eddie Brock) 参见毒液（埃迪·布洛克）

Allen, Liz 利兹·艾伦，192-94

alms-giving 施舍，30

altruism 利他主义，10-11

Amazing Fantasy #15 (1962)《神奇幻梦》#15(1962)，86，87，243

Amazing Fantasy ♯42（1966）《神奇幻梦》♯42(1966)，86,177
Amazing Spider-Man，♯7（1963）《神奇蜘蛛侠》♯7（1963），217
Amazing Spider-Man，♯23（1965）《神奇蜘蛛侠》♯23(1965)，217
Amazing Spider-Man，♯46（2002）《神奇蜘蛛侠》♯46(2002)，58
Amazing Spider-Man，♯53（2003）《神奇蜘蛛侠》♯53(2003)，58
Amazing Spider-Man，♯121（1973）《神奇蜘蛛侠》♯121(1973)，160
Amazing Spider-Man，♯144（May 1975)《神奇蜘蛛侠》♯144(1975年,5月)，160
Amazing Spider-Man，♯148《神奇蜘蛛侠》♯148，160
Amazing Spider-Man，♯149（1975）《神奇蜘蛛侠》♯149（1975），160，167
Amazing Spider-Man，♯151《神奇蜘蛛侠》♯151，161
Amazing Spider-Man，♯402（1995）《神奇蜘蛛侠》♯402(1995)，16
Amazing Spider-Man，♯479（2002）《神奇蜘蛛侠》♯479（2002），92,96
Amazing Spider-Man，♯500（2003）《神奇蜘蛛侠》♯500（2003），61-62
Amazing Spider-Man，♯538（February 2007)《神奇蜘蛛侠》♯538（2007年,2月)，47
Amazing Spider-Man，vol.1，Annual ♯2《神奇蜘蛛侠》第1卷年刊2（1987），178
Amazing Spider-Man，vol.2，♯33《神奇蜘蛛侠》第2卷♯33（2001），58
Amazing Spider-Man，vol.3 ♯49（2002)《神奇蜘蛛侠》第3卷♯49，62
Andre，Judith 朱迪思·安德烈，95
angels，Christian view of 天使,基督教观点，64
Anselm of Canterbury 坎特伯雷的安瑟伦，24-26
Aquinas，Thomas 托马斯·阿奎那
　on *eros* 论情爱，139
　on the good life 论善的人生，16-19
　on virtue 论美德，135，136

索 引

Aristotle 亚里士多德
　　on concept of virtue 论美德的概念, 18
　　on curing humans 论治疗人类, 33
　　fantasy "loves" and 意淫的"爱", 以及, 192
　　on joking 论玩笑, 227
　　on loves 论爱, 189-90, 196-98
　　proportionality principle of 比例原则, 190, 191
　　on reasoning about actions 论行为的理性, 251
　　on stories 论故事, 248
Ark of the Covenant 约柜, 58
Armored Avengers 披着战甲的复仇者, 47
Atlas Shrugged（Ayn Rand）《阿特拉斯耸耸肩》(安·兰德), 11
atonement 补赎, 22-35
　　infinite debt and 永恒的债与, 23-27
　　responsibility and 责任与, 27-29
　　worth of every other and 每个他者的价值与, 29-33
　　for wrongdoing 过错, 207
attachment, Epictetus' view of 爱比克泰德的依恋观, 14
attraction (*storge*) 依恋（亲爱）, 191
Augustine of Hippo 希波的奥古斯丁, 30
Avengers 复仇者, 217-18. *See also specific characters* 详见具体角色
Bad Samaritanism 坏撒玛利亚人, 77-80
Basil, St. 圣巴西流, 190
Batman (Bruce Wayne) 蝙蝠侠（布鲁斯·韦恩）, 7, 23, 86
Beetle 甲虫, 226
beliefs 信念
　　about clones 关于克隆的, 166-71
　　false 错误的, 201-2
Ben, Uncle. *See* Parker, Ben (Uncle) 本叔叔。参见本·帕克（叔叔）
Bendis, Brian Michael 布莱恩·迈克尔·本迪斯, 237
beneficence 行善, 212
Bergson, Henri 亨利·柏格森, 222
Berkeley, George 乔治·贝克莱, 110-11
Big Question. *See* the good life 终极问题。参见善的人生

bio-conservatives 生物保守派, 146
bioethics 生命伦理学
    human cloning 人类克隆, 159–73
    transhumanism 超人类主义, 145–57
biopsychosocial (BPS) self 生物心理社会(BPS)自我, 126–28
Bioshock《生化奇兵》, 11
Black Cat (Felicia Hardy) 黑猫(菲丽西亚·哈代)
    character of 的个性, 240
    crimes of 的犯罪, 73
    kiss from Spider-Man 和蜘蛛侠的亲吻, 112, 113
    Peter's fellowship with 和彼得的友谊, 198
Black costume (Spider-Man). *See* alien symbiote 黑色战衣(蜘蛛侠)。参见外星共生体
blame 罪责
    assessing 评估, 79
    culpability and 罪恶与, 91–99
    death of Uncle Ben and 本叔叔之死与, 86–89, 91–98
    in deaths of loved ones 所爱之人的死, 88
    moral luck and 道德运气与, 88–96
    regret and 遗憾与, 93–96
    responsibility vs. 责任对, 94
bodily knowledge 身体知识, 133–34
bodily transformation 身体变异, 131–40
    changes in the world and 世界的变化与, 133
    conflicting effects of 的矛盾影响, 140
    doing good and 行善与, 137–39
    phenomenological view of 的现象学观点, 132–34
    virtue ethics and 美德伦理学与, 134–37
boredom, Frankl's view of 弗兰克论无聊, 15
Bostrom, Nick 尼克·博斯特罗姆, 149
BPS (biopsychosocial) self BPS(生物心理社会)自我, 126–28
"Brand New Day,"《崭新之日》48, 232
Brant, Betty 贝蒂·布兰特, 25
Brock, Eddie 埃迪·布洛克, 121, 124, 127–29, 210–11. *See also* Venom 参见毒液
Buckley, F. H. F. H. 巴克利,

索 引

222-24
the Buddha 佛祖, 122

Captain America 美国队长
　character of 的个性, 235, 236, 239
　Peter's fellowship with 和彼得的友谊, 198
　right vs. good choice and 正义与善的选择, 与, 38, 39, 43, 45
　Spidey's jokes and 蜘蛛侠的笑话与, 217-18, 226
caring for others, Aquinas' view of 阿奎那论关心他人, 17
categorical imperative 绝对命令, 202, 211-13
causing harm 造成伤害, 76-80
character 个性
　bodily transformations and 身体变异与, 136
　consistency of 的连续性, 234-36, 240-41
　developed in movie trilogy 在电影三部曲里的发展, 245
　judging 评价, 239
　non-chosen factors in 中不可选择的因素, 245-46

　of normal people 普通人的, 232-34
　"One More Day" and《再多一天》与, 231-32, 236-41
　of Peter Parker 彼得·帕克的, 236-40
　situationist view of 情境主义观点中的, 233-34
　of superheroes 超级英雄的, 234-36
　superhuman enhancements and 超人体增强与, 155
　uses of term 概念的用法, 232
character traits 个性特点, 232, 233
charity 慈善
　Aquinas' view of 阿奎那的观点, 18, 19
　Good Samaritanism vs. 好撒玛利亚人对, 72
choice(s) 选择
　bodily transformation and 身体变异与, 134-36
　Christian ethics and 基督教伦理与, 58-64, 68-69
　infinite responsibility and 无限责任与, 32-33

between romantic love and serving justice. *See* romantic love-justice conflict 爱情和行使正义之间的。参见爱情-正义的矛盾。

Spider-Man movies and 《蜘蛛侠》电影与，244 - 48

chosen evil 选择恶，64

Christ. *See* Jesus (Christ) 基督，见耶稣（基督）

Christian ethics 基督教伦理，55 - 69

 agape love in 的圣爱，191，198

 choices and 选择与，68 - 69

 creation of humans and 创造人类与，56 - 58

 foundations of 的基础，58 - 62

 justice and 正义与，65 - 68

 marriage vs. civic duties in 的婚姻相对于公民义务，182 - 83

 the problem of evil and 罪恶问题与，62 - 65

Christian philosophical theology 基督教哲学神学，26

"Civil War"（in Marvel Universe）"内战"（漫威宇宙），39，45，82，202，231

Clarke, Arthur C. 亚瑟·C. 克拉克，147

Clone Saga（1994—1996）《克隆传说》（1994—1996），16，159 - 61，163 - 72

cloning 克隆

 of humans. *See* human cloning 克隆人类，见人类克隆

 of sheep 克隆羊，163，165

common sense 常识

 in defining "self" 定义"自我"的，124

 perception and 知觉与，115 - 17

 in using deception 欺骗的，202，203

Common Sense School 常识学派，115

Conners, Curtis. *See* Lizard 柯蒂斯·康纳斯。参见蜥蜴教授

conscience, 良心

 bodily transformations and 身体变异与，136

 consequences of actions 行动后果

  decisions based on. *See* right vs. good choice 基于行动后果的决定。参见正义与善的选择

 Kant's view of 康德的观点，202

consequentialism 效果论，43 - 47

 defined 的定义，42

 moral obligations and 道德责任与，

索 引

203
  practical difficulties with 的实践困难, 43-44
Contradiction, Law of 矛盾律, 57
Control Principle 控制原则, 92-93, 98
Conway, "Merry" Gerry "快乐的"杰瑞·康威, 165, 171-72
corruptibility 败坏, 148
costume, identity and 战衣与同一性, 120-22
creation of humans 创造人类, 56-58
culpability 能力, 91-99

dangerousness 危险
  defined 的定义, 107
  fear and 恐惧与, 112
  from Peter and MJ's relationship 彼得和玛丽·简关系中的, 178
  philosophical theories of perception and 与知觉的哲学理论, 109-11
  as primary vs. secondary quality 第一性质与第二性质, 108-9
  relative nature of 的相对性, 107-9
Dante, Alighieri 阿利盖利·但丁, 17
Daredevil 夜魔侠, 38, 47, 217-18

Davis, Brad 布拉德·戴维斯, 114
Deadpool, 237 死侍
death 死亡
  of God 上帝的, 29
  of Gwen Stacy 格温·斯黛西的, 9, 92, 160, 186, 189, 195, 197, 228
  of Harry Osborn 哈里·奥斯本的, 197
  of Jesus 耶稣的, 66-67
  of loved ones 所爱之人的, 88, 96
  moral luck and 道德运气与, 95
  of Norman Osborn 诺曼·奥斯本的, 201, 203-4, 207, 208
  of Spider-Clone 蜘蛛克隆的, 167
  of Uncle Ben 本叔叔的, 67, 70, 86-89, 91-98, 248
  The Death of Gwen Stacy (DOGS) 《格温·斯黛西之死》(DOGS), 189, 194
debt 债
  to every other 欠所有人的, 27-28, 31
  to God 欠上帝的, 24-27
  infinite 无限的, 23-27, 32-35
  obligation to repay 偿还的义务,

23-26

resolving conflicts of repaying 解决偿还的矛盾, 28

See also atonement 参见 补赎

deception 欺骗, 201-4

demons 魔鬼, 64

deontology 义务论, 40-49

common criticism of 的常见批评, 41-42

defined 的定义, 40

and right vs. good choices 与正义与善的选择, 44-49

Derrida, Jacques 雅克·德里达, 30, 32, 33

Descartes, René 勒内·笛卡尔, 57

desire, Aquinas' view of 阿奎那论欲望, 18

Dewey, John 约翰·杜威, 126, 128, 129

direct realism 直接实在论, 104-5

Ditko, Steve 史蒂夫·迪特科, 11, 25

Divine Comedy (Dante) 神曲(但丁), 17

DNA 基因, 162, 163, 166

Doctor Doom 毁灭博士, 48

Doctor Octopus (Otto Octavius, Doc Ock) 章鱼博士(奥托·奥克塔维斯)

bodily transformation of 的身体变异, 135-36

choices and 选择与, 244, 246

on intelligence 论才智, 60

perception and 知觉与, 109

Spidey's jokes and 蜘蛛侠的笑话与, 225, 229

transhumanism of 的超人类主义, 146, 148, 149, 153, 155

Doctor Strange 奇异博士, 60, 217-18, 229, 231

doctrine of double effect 双重效应理论, 210-11

DOGS (*The Death of Gwen Stacy*) DOGS(《格温·斯黛西之死》), 189, 194

Dolly (sheep) 多莉(羊), 163, 165

"Doom Service!"《末日来了!》, 29

double effect, doctrine of 双重效应理论, 210-11

duty(-ies) 义务/责任

to act a Good Samaritan 做好撒玛利亚人的, 73-75

from categorical imperative 绝对命令与, 211

索引　　283

Christian view of 基督教观点的, 61-62
decisions based on. *See* right vs. good choice 基于义务/责任的选择。参见正义与善的选择
Epictetus' view of 爱比克泰德的观点, 13
Levinas' view of 列维纳斯的观点, 27, 30
neglecting 忽视, 33
positive vs. negative 积极与消极, 75-77
reasons for having 的理由, 73-74
See also responsibility 参见责任

Electro 电王, 229
emergency aid 紧急救援, 77-78, 80
emotions 情绪
　identity and 同一性与, 123
　moral sense and 道德感与, 113-15
emotivism 情绪论, 250
Engel, George 乔治·恩格尔, 126
enhancement technologies. *See* transhumanism 增强技术。参见超人类主义
Epictetus 爱比克泰德, 13-14

equality 平等
　in friendship 友谊的, 190
　political 政治, 152-53
　transhumanism and 超人类主义与, 152-53
Erikson, Erik 爱利克·埃里克森, 119
eros (sensual love) 情爱（肉欲的爱）, 191
ethical universalism 道德普遍主义, 27-28
ethics 道德/伦理
　choice of right vs. good in. *See* right vs. good choice 正义与善的选择　参见正义与善的选择
　Christian vs. other 基督教及其他, 56. *See also* Christian ethics 参见基督教伦理
　Objectivist view of 客观主义的观点, 12
　in pursuing duties 履行义务的, 33
　realization of our own nature and 自我本性的实现与, 28-29
　secular humanist view of 的世俗人本观点, 9, 10
　transhumanism controversies 超人类主义的论战, 154-56

virtue 美德, 134-37, 140, 233
　　See also morality 参见道德
evil 恶
　　Aquinas' view of 阿奎那的观点, 19
　　Christian view of 基督教的观点, 59, 62-66, 68
　　Objectivist view of 客观主义的观点, 11
expectations 期望
　　of clones 对克隆人的, 168-71
　　of jokes 对笑话的, 220
experiences 经验
　　bodily 身体经验, 132-33
　　inner 内在经验, 122-23

families 家庭
　　interdependence in 的依赖, 74
　　obligations to 的义务, 178
Fantastic, Mr. 神奇先生, 235, 236
Fantastic Four 神奇四侠, 38, 205, 235. See also individual characters 详见具体角色
fantasy "love" 意淫的"爱", 192
fear, dangerousness and 恐惧、危险与, 112
Fear and Trembling (Derrida)《恐惧与战栗》(德里达), 32, 33
fellowship. See philia 友谊。参见友爱
"The Final Chapter", 最终章 25
Firelord 焰皇, 83
Fisk, Wilson 威尔逊·菲斯克, 38
Floyd, Sally 萨丽·弗洛伊德, 42
The Fly《变蝇人》, 150
Forgiveness 宽恕, 68-69
　　for Ben's death 为本叔叔之死, 247
　　by Harry Osborn 被哈里·奥斯本, 197
Four Loves (C. S. Lewis)《四种爱》(C. S. 刘易斯), 191
Frankenstein, Victor 维克多·弗兰肯斯坦, 150, 154
Frankl, Viktor 维克多·弗兰克, 15-16
free will 自由意志
　　in Christian ethics 基督教伦理学的, 58-64, 68-69
　　natural evil and 自然恶与, 64
Freud, Sigmund 西格蒙德·弗洛伊德, 220-21
friendship(s) 友谊, 188-98
　　Aristotle's view of 亚里士多德的观点, 189-90

索 引　　285

Christian view of 基督教的观点，57，58
  of MJ 和玛丽·简的，192-94
  of Peter and Harry Osborn 彼得和哈里·奥斯本的，194-98
  sacrificial love vs. 圣爱与，190-91
Frodo 弗罗多，181
Frost, Emma 艾玛·弗罗斯特，237
Fukuyama, Francis 弗朗西斯·福山，147，150-53，155

Gauguin, Paul 保罗·高更，91-92
Gautama, Siddhartha 释迦牟尼，122
genetic composition 基因组合
  of clones 克隆的，162，163，166，170
  of transhumans 超人类的，151
Genovese, Kitty 吉蒂·吉诺维斯，180
Giant-Size Spider-Man #5《巨型蜘蛛侠》#5，160
gifts 礼物
  obligation engendered by 所带来的责任，26，33-34
  superpowers as 作为礼物的超能力，33
  thanking others for 感谢他人的，29-30
  See also debt 参见债
Glaucon 格劳孔，147
goals 目的，251
God 上帝
  Aquinas' view of 阿奎那的观点，18
  Christian view of 基督教的观点，56-59，63，65-66，68 *See also* Christian ethics 参见基督教伦理
  death of 之死，29
  debt owed to 欠（上帝）的债，24-27
  human relationships and 与人的关系，30-31
  playing 扮演，155-56
Goliath 歌利亚，46
good 善
  Aquinas' view of 阿奎那的观点，17，18
  call to goodness 呼唤，137-39
  Christian view of 基督教的观点，63-66
  as a goal 作为目的，251
  motivations for doing 做某事的动力，252-54

Objectivist view of 客观主义的观点，11
    See also right vs. good choice 参见正义与善的选择
the good life 善的人生，7-20
    Aquinas on 阿奎那论，16-19
    Epictetus on 爱比克泰德论，13-14
    Frankl on 弗兰克论，15-16
    Kurtz on 库尔茨论，8-10
    Rand on 兰德论，10-12
Good Samaritanism 好撒玛利亚人，72-75，82-84
Green Goblin (Harry Osborn) 绿魔（哈里·奥斯本）
    obligations toward 对哈里的义务，201，207-13
    origin of 的起源，196，204
Green Goblin (Norman Osborn) 绿魔（诺曼·奥斯本）
    bodily transformation and 身体变异与，131，134-38
    Clone Saga and 克隆传说与，161
    death of 之死，203-4
    Gwen Stacy killed by 杀死格温·斯黛西，92，160，186，195
    on human potential 论人类潜能，145
    on human purpose 论人类目的，152
    self-centered love of 自我中心的爱，140
    Spider-Man's perception of, Green Goblin (Norman Osborn) 蜘蛛侠对绿魔的感知（诺曼·奥斯本），104-5，115-16
    superpowers of 的超能力，103
    transhumanism of 的超人类主义，146，148，149，155
    on why Peter helps people 论为什么彼得乐于助人，61
Grimm, Benjamin (Thing) 本杰明·格瑞姆，228-29
guilt 愧疚
    atonement for 的补赎，23
    at death of Uncle Ben 对本叔叔之死的，98
    as debt 作为债的，33
    responsibility vs. 与责任相对，95

Hagar, Sammy 萨米·黑格，188
happiness 幸福
    Aquinas' view of 阿奎那的观点，17，18
    Christian view of 基督教的观点，61

Epictetus' view of 爱比克泰德的观点, 13-14

justice and 正义与, 26, 31

Objectivist view of 客观主义的观点, 11

secular humanist view of 世俗人本的观点, 9-10

Hardy, Felicia. See Black Cat (Felicia Hardy) 菲丽西亚·哈迪 参见黑猫(菲丽西亚·哈迪)

harm, refraining from causing 克制不造成伤害, 76-80

Hegel, Georg Wilhelm Friedrich 格奥尔格·威廉·弗里德里希·黑格尔, 28

Hell, Christian view of 基督教的地狱观, 66

Hobbes, Thomas 托马斯·霍布斯, 219, 223

Hobgoblin 恶鬼, 196

Hulk 浩克, 90, 94, 109

human cloning 人类克隆, 159-73

  arguments for 的理由, 172

  Clone Saga and 克隆传说与, 160-61, 164, 166-72

  defined 的定义, 162

  DNA in 的基因, 166

  Kass's argument against 卡斯的驳论, 168-71

  memories and 记忆与, 164-65

  molecular 分子, 162-63

  objections to 反对, 172

  process of 的步骤, 164

  reproductive 生殖, 163

  therapeutic 治疗性, 163

human enhancement. See transhumanism 人体增强 参见超人类主义

human essence 人类本质, 154, 155

Hume, David 大卫·休谟, 111-15, 122

humor 幽默

  differing senses of 不同的幽默感, 218-19

  morality and 道德与, 222-24

  theories of 的理论, 219-21

  See also jokes 参见笑话

Husserl, Edmund 埃德蒙德·胡塞尔, 132

Hutcheson, Francis 弗朗西斯·哈奇森, 219

Hypno Hustler 催眠浪子, 115

idealism 信念论, 110-11

identity(-ies) 同一性/身份, 119-30
  actions and 行为与, 128
  changes in 的变化, 120-21
  of clones 克隆的, 169
  deception about 欺骗, 203
  emotions and 情绪与, 123
  inner experiences and 内在经验与, 122-23
  mind and 意识与, 123-24
  pragmatic view of 实用主义的观点, 125-27
  secret 秘密, 38-40, 42-43, 82, 193, 194
  self vs. 自我与, 128-30
  thoughts and 念头与, 121-23
illusions 错觉, 107-8
incommensurable consequences 难以测量的结果, 44
incongruity theory 乖讹论, 219-21
indirect realism 间接实在论, 106-7, 109-11
individualism 个人主义, 250
infinite debt 无限债, 23-27, 32-35
infinity 无限, 28-29
injustice, Christian view of 基督教观点中的不正义, 59, 65-67
inner experiences, identity and 身份与内在经验, 122-23
integrity 正直, 240-41
intentions 意向, 89-90
interdependence 相互依赖, 74-75
Iron Fist 铁拳, 229
Iron Man (Tony Stark) 钢铁侠（托尼·史塔克）
  character of 的个性, 235-36
  in "One More Day" 在《再多一天》中 231
  Peter's fellowship with 和彼得的友谊, 198
  right vs. good choices and 正义与善的选择与, 38-40, 42-46
  Spidey's jokes and 蜘蛛侠的笑话与, 217-18

Jackal (Miles Warren) 胡狼（迈尔斯·沃伦）
  cloning and 克隆与, 160, 161, 164, 167, 172
  Peter's spider-senses and 彼得的蜘蛛感应与, 114
  on Spider-Man's motivation 论蜘蛛侠的动机, 23

transhumanism of 的超人类主义，148，155
James, William 詹姆·威廉，125
Jameson, Jolly Jonah 乔利·乔纳·詹姆森
  atonement and 补赎与，28
  character of 的个性，233
  obligations and 责任与，202
  perceptual characteristics of 的感知特征，109-10
  on Spider-Man as menace 论蜘蛛侠作为威胁，81
  Spidey's jokes and 蜘蛛侠的笑话与，220，222-24，226，227
  transhumanism and 超人类主义与，154
  wishes of 的愿望，247-48
Jarvis 贾维斯，48
Jesus (Christ) 耶稣（基督）
  on friendship 论友谊，57
  on the Good Samaritan 论好撒玛利亚人，75
  on love 论爱，191
  reason for death of 耶稣之死的原因，66-67
  on responsibility 论责任，59
  sacrifice of 的牺牲，25，26
John, the Evangelist 福音书作者约翰，190-91
jokes 笑话，217-30
  bad guys as butts of 作为笑柄的坏人，224-26
  effectiveness of 的影响，229-30
  friends and allies as butts of 作为笑柄的朋友和伙伴，227-29
  humor and morality 幽默与道德，222-24
  purpose of 的目的，218-21
  social functions of 的社会功能，223
Jokes and Their Relation to the Unconscious (Sigmund Freud)《诙谐及其与潜意识的关系》（西格蒙德·弗洛伊德），220-21
Jonas, J. J. 乔纳斯，10
judgment(s) 判断
  of character 个性的，239
  common-sense 常识，115-17
  moral 道德，112，113
justice 正义
  Christian view of 基督教的观点，58-62，64-68
  happiness and 幸福与，26，31

revenge vs. 复仇与, 67–68

romantic love vs. 爱情与, See romantic love-justice conflict 参见爱情-正义冲突

Kane (Spider-Clone) 凯恩 (蜘蛛克隆), 161, 167–72

Kant, Immanuel 伊曼努尔·康德
 categorical imperative of 的绝对命令, 202, 211–13
 on good will 论善的意志, 89–90
 on laughter 论笑, 220
 on lying 论说谎, 41
 on maxims 论箴言, 41

Kass, Leon 里昂·卡斯, 168–71

Kierkegaard, Søren 索伦·克尔凯郭尔, 25, 26, 32, 34

Kingpin 金并, 38, 47, 224, 225

Kitty Pride 幻影猫, 198

knowledge 知识
 bodily 身体知识, 132–34
 Epictetus' view of 爱比克泰德的观点, 13

Kurtz, Paul 保罗·库尔茨, 8–10

Laughter (Henri Bergson)《笑》(亨利·柏格森), 222

law, morality vs. 道德与法, 81

Law of Contradiction 矛盾律, 57

learning, from stories 从故事中学习, 248–49

Lee, Stan, 56, 119, 165 斯坦·李

Leeds, Ned 内德·里德斯, 160

Levinas, Emmanuel 伊曼纽尔·列维纳斯, 27, 30, 132, 137–39

Lewis, C. S. C. S. 刘易斯, 56, 191

life purpose 人生目标, 168–69, 251

Lizard (Curtis Conners) 蜥蜴教授 (柯蒂斯·康纳斯), 146, 148, 155, 162–63

Locke, John 约翰·洛克, 105, 108

logic 逻辑, 57, 66

Longshot 远射, 88, 89

The Lord of the Rings (J. R. R. Tolkien)《指环王》(J. R. R. 托尔金), 181

love 爱
 agape 圣爱, 189–91, 197, 198
 Aquinas' view of 阿奎那的观点, 17, 18, 19
 Christian view of 基督教的观点,

索 引

56, 57, 59, 66, 67
eros 爱欲, 191
philia 友爱, 188 - 92. *See also* friendship(s) 参见友谊
repaying debts of 还债, 25, 26, 34, 35
romantic 浪漫的, 139 - 40. *See also* romantic love-justice conflict 参见爱情-正义矛盾
storge 亲爱, 191
Lubensky, Nathan 南森·卢本斯基, 31 - 32
luck 幸运
defined 的定义, 88 - 89
moral 道德, 88 - 96
MacIntyre, Alasdair 阿拉斯戴尔·麦金太尔, 250, 251, 254
Mandela, Nelson 内尔森·曼德拉, 178, 184
manga adaptations 漫画改编, 55
Marko, Flint. *See* Sandman (Flint Marko) 弗林特·马可 参见沙人(弗林特·马可)
Marvel Comics 漫威漫画, 86, 87, 103, 155, 159, 217 - 18, 237
Mary Jane. *See* Watson (Watson-Parker), Mary Jane (MJ) 玛丽·简 参见玛丽·简(MJ)·沃森(沃森-帕克)
Mary Jane (MJ) 玛丽·简(MJ), 189, 192
Mary Jane: Homecoming (MJH)《玛丽·简：返校日》(MJH), 189, 192, 193
masks, hiding behind 藏身的面具, 38
maxims 格言, 41
Maximum Clonage《极度克隆》, 161
May, Aunt. *See* Parker, May (Aunt) 梅婶婶 参见梅·帕克(婶婶)
Mead, George Herbert 乔治·贺伯特·米德, 126
meaning 意义
bodily transformation and 身体变异与, 133
call to goodness and 呼唤善与, 139
Frankl's view of 弗兰克的观点, 15
of life. *See* the good life 人生意义。参见善的人生
memory, human cloning and 记忆与人类克隆, 164 - 65
Mephisto, Spider-Man's deal with 梅菲斯特, 蜘蛛侠与梅菲斯特的交

易，48，178，232，236，237
mercy 仁慈，66，67
Merleau-Ponty, Maurice 莫里斯·梅洛-庞蒂，132-34，139
The Metamorphosis（Franz Kafka）《变形记》（弗朗茨·卡夫卡），150
Mill, John Stuart 约翰·斯图尔特·密尔，77
mind, identity and 意识，与同一性，123-24
MJ. See Watson（Watson-Parker）, Mary Jane（MJ）MJ. 参见 玛丽·简（MJ）·沃森（沃森-帕克）
MJ. See Mary Jane（MJ）MJ. 参见 玛丽·简（MJ）
MJH. See Mary Jane: Homecoming（MJH）MJH. 参见《玛丽·简：返校日》（MJH）
molecular cloning 分子克隆，162-63
moral evil 道德恶，64
morality 道德/伦理
 Aquinas' view of 阿奎那的观点，17，18
 consequentialist view of 效果论者的观点，42
 deontological view of 义务论的观点，40
 emotivist view of 情绪论的观点，250
 Epictetus' view of 爱比克泰德的观点，13
 humor and 幽默与，221-30
 law vs. 法与，81
 negative duties and 消极义务与，76
 Objectivist view of 客观主义的观点，12
 toward sentient creatures 有知觉的生物，205-6
 universal moral law 普遍道德法则，56
 See also ethics; obligations; romantic love-justice conflict 参见 伦理学；义务/责任；爱情-正义的矛盾
The Morality of Laughter（F. H. Buckley）《笑的道德性》（F. H. 巴克利），222
morality of sacrifice（Ayn Rand）牺牲道德（安·兰德），12
moral judgment 道德判断，112，113
moral luck 道德运气，88-96
moral sense 道德感，112-15
moral virtues 道德美德，226
moral worth 道德价值，171
Morbius, Dr. Michael 迈克尔·莫比

亚斯博士, 148, 155
motor knowledge 行动知识, 133
Murdock, Matt 马修·默多克, 38, 237
Mysterio 神秘客, 108, 110, 225

Nagel, Thomas 托马斯·内格尔, 88, 90, 93
natural evil 自然恶, 64-65
Natural Law 自然法, 18, 56
natural powers 自然力量, 135
negative duties 消极义务, 75-77, 79-80
Nelson, Foggy 福吉·尼尔森, 38
Nietzsche, Friedrich 弗里德里希·尼采, 15, 29
normative thesis (superiority theory) 规范性命题（优越论）, 222-23
novus agens interveniens 新介入行为者, 97

Objectivism 客观主义, 11
obligations 义务/责任, 200-213
  to avenge wrongs 弥补过错, 207-8
  categorical imperative and 绝对命令与, 211-13
  change of character and 个性的改变与, 237-38
  deception and 欺骗与, 201-4
  decisions based on. 参见正义与善的选择 基于责任的决定
  to family and to community 对家庭和共同体, 178-79. See also romantic love-justice conflict 参见正义与善的选择
  involuntary and voluntary 非自愿与自愿, 246-48
  of superheroes 超级英雄的, 83
  toward friends who become wrongdoers 对变成犯罪者的朋友们, 209-11
  treatment of the alien symbiote and 对待外形共生体与, 204-7
  See also debt; responsibility 参见债；责任

Octavius, Otto. See Doctor Octopus (Otto Octavius, Doc Ock) 奥托·奥克塔维斯 参见章鱼博士（奥托·奥克塔维斯, 章鱼博士）
omissions 疏忽, 78, 79
"One More Day"《再多一天》, 231-32, 236-41
Origen 俄利根, 13

Osborn, Harry 哈里·奥斯本
　character of 的个性, 125, 233
　choices made by 的选择, 244, 248
　death of 之死, 197
　friendship and 友谊与, 188, 190, 192-98
　Peter's deception of 彼得的欺骗, 201-4
　See also Green Goblin (Harry Osborn)参见绿魔(哈里·奥斯本)
Osborn, Norman 诺曼·奥斯本
　character of 的个性, 239
　choices made by 的选择, 244
　death of 之死, 201, 203, 204, 207, 208
　last wish of 的遗愿, 204
　See also Green Goblin (Norman Osborn)参见绿魔(诺曼·奥斯本)

pain 痛苦
　Aquinas' view of 阿奎那的观点, 19
　Frankl's view of 弗兰克的观点, 15-16
　See also suffering 参见痛苦
Parker, Ben (Uncle)本·帕克(叔叔)
　death of 之死, 67, 70, 86, 89, 248

　influence of 的影响, 55
　obligation to 对本的义务, 246
　Peter's attachment to 彼得对本的依赖, 87-88
　Peter's blameworthiness for death of 彼得应为本之死负责, 86-89, 91-98
　Peter's debt to 彼得欠本的债, 23-28
　on Peter's gifts 论彼得的天赋, 29
　reneging on promise to 对向本作出的承诺反悔, 61
　on responsibility of power 论能力带来的责任, 55, 59, 70, 236, 245
Parker, May (Aunt)梅·帕克(婶婶)
　character of 的个性, 232-33
　on choices 论选择, 245
　as a cyborg 作为赛博格人, 145-46
　in development of movie trilogy 在电影三部曲的发展中, 247, 252
　on doing the right thing 论做正确的事, 127
　on embracing the hero within 论拥抱内心的英雄, 60-61
　near death of 濒临死亡边缘, 47-48

索 引　295

obligation to 对梅的义务, 23-28, 246
in "One More Day" 在《再多一天》, 231, 232
Peter and MJ's relationship and 与彼得和玛丽·简的关系, 178, 179, 182
Peter's attachment to 彼得对梅的依赖, 87-88
Peter's lies to 彼得欺骗, 201-2
and Peter's unmasking 与彼得揭露身份, 40, 43-47
protecting 保护, 39
on revenge 论复仇, 121
shooting of 枪击, 231
Spider-Man hit by 击晕蜘蛛侠, 112-14
Uncle Ben's death and 与本叔叔之死, 87, 92, 96
wishes of 的愿望, 247
Parker, Peter. See Spider-Man 彼得·帕克。参见 蜘蛛侠
The Passion of Ayn Rand（movie）《兰德的激情》（电影）, 11
Peirce, Charles Sanders 查尔斯·桑德斯·皮尔士, 125
Pence, Gregory 格里高利·彭斯, 170, 172
people 人/人类
character of 的个性, 232-34
creation of 创造, 56-58
as ends vs. means 作为目的, 抑或作为手段, 202, 211-12
perception 知觉, 103-17
bodily transformation and 身体变异与, 133-34
common sense and 常识与, 115-17
direct realist view of 直接实在论的观点, 104-5
emotional responses to 情绪反应, 113-15
idealist view of 信念论观点, 110-11
indirect realist view of 间接实在论的观点, 106-7, 109-10
judgment and 判断与, 115-17
moral sense and 道德感与, 112-15
phenomenalist view of 现象论的观点, 111-15
primary and secondary qualities in 第一性质和第二性质, 107-11
perfection of the body, Aquinas' view of 身体的完善, 阿奎那的观点, 17
perspective, sense of identity and 新

视角,与同一性,120-21
Peter Parker, Spider-Man, vol. 2, ♯48《蜘蛛侠彼得·帕克》第2卷♯48 (2002),63
phenomenalism 现象论,111-15
phenomenology 现象学,132-34
Philebus (Plato)《菲利布篇》(柏拉图),219
philia 友爱,188-92. See also friendship(s) 参见友谊
physical world, Christian view of 基督教观念中的物理世界,65
Plato 柏拉图,2,33,128,147,219
pleasure 幸福
　Aquinas' view of 阿奎那的观点,17,18
　secular humanist view of 世俗人本的观点,9
political equality 政治平等,152-53
positive duties 积极义务,75-78
positive thesis (superiority theory) 积极命题(优越论),222
power(s) 力量
　bodily transformation and 身体变异与,134-35
　Christian view of 基督教的观点,55,59-61
　corruptibility and 败坏与,148
　enhanced. See transhumanism 增强,参见超人类主义
　natural 自然的,135
　in relationships 关系中的,71
　responsibility and 责任与,55,59-61,70-84
pragmatism 实用主义,120,125-27
prayer 祈祷,57-58
primary qualities (perception) 第一性质(知觉),107-11
promises 承诺,39-43. See also right vs. good choice 参见正义与善的选择
proportionality, principle of 比例原则,190,191
the Punisher 惩罚者,217-18
Pym, Hank 汉克·皮姆,46
Pym, Tony 托尼·皮姆,46

Quesada, Joe 乔·奎萨达,231,237-40

Raiders of the Lost Ark《夺宝奇兵》,58

Raimi, Sam 山姆·雷米, 106, 243-45
Rand, Ayn 安·兰德, 10-12
rationality 理性/合理性
   of arguments against cloning 反驳克隆的观点, 168
   of the Christian God 基督教上帝的, 56, 57
   free will and 自由意志与, 68
   Objectivist view of 客观主义的观点, 11
Red Skull 红骷髅, 221
reflective equilibrium 反思平衡, 203
regret 遗憾, 93-96, 98
   agent 行动者的, 94, 96, 98
   wishing and 愿望与遗憾, 248
Reid, Thomas 托马斯·里德, 115-17, 124
Reilly, Ben. See Scarlet Spider (Ben Reilly) 本·莱利。参见猩红蜘蛛(本·莱利)
relief theory 缓释论, 220-21
religious claims, secular humanist view of 世俗人本的宗教观, 9, 10
remorse, Aquinas' view of 阿奎那的悔恨观, 19
reproductive cloning 生殖克隆, 163. See also human cloning 参见人类克隆
The Republic (Plato)《理想国》(柏拉图), 147
respect 尊重, 75, 202
responsibility 义务/责任
   Bad Samaritanism and 坏撒玛利亚人与, 77-80
   blame vs. 责怪与, 94
   with bodily transformation 身体变异带来的, 137-39
   Christian view of 基督教的观点, 55, 59-61
   culpability and 能力与, 91-99
   Good Samaritanism and 好撒玛利亚人与, 72-75, 82-84
   guilt vs. 愧疚与, 95
   infinite 无限, 32-33
   positive vs. negative duties 积极与消极义务, 75-77
   power and 力量与, 55, 59-61, 70 84
   in relationships 关系中的, 71
   as responsiveness 作为回应, 27
   vigilantism and 擅用私刑与, 80-82
   See also duty(-ies)参见义务/责任

revenge 复仇
  Aunt May's warning against 梅婶婶的警告, 121-22
  justice vs. 正义与, 67-68
  morally permissible 道德上可接受, 208
Rhino 犀牛人, 107
Richards, Reed 里德·理查兹, 38, 46, 236
Richards, Sue 苏·理查兹, 38, 42, 235
right 正确
  Christian view of 基督教的观点, 59
  motivations for doing 做正确的事的动机, 252-54
  right vs. good choice 正义与善的选择, 37-49
    consequentialism and 效果论, 43-47
    deontological concepts in 义务论的概念, 40-43, 44-49
    in unmasking of superheroes 揭露超级英雄的身份, 37-41
  roles in life 人生中的角色, 251, 252
  romantic love-justice conflict 爱情与正义的矛盾, 177-87
    difficulty of 的困难, 185-87
    primacy of justice in 正义优先, 179-82
    primacy of the romantic in 浪漫优先, 182-85
Romita, Jazzy John 老约翰·罗密塔, 31
rules 规则
  in communities 共同体中, 75
  decisions based on. See right vs. good choice 基于规则的选择。参见正义与善的选择

sacrifice 牺牲
  Frankl's view of 弗兰克的观点, 15, 16
  by heroes 英雄的, 191
  Objectivist view of 客观主义的观点, 12
  repaying 偿还, 25-26
  by superheroes 超级英雄的, 198
  sacrificial love (agape) 牺牲的爱(圣爱), 189-91, 197, 198
Samson, Leonard 伦纳德·萨姆森, 46
Sandman (Flint Marko) 沙人(弗林特·马可)
  choices made by 的选择, 244-45

conversion to goodness 改邪归正，136
final battle with 最终大战，140
MJ captured by 抓走玛丽·简，197
Peter and MJ's relationship and 彼得和玛丽·简的关系与，178
Peter's forgiveness of 彼得宽恕，68
regrets of 的懊悔，248
Uncle Ben killed by 杀死本叔叔，67，123
Scarlet Spider (Ben Reilly) 猩红蜘蛛（本·莱利），161，165–71
Schemer 阴谋家，220
secondary qualities (perception) 第二性质（知觉），107–11
secret identities 秘密身份，38–40，42–43，82，193，194
secular humanism 世俗人本主义，9
self 自我
    biopsychosocial 生物心理社会，126–28
    bodily transformation and 身体变异与，131–40
    clones' sense of 克隆的自我感知，167–71
    conceptions of 的概念，122
    emotions and 情感与，123
    identity vs. 同一性与，128–30
    mind and 意识与，123–24
    perception and 知觉与，103–17
    social 社会，126
    thoughts and 念头与，121–23
self-control, Epictetus' view of 爱比克泰德的自制观，13，14
self-love, Aquinas' view of 阿奎那的自爱观，17
self-reflection 自省，243
sense data 感觉与料，105–6，111，116. See also perception 参见知觉
sensual love (eros) 肉欲的爱（情爱），191
sentient creatures, moral treatment of 有知觉的生物，符合道德地对待，205–6
service, call to 使命召唤，138–39
sexuality, secular humanist view of 世俗人本观念的性，9，10
Shakespeare, William 威廉·莎士比亚，241
shame 羞愧，98
S. H. I. E. L. D. 神盾局，237
Silver Sable 银貂，110–11
sin, Christian view of 基督教的罪恶观，59，64–66

Sinister Six 险恶六人组，83

situationism 情境主义 233-34

skepticism 怀疑论，110-11

SMLMJ. See *Spider-Man Loves Mary Jane*（SMLMJ）参见《蜘蛛侠爱玛丽·简》(SMLMJ)

social self 社会自我，126

social virtues 社会美德，226

somatic cell nuclear transfer 体细胞核移植，163

Spidercide 灭蛛，161

Spider-Clones 蜘蛛克隆，160-61. *See also* Kane（Spider-Clone）；Scarlet Spider（Ben Reilly）参见卡恩（蜘蛛克隆）；猩红蜘蛛（本·莱利）

Spider-Man（Peter Parker）蜘蛛侠（彼得·帕克），1-2

  balance of obligations for 义务间的平衡，22-23

  blameworthiness for Uncle Ben's death 为本叔叔的死负责，86-89，91-98

  character of 的个性，7，9-10，231-32，234，236-40

  Christian ethics of 的基督徒伦理观，55-56，58，60-63，67-69

  cloning and 克隆与，160-61，164-72

  conflicting duties of 责任冲突，31-32，34-35

  debt owed by 所欠的债，23-29，31，35

  deontological convictions of 的义务论主张，39-47，49

  in development of movie trilogy 在电影三部曲的发展中，244-55

  effects of bodily transformation on, Spider-Man（Peter Parker）身体变异的影响，蜘蛛侠（彼得·帕克），131-40

  friendship and 友谊与，188-98

  gifts of 的天赋，29

  greatest weakness of 最大的弱点，14

  on himself 论他自己，177，187

  identity of 的身份，119-25，127-30

  jokes of 的笑话，217-30

  in justice vs. romantic love conflict 在正义与爱的矛盾中，177-79，181-82，184-87

  life of 的人生，7，9-10

  manga adaptations of 的漫画改编，55

Mephisto's deal with 与梅菲斯特的教义, 48-49

"morality of sacrifice" and 牺牲道德与, 12

origin of 的起源, 87, 150, 243

pleasures of 的快乐, 19

power and responsibility of 的力量和责任, 70, 71, 73, 76-84

reconciliation with Mary Jane 与玛丽·简的和解, 62-63

responsibility as responsiveness in 作为回应的责任, 27

spider-sense of 的蜘蛛感应, 103-17

suffering of 的痛苦, 15-16, 19

tangled obligations of 的纠结的义务, 200-213

transhumanism of 的超人类主义, 146, 148-50, 154-56

universal ethical beliefs of 的普遍道德信念, 56

unmasking of 揭露身份, 37-45

villains faced by 面对的恶棍, 200-201

virtues of 的美德, 19

Spider-Man: Lost Years (1966)《蜘蛛侠:失落岁月》(1966), 167

Spider-Man: Redemption #4 (1996)《蜘蛛侠:救赎》#4, 167

Spider-Man movies (in general) 蜘蛛侠电影(系列), 243-55

Aunt May's moral wisdom in 梅婶婶的道德智慧, 60-61

bodily transformation in 中的身体变异, 135, 136, 140

character of Peter in 中彼得的个性, 9, 58

choices and 选择与, 244-48

Christian ethics in 中的基督教伦理, 67-69

friendship in 中的友谊, 189, 196-98

Peter and MJ's relationship in 中彼得与玛丽·简的关系, 140, 177, 178, 181-82, 185, 187

Peter's decision not to fight crime in 中彼得选择不干涉犯罪, 81

Peter's superpowers in 中彼得的超能力, 150

purpose of storytelling and 讲故事的目的与, 248-52

responsibility of power in 中力量的责任, 60, 61, 137

self and identity in 中的自我与同

一性，120，124，130

transhumanism in 中的超人类主义，150，153

virtuousness of Spider-Man's actions in 中蜘蛛侠行为的高尚，252-55

Spider-Man（movie）《蜘蛛侠》（电影），60，61，140，150，177，181

Spider-Man 2（movie）《蜘蛛侠2》（电影），58，60-61，81，135，137，153，182，185，245，247

Spider-Man 3（movie）《蜘蛛侠3》（电影），9，67-69，120，124，130，136，137，140，178，181-82，187，189，196-98，247，252

Spider-Man Loves Mary Jane（SMLMJ）《蜘蛛侠爱玛丽·简》（SMLMJ），189，192，194

"Spider-Man No More!"《蜘蛛侠已死！》，31

spider-sense 蜘蛛感应，103-17

Stacy, Gwen 格温·斯黛西

  cloning of 的克隆，160，164，172

  death of 之死，9，92，160，186，189，195，197，228

  Eddie's pursuit of 被埃迪追求，128

  Peter's kiss with 和彼得的亲吻，247

  Spider-Man's rescue of 被彼得援救，186

Stark, Tony. See Iron Man 托尼·史塔克。参见钢铁侠

stem cells 干细胞，163

storge（attraction）亲爱（依恋），191

storytelling 讲故事，248-52. See also *Spider-Man* movies 参见蜘蛛侠电影

stress, Frankl's view of 弗兰克的压力观，15-16

suffering 痛苦

  Aquinas' view of 阿奎那的观点，19

  and the call to goodness 与呼唤善，138

  Christian view of 的基督教观点，63

  Frankl's view of 弗兰克的观点，15-16

supererogatory 分外之事，76，78

superheroes 超级英雄

  bodily transformation of 的身体变异，131

  Christian view of responsibility and 基督教的责任观与，59-60

索 引

friendship with 和超级英雄的友
 谊，190
superpowers of 的超能力，103
vigilantism of 擅用私刑，80，81
See also specific superheroes 参见
 具体超级英雄
Superhuman Registration Act《超能
 力者注册法案》，39
superiority theory 优越论，219，
 221-25，227
Superman 超人，7
superpowers 超能力，103. See also
 transhumanism 参见 超人类主义
symbiote 共生体. See alien symbiote
 参见 外星共生体

technology 技术
 cloning 克隆，159-73
 criticisms of enhancement 对人体
  增强的批评，146-47
 for human "improvement" 为改进
  人类 153
 transhumanism 超人类主义，145-57
 teenagers 青少年，119
 teratogenesis 畸形，155
 therapeutic cloning 治疗性克隆，163

Thing (Benjamin Grimm) 石头人（本
 杰明·格瑞姆），228-29
Thompson, Flash 闪电·汤普森，
 106，193-95
Thor 托尔，46，155，217-18，229
thoughts, identity and 念头与同一
 性，121-23
"The Thrill of the Hunt,"《猎杀快
 感》，25
Toomes, Adrian 艾德里安·图姆斯.
 See Vulture (Adrian Toomes) 参
 见 秃鹫（艾德里安·图姆斯）
Totality and Infinity (Levinas)《整
 体与无限》（列维纳斯），27
trade, Objectivist view of 客观主义
 的交易观，12
transformation. See bodily transformation
 变异。参见 身体变异
transgression, infinite debt and 罪，
 与无限债，24
transhumanism 超人类主义，145-57
 accidental vs. deliberate 偶然还是
  故意，149-59
 criticisms of 的批评，146-53
 ethical controversies about 的伦理
  争议，154-56

human equality and 人人平等与，
152–53
　as liberation movement 作为解放
运动，150–52
Traveller, Dr. Judas 旅行者犹大，16

universal law 自然法
　maxims as 作为箴言，41
　moral 道德/伦理的，56
Urich, Phil 菲尔·乌里希，115

value, Objectivist view of 客观主义
的价值观，11–12
Van Halen, Eddie 艾迪·范·海伦，188
Venom（Eddie Brock）毒液（埃迪·
布洛克）
　creation of 的诞生，205
　final battle with 最终大战，140
　identity and 同一性与，127–29
　killings by 杀死，114
　MJ captured by 抓走玛丽·简，197
　obligations toward 对毒液的义务，
201，207，210–13
　origin of 的起源，208
　as symbiotic alien entity 作为外星
共生体，67

vigilantism 私刑，80–82
virtue(s) 美德
　Aquinas' view of 阿奎那的观点，
17–19
　culpability and 能力与，96
　as gilded vices 精心包装过的恶，30
　integrity as 作为美德的正直，240–41
　love based on 基于美德的爱，194
　as perfection of a power 力量的完
满，135
　of Peter Parker 彼得·帕克的，
198，244，254–55
　social vs. moral 公德还是伦理的，226
virtue ethics 美德伦理学，134–37，
140，233，234
the Vision 幻视，155
Vulture（Adrian Toomes）秃鹫（艾德
里安·图姆斯），217，225，226

Warren, Miles. See Jackal（Miles
Warren）迈尔斯·沃伦。参见胡
狼（迈尔斯·沃伦）
Watson（Watson-Parker）, Mary
Jane（MJ）玛丽·简（MJ）·沃森
（沃森-帕克）
　character of 的个性，233

索 引

choices made by 的选择, 244

cloning and 克隆与, 167, 168, 170, 171

debt owed to 所欠的债, 28

in development of movie trilogy 在电影三部曲的发展中, 247, 250

friendship and 与友谊, 188-90, 192-95, 197-98

identity and 与同一性, 125

in justice vs. romantic love conflict 在正义与爱的矛盾中, 177-79, 181-82, 185-87

on making her own decisions 论自己作决定, 58

moral judgment of 的道德判断, 112, 113

in "One More Day" 在《再多一天》中 232, 238

Peter's deal with Mephisto 彼得和梅菲斯特的交易, 48, 178, 232, 236, 237

Peter's embarrassment of 被彼得弄得尴尬, 9

on Peter's identity 论彼得的身份, 130

Peter's love for 彼得爱着, 139-40

Peter's relationship with, Watson (Watson-Parker), Mary Jane (MJ) 与彼得的关系, 沃森(沃森-帕克), 玛丽·简(MJ) 60, 62-63, 140

Peter's unmasking and 彼得揭露身份与, 40, 43-47

protecting 保护, 39

transhumanism and 超人类主义与, 145

wishes of 的愿望, 247

Wayne, Bruce. See Batman (Bruce Wayne) 布鲁斯·韦恩。参见蝙蝠侠(布鲁斯·韦恩)

Web of Spider-Man #114 (July 1994)《蜘蛛侠之网》#114(1994年7月), 159

"Whatever Happened to Crusher Hogan?"《破坏者霍根怎么了?》, 31-32

Why God Became a Human Being (Anselm of Canterbury)《天主为何降生成人》(坎特伯雷的安瑟伦), 24-25

Williams, Bernard 伯纳德·威廉斯, 88, 90, 93, 94

"The Wisdom of Repugnance" (Leon

Kass)《厌恶的智慧》(利昂·卡斯),168

wishing 愿望,247–48

Wolf, Susan 苏珊·沃尔夫,94,95

Wolverine 金刚狼 103

Wonder Woman 神奇女侠,7

Works of Love (Kierkegaard)《爱的作为》(克尔凯郭尔),25,34

"The World's Most Dangerous Idea: Transhumanism"(Fukuyama)《世界上最危险的想法:超人类主义》(福山),150

wrongdoers, obligations to 对犯罪者的责任,204–11

X-Men X战警,217–18

图书在版编目(CIP)数据

《蜘蛛侠》与哲学:追问的蛛网/(美)乔纳森·J.桑福德主编;王思涵译. — 南京:南京大学出版社,2020.8
(哲学与流行文化丛书)
书名原文:Spider-Man and Philosophy:The Web of Inquiry
ISBN 978-7-305-23071-4

Ⅰ.①蜘… Ⅱ.①乔… ②王… Ⅲ.①文化哲学 Ⅳ.①G02

中国版本图书馆 CIP 数据核字(2020)第 048372 号

Spider-Man and Philosophy:The Web of Inquiry by William Irwin and Jonathan J. Sanford
ISBN:9780470575604
Copyright © 2012 by John Wiley & Sons
All Rights Reserved. This translation published under license. Authorized translation from the English language edition published by John Wiley & Sons. No part of this book may be reproduced in any form without the written permission of the origi- nal copyrights holder.
Copies of this book sold without a Wiley sticker on the cover are unauthorized and illegal.
Simplified Chinese translation copyright © 2020 by NJUP

江苏省版权局著作权合同登记 图字:10-2019-037 号

出版发行	南京大学出版社
社　　址	南京市汉口路 22 号　邮 编 210093
出 版 人	金鑫荣
丛 书 名	哲学与流行文化丛书
书　　名	《蜘蛛侠》与哲学:追问的蛛网
主　　编	[美]乔纳森·J.桑福德
译　　者	王思涵
责任编辑	谭　天
照　　排	南京南琳图文制作有限公司
印　　刷	南京玉河印刷厂
开　　本	850×1168　1/32　印张 10　字数 234 千
版　　次	2020 年 8 月第 1 版　2020 年 8 月第 1 次印刷
ISBN 978-7-305-23071-4	
定　　价	55.00 元
网　　址	http://www.njupco.com
官方微博	http://weibo.com/njupco
官方微信	njupress
销售热线	(025)83594756

* 版权所有,侵权必究
* 凡购买南大版图书,如有印装质量问题,请与所购图书销售部门联系调换